ŒUVRES COMPLÈTES

DE

LAMARTINE

PUBLIÉES ET INÉDITES

LA MORT DE SOCRATE

LE DERNIER CHANT
DU PÈLERINAGE D'HAROLD

PREMIÈRES
HARMONIES
POÉTIQUES ET RELIGIEUSES

TOME DEUXIÈME

PARIS
CHEZ L'AUTEUR, RUE DE LA VILLE-L'ÉVÊQUE, 43

M DCCC LX

ŒUVRES COMPLÈTES

DE

LAMARTINE

—

TOME DEUXIÈME

LA
MORT DE SOCRATE

AVERTISSEMENT

Si la poésie n'est pas un vain assemblage de sons, elle est sans doute la forme la plus sublime que puisse revêtir la pensée humaine : elle emprunte à la musique cette qualité indéfinissable de l'harmonie qu'on a appelée céleste, faute de pouvoir lui trouver un autre nom : parlant aux sens par la cadence des sons, et à l'âme par l'élévation et l'énergie du sens, elle saisit à la fois tout l'homme ; elle le charme, le ravit, l'enivre ; elle exalte en lui le principe divin ; elle lui fait sentir pour un moment ce *quelque chose de plus qu'humain* qui l'a fait nommer la langue des dieux.

C'est du moins la langue des philosophes, si la philosophie est ce qu'elle doit être, le plus haut degré d'élévation donné à la pensée humaine, la raison divinisée : la métaphysique et la poésie sont donc sœurs, ou plutôt ne sont qu'une ; l'une étant le beau idéal dans la pensée, l'autre le beau idéal dans l'expression. Pourquoi les séparer? pourquoi dessécher l'une et avilir l'autre? L'homme a-t-il trop de ses dons célestes pour s'en dépouiller à plaisir? a-t-il peur de donner trop d'énergie à son âme en réunissant ces deux puissances? Hélas! il retombera toujours assez tôt dans les formes et dans les pensées vulgaires! La sublime philosophie, la poésie digne d'elle, ne sont que des révélations rapides qui viennent interrompre trop rarement la triste monotonie des siècles : ce qui est beau dans tous les genres n'est pas de tous les jours ici-bas; c'est un éclair de cet autre monde où l'âme s'élève quelquefois, mais où elle ne séjourne pas.

Ces réflexions nous semblent propres à excuser du moins l'auteur de ce *fragment,* d'avoir tenté de fondre ensemble la poésie et la métaphysique de ces belles doctrine du sage des sages. Quoique ce morceau porte le nom de Socrate, on y sent cependant déjà une philosophie plus avancée, et comme un avant-goût du christianisme près d'éclore : si un homme méritait sans doute qu'on lui en supposât d'avance les sublimes inspirations, cet homme était Socrate.

Il avait combattu toute sa vie cet empire des sens que le Christ venait renverser; sa philosophie était toute religieuse; elle était humble, car il la sentait inspirée; elle était douce, elle était tolérante, elle était résignée; elle avait deviné l'unité de Dieu, l'immortalité de l'âme, plus encore, s'il faut en croire les commentateurs de Platon et quelques mots étranges échappés de ces deux bouches sublimes. L'homme était allé jusqu'où l'homme pouvait aller; il fallait une révélation pour lui faire franchir encore un pas immense. Socrate, lui, en sentait le besoin; il l'indiquait; il la préparait par ses discours, par sa vie et par sa mort. Il était digne de l'entrevoir à ses derniers moments; en un mot, il était inspiré; il nous le dit, il nous le répète : et pourquoi refuserions-nous de croire sur parole l'homme qui donnait sa vie pour l'amour de la vérité? Y a-t-il beaucoup de témoignages qui vaillent la parole de Socrate mourant? Oui, sans doute, il était inspiré; il était un précurseur de cette révélation définitive que Dieu préparait de temps en temps par des révélations partielles. Car la vérité et la sagesse ne sont point de nous; elles descendent du ciel dans les cœurs choisis qui sont suscités de Dieu selon les besoins des temps. Il les semait çà et là; il les répandait goutte à goutte pour en donner seulement la connaissance et le désir, jusqu'au moment où il devait nous en rassasier avec plénitude.

Indépendamment de la sublimité des doctrines qu'il annonçait, la mort de Socrate était un tableau digne des regards des hommes et du ciel; il mourait sans haine pour ses persécuteurs, victime de ses vertus, s'offrant en holocauste pour la vérité : il pouvait se défendre, il pouvait se renier lui-même; il ne le voulut pas : c'eût été mentir au Dieu qui parlait en lui, et rien n'annonce qu'un sentiment d'orgueil soit venu altérer la pureté, la beauté de ce sublime dévouement. Ses paroles, rapportées par Platon, sont aussi simples à la fin de son dernier jour qu'au milieu de sa vie; la solennité de ce grand moment de la mort ne donne à ses expressions ni tension ni faiblesse; obéissant avec amour à la volonté des dieux, qu'il aime à reconnaître en tout, son dernier jour ne diffère en rien de ses autres jours, si ce n'est qu'il n'aura pas de lendemain! Il continue avec ses amis le sujet de conversation commencé la veille; il boit la ciguë comme un breuvage ordinaire; il se couche pour mourir, comme il aurait fait pour dormir, tant il est sûr que les dieux sont là; avant, après, partout, et qu'il va se réveiller dans leur sein!

Le poëte n'a pas interrompu son chant par les détails assez connus du jugement, et par les longues dissertations de Socrate et de ses amis; il n'a chanté que les dernières heures et les dernières paroles du philosophe, ou du moins les paroles qu'il lui suppose. Nous l'imiterons; nous nous contenterons de rappeler l'avant-scène aux lecteurs.

Socrate, condamné à mourir pour ses opinions religieuses, attendait la mort depuis plusieurs jours; mais il ne devait boire la ciguë qu'au moment où le vaisseau envoyé tous les ans à Délos, en l'honneur de Thésée, serait de retour dans le port d'Athènes. C'est ce vaisseau que l'on nommait *Théorie*, et qu'on apercevait dans le lointain au moment où le poëme commence.

Le *Serviteur des Onze* était un esclave de ce tribunal, destiné au service des prisonniers en attendant l'exécution des sentences. Ce fragment est imprimé comme il a été écrit par l'auteur, dans une forme inusitée, par couplets d'inégale longueur; après chaque couplet, nous avons placé un trait qui indique la suspension du sens, et l'auteur passe souvent, sans autre transition, d'une pensée à une autre.

Nous nous servirons pour les notes, toutes tirées de Platon, de l'admirable traduction de Platon par M. Cousin. Ce jeune philosophe, digne d'expliquer un pareil maître, pour faire rougir notre siècle de ses honteux et dégradants sophismes, après l'avoir rappelé lui-même aux plus nobles théories du spiritualisme, a eu l'heureuse pensée de lui révéler la sagesse antique dans toute sa grâce et toute sa beauté. Trouvant la philosophie de nos jours encore toute souillée des lambeaux du matérialisme, il lui montre Socrate, et semble lui dire : « Voilà ce que tu es, et voilà ce que tu as été ! » Espérons qu'en achevant son bel ouvrage, il la dégagera aussi des nuages dont Kant et quelques-uns de ses disciples l'ont enveloppée, et nous la fera apparaître enfin toute resplendissante de la pure lumière du christianisme.

LA
MORT DE SOCRATE

La vérité, c'est Dieu.

Le soleil se levant aux sommets de l'Hymette
Du temple de Thésée illuminait le faîte,
Et, frappant de ses feux les murs du Parthénon,
Comme un furtif adieu glissait dans la prison ;
On voyait sur les mers une poupe dorée,
Au bruit des hymnes saints, voguer vers le Pirée,
Et c'était ce vaisseau dont le fatal retour
Devait aux condamnés marquer leur dernier jour ;
Mais la loi défendait qu'on leur ôtât la vie
Tant que le doux soleil éclairait l'Ionie,

De peur que ses rayons, aux vivants destinés,
Par des yeux sans regard ne fussent profanés,
Ou que le malheureux, en fermant sa paupière,
N'eût à pleurer deux fois la vie et la lumière.
Ainsi l'homme, exilé du champ de ses aïeux,
Part avant que l'aurore ait éclairé les cieux !

Attendant le réveil du fils de Sophronique,
Quelques amis en deuil erraient sous le portique ;
Et sa femme, portant son fils sur ses genoux,
Tendre enfant dont la main joue avec les verroux,
Accusant la lenteur des geôliers insensibles,
Frappait du front l'airain des portes inflexibles.
La foule inattentive au cri de ses douleurs
Demandait en passant le sujet de ses pleurs,
Et, reprenant bientôt sa course suspendue,
Et dans les longs parvis par groupes répandue,
Recueillait ces vains bruits dans le peuple semés,
Parlait d'autels détruits et des dieux blasphémés,
Et d'un culte nouveau corrompant la jeunesse,
Et de ce dieu sans nom étranger dans la Grèce.
C'était quelque insensé, quelque monstre odieux,
Quelque nouvel Oreste aveuglé par les dieux,
Qu'atteignait à la fin la tardive justice,
Et que la terre au ciel devait en sacrifice.
Socrate ! et c'était toi qui, dans les fers jeté,
Mourais pour la justice et pour la vérité !!!

Enfin, de la prison les gonds bruyants roulèrent;
A pas lents, l'œil baissé, les amis s'écoulèrent.
Mais Socrate, jetant un regard sur les flots,
Et leur montrant du doigt la voile vers Délos :
« Regardez sur les mers cette poupe fleurie;
C'est le vaisseau sacré, l'heureuse Théorie !
Saluons-la, dit-il : cette voile est la mort !
Mon âme, aussitôt qu'elle, entrera dans le port.
Et cependant parlez; et que ce jour suprême,
Dans nos doux entretiens, s'écoule encor de même !
Ne jetons point aux vents les restes du festin :
Des dons sacrés des dieux usons jusqu'à la fin.
L'heureux vaisseau qui touche au terme du voyage
Ne suspend pas sa course à l'aspect du rivage;
Mais, couronné de fleurs et les voiles aux vents,
Dans le port qui l'appelle il entre avec les chants.

« Les poëtes ont dit qu'avant sa dernière heure
En sons harmonieux le doux cygne se pleure :
Amis, n'en croyez rien ! l'oiseau mélodieux
D'un plus sublime instinct fut doué par les dieux.
Du riant Eurotas près de quitter la rive,
L'âme, de ce beau corps à demi fugitive,
S'avançant pas à pas vers un monde enchanté,
Voit poindre le jour pur de l'immortalité,
Et, dans la douce extase où ce regard la noie,
Sur la terre en mourant elle exhale sa joie.
Vous qui près du tombeau venez pour m'écouter,
Je suis un cygne aussi; je meurs, je puis chanter ! »

Sous la voûte, à ces mots, des sanglots éclatèrent;
D'un cercle plus étroit ses amis l'entourèrent :
« Puisque tu vas mourir, ami trop tôt quitté,
Parle-nous d'espérance et d'immortalité !
— Je le veux bien, dit-il : mais éloignons les femmes;
Leurs soupirs étouffés amolliraient nos âmes.
Or, il faut, dédaignant les terreurs du tombeau,
Entrer d'un pas hardi dans un monde nouveau !

« Vous le savez, amis; souvent, dès ma jeunesse,
Un génie inconnu m'inspira la sagesse,
Et du monde futur me découvrit les lois.
Était-ce quelque dieu caché dans une voix?
Une ombre m'embrassant d'une amitié secrète?
L'écho de l'avenir? la muse du poëte?
Je ne sais; mais l'esprit qui me parlait tout bas,
Depuis que de ma fin je m'approche à grands pas,
En sons plus élevés me parle, me console;
Je reconnais plus tôt sa divine parole,
Soit qu'un cœur affranchi du tumulte des sens
Avec plus de silence écoute ses accents;
Soit que, comme l'oiseau, l'invisible génie
Redouble vers le soir sa touchante harmonie;
Soit plutôt qu'oubliant le jour qui va finir,
Mon âme, suspendue aux bords de l'avenir,
Distingue mieux le son qui part de l'autre monde,
Comme le nautonier, le soir, errant sur l'onde,
A mesure qu'il vogue et s'approche du bord,
Distingue mieux la voix qui s'élève du port.
Cet invisible ami jamais ne m'abandonne,
Toujours de son accent mon oreille résonne,

Et sa voix dans ma voix parle seule aujourd'hui.
Amis, écoutez donc ! ce n'est plus moi ; c'est lui !.... »

———

Le front calme et serein, l'œil rayonnant d'espoir,
Socrate à ses amis fit signe de s'asseoir ;
A ce signe muet soudain ils obéirent,
Et sur les bords du lit en silence ils s'assirent.
Symmias abaissait son manteau sur ses yeux ;
Criton d'un œil pensif interrogeait les cieux ;
Cébès penchait à terre un front mélancolique ;
Apollodore, armé d'un rire sardonique,
Semblait, du philosophe enviant l'heureux sort,
Rire de la fortune et défier la mort ;
Et, le dos appuyé sur la porte de bronze,
Les bras entrelacés, le serviteur des Onze,
De doute et de pitié tour à tour combattu,
Murmurait sourdement : « Que lui sert sa vertu ? »
Mais Phédon, regrettant l'ami plus que le sage,
Sous ses cheveux épars voilant son beau visage,
Plus près du lit funèbre aux pieds du maître assis,
Sur ses genoux pliés se penchait comme un fils,
Levait ses yeux voilés sur l'ami qu'il adore,
Rougissait de pleurer, et le pleurait encore.

———

Du sage cependant la terrestre douleur
N'osait point altérer les traits ni la couleur ;
Son regard élevé loin de nous semblait lire ;
Sa bouche, où reposait son gracieux sourire,
Toute prête à parler, s'entr'ouvrait à demi ;
Son oreille écoutait son invisible ami ;

Ses cheveux, effleurés du souffle de l'automne,
Dessinaient sur sa tête une pâle couronne,
Et, de l'air matinal par moments agités,
Répandaient sur son front des reflets argentés;
Mais, à travers ce front où son âme est tracée,
On voyait rayonner sa sublime pensée,
Comme, à travers l'albâtre ou l'airain transparents,
La lampe, sur l'autel jetant ses feux mourants,
Par son éclat voilé se trahissant encore,
D'un reflet lumineux les frappe et les colore.
Comme l'œil sur les mers suit la voile qui part,
Sur ce front solennel attachant leur regard,
A ses yeux suspendus, ne respirant qu'à peine,
Ses amis attentifs retenaient leur haleine;
Leurs yeux le contemplaient pour la dernière fois;
Ils allaient pour jamais emporter cette voix!
Comme la vague s'ouvre au souffle errant d'Éole,
Leur âme impatiente attendait sa parole.
Enfin du ciel sur eux son regard s'abaissa,
Et lui, comme autrefois, sourit, et commença:

« Quoi! vous pleurez, amis! vous pleurez quand mon âme,
Semblable au pur encens que la prêtresse enflamme,
Affranchie à jamais du vil poids de son corps,
Va s'envoler aux dieux, et, dans de saints transports,
Saluant ce jour pur qu'elle entrevit peut-être,
Chercher la vérité, la voir, et la connaître!
Pourquoi donc vivons-nous, si ce n'est pour mourir?
Pourquoi pour la justice ai-je aimé de souffrir?
Pourquoi dans cette mort qu'on appelle la vie,
Contre ses vils penchants luttant, quoique asservie;

Mon âme avec mes sens a-t-elle combattu?
Sans la mort, mes amis, que serait la vertu?...
C'est le prix du combat, la céleste couronne
Qu'aux bornes de la course un saint juge nous donne;
La voix de Jupiter qui nous rappelle à lui.
Amis, bénissons-la! je l'entends aujourd'hui.
Je pouvais, de mes jours disputant quelque reste,
Me faire répéter deux fois l'ordre céleste :
Me préservent les dieux d'en prolonger le cours!
En esclave attentif, ils m'appellent, j'y cours!
Et vous, si vous m'aimez, comme aux plus belles fêtes,
Amis, faites couler des parfums sur vos têtes!
Suspendez une offrande aux murs de la prison!
Et, le front couronné d'un verdoyant feston,
Ainsi qu'un jeune époux qu'une foule empressée,
Semant de chastes fleurs le seuil du gynécée,
Vers le lit nuptial conduit après le bain,
Dans les bras de la mort menez-moi par la main!...

» Qu'est-ce donc que mourir? Briser ce nœud infâme,
Cet adultère hymen de la terre avec l'âme,
D'un vil poids, à la tombe, enfin se décharger.
Mourir n'est pas mourir; mes amis, c'est changer!
Tant qu'il vit, accablé sous le corps qui l'enchaîne,
L'homme vers le vrai bien languissamment se traîne,
Et, par ses vils besoins dans sa course arrêté,
Suit, d'un pas chancelant, ou perd la vérité.
Mais celui qui, touchant au terme qu'il implore,
Voit du jour éternel étinceler l'aurore,
Comme un rayon du soir, remontant dans les cieux,
Exilé de leur sein, remonte au sein des dieux;

Et, buvant à longs traits le nectar qui l'enivre,
Du jour de son trépas il commence de vivre! »

« — Mais mourir c'est souffrir; et souffrir est un mal.
— Amis, qu'en savons-nous? Et quand l'instant fatal
Consacré par le sang comme un grand sacrifice
Pour ce corps immolé serait un court supplice,
N'est-ce pas par un mal que tout bien est produit
L'été sort de l'hiver, le jour sort de la nuit.
Dieu lui-même a noué cette éternelle chaîne ;
Nous fûmes à la vie enfantés avec peine,
Et cet heureux trépas, des faibles redouté,
N'est qu'un enfantement à l'immortalité.

» Cependant de la mort qui peut sonder l'abîme ?
Les dieux ont mis leur doigt sur sa lèvre sublime :
Qui sait si dans ses mains, prêtes à la saisir,
L'âme, incertaine, tombe avec peine ou plaisir ?
Pour moi, je vis encor, je ne sais, mais je pense
Qu'il est quelque mystère au fond de ce silence ;
Que des dieux indulgents la sévère bonté
A jusque dans la mort caché la volupté,
Comme, en blessant nos cœurs de ses divines armes,
L'Amour cache souvent un plaisir sous des larmes. »

L'incrédule Cébès à ce discours sourit;
— Je le saurai bientôt, dit Socrate. Il reprit :

« Oui, le premier salut de l'homme à la lumière,
Quand le rayon doré vient baiser sa paupière,
L'accent de ce qu'on aime à la lyre mêlé,
Le parfum fugitif de la coupe exhalé,
La saveur du baiser, quand de sa lèvre errante
L'amant cherche, la nuit, les lèvres de l'amante,
Sont moins doux à nos sens que le premier transport
De l'homme vertueux affranchi par la mort ;
Et pendant qu'ici-bas sa cendre est recueillie,
Emporté par sa course, en fuyant il oublie
De dire même au monde un éternel adieu :
Ce monde évanoui disparaît devant Dieu !

———

» — Mais quoi ! suffit-il donc de mourir pour revivre ?
— Non : il faut que des sens notre âme se délivre,
De ses penchants mortels triomphe avec effort ;
Que notre vie enfin soit une longue mort !
La vie est le combat, la mort est la victoire,
Et la terre est pour nous l'autel expiatoire
Où l'homme, de ses sens sur le seuil dépouillé,
Doit jeter dans les feux son vêtement souillé,
Avant d'aller offrir sur un autel propice
De sa vie, au Dieu pur, l'aussi pur sacrifice !

———

» Ils iront d'un seul trait, du tombeau dans les cieux,
Joindre, où la mort n'est plus, les héros et les dieux,
Ceux qui, vainqueurs des sens pendant leur courte vie,
Ont soumis à l'esprit la matière asservie,

Ont marché sous le joug des rites et des lois,
Du juge intérieur interrogé la voix,
Suivi les droits sentiers écartés de la foule,
Prié, servi les dieux, d'où la vertu découle,
Souffert pour la justice, aimé la vérité,
Et des enfants du ciel conquis la liberté!

» Mais ceux qui, chérissant la chair autant que l'âme,
De l'esprit et des sens ont resserré la trame,
Et prostitué l'âme aux vils baisers du corps,
Comme Léda livrée à de honteux transports;
Ceux-là, si toutefois un dieu ne les délivre,
Même après leur trépas ne cessent pas de vivre,
Et des coupables nœuds qu'eux-même ils ont serrés
Ces mânes imparfaits ne sont pas délivrés.
Comme à ses fils impurs Arachné suspendue,
Leur âme, avec leur corps mêlée et confondue,
Cherche en vain à briser ses liens flétrissants:
L'amour qu'elle eut pour eux vit encor dans ses sens;
De leurs bras décharnés ils la pressent encore,
Lui rappellent cent fois cet hymen qu'elle abhorre,
Et, comme un air pesant qui dort sur les marais,
Leur vil poids, loin des dieux, la retient à jamais.
Ces mânes gémissants, errant dans les ténèbres,
Avec l'oiseau de nuit jettent des cris funèbres;
Autour des monuments, des urnes, des tombeaux,
De leur corps importun traînant d'affreux lambeaux,
Honteux de vivre encore, et fuyant la lumière,
A l'heure où l'innocence a fermé sa paupière,
De leurs antres obscurs ils s'échappent sans bruit,
Comme des criminels s'emparent de la nuit;
Imitent sur les flots le réveil de l'aurore,
Font courir sur les monts le pâle météore;

De songes effrayants assiégeant nos esprits,
Au fond des bois sacrés poussent d'horribles cris;
Ou, tristement assis sur le bord d'une tombe,
Et dans leurs doigts sanglants cachant leur front qui tombe,
Jaloux de leur victime, ils pleurent leurs forfaits :
Mais les âmes des bons ne reviennent jamais! »

———

Il se tut, et Cébès rompit seul le silence :
« Me préservent les dieux d'offenser l'Espérance,
Cette divinité qui, semblable à l'Amour,
Un bandeau sur les yeux, nous conduit au vrai jour!
Mais puisque de ces bords comme elle tu t'envoles,
Hélas! et que voilà tes suprêmes paroles,
Pour m'instruire, ô mon maître, et non pour t'affliger,
Permets-moi de répondre et de t'interroger. »
Socrate, avec douceur, inclina son visage,
Et Cébès en ces mots interrogea le sage :

———

« L'âme, dis-tu, doit vivre au delà du tombeau :
Mais si l'âme est pour nous la lueur d'un flambeau,
Quand la flamme a des sens consumé la matière,
Quand le flambeau s'éteint, que devient la lumière?
La clarté, le flambeau, tout ensemble est détruit,
Et tout rentre à la fois dans une même nuit.
Ou si l'âme est aux sens ce qu'est à cette lyre
L'harmonieux accord que notre main en tire,
Quand le temps ou les vers en ont usé le bois,
Quand la corde rompue a crié sous nos doigts,

Et que les nerfs brisés de la lyre expirante
Sont foulés sous les pieds de la jeune bacchante,
Qu'est devenu le bruit de ces divins accords?
Meurt-il avec la lyre? et l'âme avec le corps?... »
Les sages à ces mots, pour sonder ce mystère,
Baissant leurs fronts pensifs et regardant la terre,
Cherchaient une réponse, et ne la trouvaient pas.
Se parlant l'un à l'autre, ils murmuraient tout bas :
« Quand la lyre n'est plus, où donc est l'harmonie?... »
Et Socrate semblait attendre son génie.

Sur l'une de ses mains appuyant son menton,
L'autre se promenait sur le front de Phédon,
Et, sur son cou d'ivoire errant à l'aventure,
Caressait, en passant, sa blonde chevelure ;
Puis, détachant du doigt un de ses longs rameaux
Qui pendaient jusqu'à terre en flexibles anneaux,
Faisait sur ses genoux flotter leurs molles ondes,
Ou dans ses doigts distraits roulait leurs tresses blondes,
Et parlait en jouant comme un vieillard divin
Qui mêle la sagesse aux coupes d'un festin.

« Amis, l'âme n'est pas l'incertaine lumière
Dont le flambeau des sens ici-bas nous éclaire :
Elle est l'œil immortel qui voit ce faible jour
Naître, grandir, baisser, renaître tour à tour,
Et qui sent hors de soi, sans en être affaiblie,
Pâlir et s'éclipser ce flambeau de la vie ;

Pareille à l'œil mortel qui dans l'obscurité
Conserve le regard en perdant la clarté.

» L'âme n'est pas aux sens ce qu'est à cette lyre
L'harmonieux accord que notre main en tire :
Elle est le doigt divin qui seul la fait frémir,
L'oreille qui l'entend ou chanter ou gémir,
L'auditeur attentif, l'invisible génie
Qui juge, enchaîne, ordonne et règle l'harmonie,
Et qui des sons discords rendus par chaque sens
Forme au plaisir des dieux des concerts ravissants !
En vain la lyre meurt et le son s'évapore :
Sur ces débris muets l'oreille écoute encore.
Es-tu content, Cébès ? — Oui, j'en crois tes adieux,
Socrate est immortel ! — Eh bien, parlons des dieux ! »

Et déjà le soleil était sur les montagnes,
Et, rasant d'un rayon les flots et les campagnes,
Semblait, faisant au monde un magnifique adieu,
Aller se rajeunir au sein brillant de Dieu.
Les troupeaux descendaient des sommets du Taygète ;
L'ombre dormait déjà sur les flancs de l'Hymette ;
Le Cithéron nageait dans un océan d'or ;
Le pêcheur matinal, sur l'onde errant encor,
Modérant près du bord sa course suspendue,
Repliait, en chantant, sa voile détendue ;
La flûte dans les bois, et ces chants sur les mers,
Arrivaient jusqu'à nous sur les soupirs des airs,
Et venaient se mêler à nos sanglots funèbres,
Comme un rayon du soir se fond dans les ténèbres.

« Hâtons-nous, mes amis! voici l'heure du bain.
Esclaves, versez l'eau dans le vase d'airain!
Je veux offrir aux dieux une victime pure. »
Il dit; et se plongeant dans l'urne qui murmure,
Comme fait à l'autel le sacrificateur,
Il puisa dans ses mains le flot libérateur,
Et, le versant trois fois sur son front qu'il inonde,
Trois fois sur sa poitrine en fit ruisseler l'onde;
Puis, d'un voile de pourpre en essuyant les flots,
Parfuma ses cheveux, et reprit en ces mots:
« Nous oublions le dieu pour adorer ses traces!
Me préserve Apollon de blasphémer les Grâces,
Hébé versant la vie aux célestes lambris,
Le carquois de l'Amour, ni l'écharpe d'Iris,
Ni surtout de Vénus la brillante ceinture
Qui d'un nœud sympathique enchaîne la nature,
Ni l'éternel Saturne ou le grand Jupiter,
Ni tous ces dieux du ciel, de la terre et de l'air!
Tous ces êtres peuplant l'Olympe ou l'Élysée
Sont l'image de Dieu par nous divinisée,
Des lettres de son nom sur la nature écrit,
Une ombre que ce Dieu jette sur notre esprit!
A ce titre divin ma raison les adore,
Comme nous saluons le soleil dans l'aurore;
Et peut-être qu'enfin tous ces dieux inventés,
Cet enfer et ce ciel par la lyre chantés,
Ne sont pas seulement des songes du génie,
Mais les brillants degrés de l'échelle infinie
Qui, des êtres semés dans ce vaste univers,
Sépare et réunit tous les astres divers.
Peut-être qu'en effet dans l'immense étendue,
Dans tout ce qui se meut, une âme est répandue;
Que ces astres brillants sur nos têtes semés
Sont des soleils vivants et des feux animés;

Que l'Océan, frappant sa rive épouvantée,
Avec ses flots grondants roule une âme irritée;
Que notre air embaumé volant dans un ciel pur
Est un esprit flottant sur des ailes d'azur;
Que le jour est un œil qui répand la lumière;
La nuit, une beauté qui voile sa paupière;
Et qu'enfin dans le ciel, sur la terre, en tout lieu,
Tout est intelligent, tout vit, tout est un dieu.

———

» Mais, croyez-en, amis, ma voix prête à s'éteindre :
Par delà tous ces dieux que notre œil peut atteindre,
Il est sous la nature, il est au fond des cieux
Quelque chose d'obscur et de mystérieux
Que la nécessité, que la raison proclame,
Et que voit seulement la foi, cet œil de l'âme!
Contemporain des jours et de l'éternité!
Grand comme l'infini, seul comme l'unité!
Impossible à nommer, à nos sens impalpable!
Son premier attribut, c'est d'être inconcevable!
Dans les lieux, dans les temps, hier, demain, aujourd'hui,
Descendons, remontons, nous arrivons à lui!
Tout ce que vous voyez est sa toute-puissance,
Tout ce que nous pensons est sa sublime essence!
Force, amour, vérité, créateur de tout bien,
C'est le dieu de vos dieux! c'est le seul! c'est le mien!...

———

» — Mais le mal, dit Cébès, qui l'a créé? — Le crime :
Des coupables mortels châtiment légitime,

Sur ce globe déchu le mal et le trépas
Sont nés le même jour : Dieu ne les connaît pas!
Soit qu'un attrait fatal, une coupable flamme
Ait attiré jadis la matière vers l'âme;
Soit plutôt que la vie, en des nœuds trop puissants
Resserrant ici-bas l'esprit avec les sens,
Les pénètre tous deux d'un amour adultère,
Ils ne sont réunis que par un grand mystère.
Cette horrible union, c'est le mal : et la mort,
Remède et châtiment, la brise avec effort.
Mais, à l'instant suprême où cet hymen expire,
Sur les vils éléments l'âme reprend l'empire,
Et s'envole, aux rayons de l'immortalité,
Au monde du bonheur et de la vérité! »

———

« — Connais-tu le chemin de ce monde invisible?
Dit Cébès : à ton œil est-il donc accessible?
— Mes amis, j'en approche; et pour le découvrir...
— Que faut-il? dit Phédon. — Être pur, et mourir!

» Dans un point de l'espace inaccessible aux hommes,
Peut-être au ciel, peut-être aux lieux même où nous sommes,
Il est un autre monde, un Élysée, un ciel,
Que ne parcourent pas de longs ruisseaux de miel,
Où les âmes des bons, de Dieu seul altérées,
D'un nectar éternel ne sont pas enivrées,
Mais où les mânes saints, les immortels esprits,
De leurs corps immolés vont recevoir le prix.
Ni la sombre Tempé, ni le riant Ménale,
Qu'enivre de parfums l'haleine matinale,

Ni les vallons d'Hémus, ni ces riches coteaux
Qu'enchante l'Eurotas du murmure des eaux,
Ni cette terre enfin des poëtes chérie
Qui fait aux voyageurs oublier leur patrie,
N'approchent pas encor du fortuné séjour
Où le regard de Dieu donne aux âmes le jour;
Où jamais dans la nuit ce jour divin n'expire;
Où la vie et l'amour sont l'air qu'on y respire;
Où des corps immortels et toujours renaissants
Pour d'autres voluptés empruntent d'autres sens.
— Quoi! des corps dans le ciel? la mort avec la vie?
— Oui, des corps transformés que l'âme glorifie!
L'âme, pour composer ces divins vêtements,
Cueille en tout l'univers la fleur des éléments :
Tout ce qu'ont de plus pur la vie et la matière,
Les rayons transparents de la douce lumière,
Les reflets nuancés des plus tendres couleurs,
Les parfums que le soir enlève au sein des fleurs,
Les bruits harmonieux que l'amoureux Zéphire
Tire au sein de la nuit de l'onde qui soupire,
La flamme qui s'exhale en jets d'or et d'azur,
Le cristal des ruisseaux roulant dans un ciel pur,
La pourpre dont l'aurore aime à teindre ses voiles,
Et les rayons dormants des tremblantes étoiles,
Réunis et formant d'harmonieux accords,
Se mêlent sous ses doigts et composent son corps;
Et l'âme, qui jadis esclave sur la terre
A ses sens révoltés faisait en vain la guerre,
Triomphante aujourd'hui de leurs vœux impuissants,
Règne avec majesté sur le monde des sens,
Pour des plaisirs sans fin, sans fin les multiplie,
Et joue avec l'espace, et les temps, et la vie!

» Tantôt, pour s'envoler où l'appelle un désir,
Elle aime à parfumer les ailes d'un zéphyr,
D'un rayon de l'iris en glissant les colore;
Et du ciel aux enfers, du couchant à l'aurore,
Comme une abeille errante, elle court en tout lieu
Découvrir et baiser les ouvrages de Dieu.
Tantôt au char brillant que l'aurore lui prête
Elle attelle un coursier qu'anime la tempête;
Et, dans ces beaux déserts de feux errants semés,
Cherchant ces grands esprits qu'elle a jadis aimés,
De soleil en soleil, de système en système,
Elle vole et se perd avec l'âme qu'elle aime,
De l'espace infini suit les vastes détours,
Et dans le sein de Dieu se retrouve toujours!

» L'âme, pour soutenir sa céleste nature,
N'emprunte pas des corps sa chaste nourriture;
Ni le nectar coulant de la coupe d'Hébé,
Ni le parfum des fleurs par le vent dérobé,
Ni la libation en son honneur versée,
Ne sauraient nourrir l'âme : elle vit de pensée,
De désirs satisfaits, d'amour, de sentiments,
De son être immortel immortels aliments.
Grâce à ces fruits divins que le ciel multiplie,
Elle soutient, prolonge, éternise sa vie,
Et peut, par la vertu de l'éternel amour,
Multiplier son être, et créer à son tour.

» Car, ainsi que les corps, la pensée est féconde.
Un seul désir suffit pour peupler tout un monde ;
Et, de même qu'un son par l'écho répété,
Multiplié sans fin, court dans l'immensité,
Ou comme en s'étendant l'éphémère étincelle
Allume sur l'autel une flamme immortelle ;
Ainsi ces êtres purs l'un vers l'autre attirés,
De l'amour créateur constamment pénétrés,
A travers l'infini se cherchent, se confondent,
D'une éternelle étreinte, en s'aimant, se fécondent,
Et, des astres déserts peuplant les régions,
Prolongent dans le ciel leurs générations.
O célestes amours! saints transports! chaste flamme!
Baisers où sans retour l'âme se mêle à l'âme,
Où l'éternel désir et la pure beauté
Poussent en s'unissant un cri de volupté ;
Si j'osais...! » Mais un bruit retentit sous la voûte ;
Le sage interrompu tranquillement écoute.
Et nous vers l'occident nous tournons tous les yeux :
Hélas ! c'était le jour qui s'enfuyait des cieux !

. . . .
. . . .

En détournant les yeux, le serviteur des Onze
Lui tendait le poison dans la coupe de bronze ;
Socrate la reçut d'un front toujours serein,
Et, comme un don sacré l'élevant dans sa main,
Sans suspendre un moment sa phrase commencée,
Avant de la vider acheva sa pensée.

Sur les flancs arrondis du vase au large bord,
Qui jamais de son sein ne versait que la mort,
L'artiste avait fondu sous un souffle de flamme
L'histoire de Psyché, ce symbole de l'âme ;
Et, symbole plus doux de l'immortalité,
Un léger papillon en ivoire sculpté.
Plongeant sa trompe avide en ces ondes mortelles,
Formait l'anse du vase en déployant ses ailes.
Psyché, par ses parents dévouée à l'Amour,
Quittant avec l'aurore un superbe séjour,
D'une pompe funèbre allait environnée
Tenter comme la mort ce divin hyménée ;
Puis, seule, assise, en pleurs, le front sur ses genoux,
Dans un désert affreux attendait son époux ;
Mais, sensible à ses maux, le volage Zéphire,
Comme un désir divin que le ciel nous inspire,
Essuyant d'un soupir les larmes de ses yeux,
Dormante, sur son sein l'enlevait dans les cieux.
On voyait son beau front penché sur son épaule
Livrer ses longs cheveux aux doux baisers d'Éole :
Et Zéphyr, succombant sous son charmant fardeau,
Lui former de ses bras un amoureux berceau,
Effleurer ses longs cils de sa brûlante haleine,
Et, jaloux de l'Amour, la lui rendre avec peine.

Ici, le tendre Amour sur des roses couché
Pressait entre ses bras la tremblante Psyché,
Qui, d'un secret effroi ne pouvant se défendre,
Recevait ses baisers sans oser les lui rendre ;
Car le céleste époux, trompant son tendre amour,
Toujours du lit sacré fuyait avec le jour.

Plus loin, par le désir en secret éveillée,
Et du voile nocturne à demi dépouillée,

Sa lampe d'une main et de l'autre un poignard,
Psyché; risquant l'amour, hélas! contre un regard,
De son époux qui dort tremblant d'être entendue,
Se penchait vers le lit, sur un pied suspendue,
Reconnaissait l'Amour, jetait un cri soudain,
Et l'on voyait trembler la lampe dans sa main.

———

Mais de l'huile brûlante une goutte épanchée,
S'échappant par malheur de la lampe penchée,
Tombait sur le sein nu de l'amant endormi;
L'Amour impatient, s'éveillant à demi,
Contemplait tour à tour ce poignard, cette goutte,...
Et fuyait indigné vers la céleste voûte :
Emblème menaçant des désirs indiscrets
Qui profanent les dieux, pour les voir de trop près!

La vierge cette fois errante sur la terre
Pleurait son jeune amant, et non plus sa misère :
Mais l'Amour à la fin, de ses larmes touché,
Pardonnait à sa faute, et l'heureuse Psyché
Par son céleste époux dans l'Olympe ravie,
Sur les lèvres du dieu buvant des flots de vie,
S'avançait dans le ciel avec timidité;
Et l'on voyait Vénus sourire à sa beauté.
Ainsi par la vertu l'âme divinisée
Revient, égale aux dieux, régner dans l'Élysée!

———

Mais Socrate élevant sa coupe dans ses mains :
« Offrons, offrons d'abord aux maîtres des humains
De l'immortalité cette heureuse prémice ! »
Il dit; et vers la terre inclinant le calice
Comme pour épargner un nectar précieux,
En versa seulement deux gouttes pour les dieux,
Et, de sa lèvre avide approchant le breuvage,
Le vida lentement, sans changer de visage,
Comme un convive avant de sortir d'un festin
Qui dans sa coupe d'or verse un reste de vin,
Et, pour mieux savourer le dernier jus qu'il goûte,
L'incline lentement et le boit goutte à goutte.
Puis, sur son lit de mort doucement étendu,
Il reprit aussitôt son discours suspendu :

« Espérons dans les dieux, et croyons-en notre âme !
De l'amour dans nos cœurs alimentons la flamme !
L'amour est le lien des dieux et des mortels;
La crainte ou la douleur profane leurs autels.
Quand vient l'heureux signal de notre délivrance,
Amis, prenons vers eux le vol de l'espérance !
Point de funèbre adieu ! point de cris ! point de pleurs !
On couronne ici-bas la victime de fleurs :
Que de joie et d'amour notre âme couronnée
S'avance au-devant d'eux, comme à son hyménée !
Ce sont là les festons, les parfums précieux,
Les voix, les instruments, les chants mélodieux,
Dont l'âme, convoquée à ce banquet suprême,
Avant d'aller aux dieux, doit s'enchanter soi-même !

» Relevez donc ces fronts que l'effroi fait pâlir!
Ne me demandez plus s'il faut m'ensevelir;
Sur ce corps, qui fut moi, quelle huile on doit répandre;
Dans quel lieu, dans quelle urne il faut garder ma cendre.
Qu'importe à vous, à moi, que ce vil vêtement
De la flamme, ou des vers, devienne l'aliment?
Qu'une froide poussière à moi jadis unie
Soit balayée aux flots ou bien aux gémonies?
Ce corps vil, composé des éléments divers,
Ne sera pas plus moi qu'une vague des mers,
Qu'une feuille des bois que l'aquilon promène,
Qu'un atome flottant qui fut argile humaine,
Que le feu du bûcher dans les airs exhalé,
Ou le sable mouvant de vos chemins foulé!

———

» Mais je laisse en partant à cette terre ingrate
Un plus noble débris de ce que fut Socrate :
Mon génie à Platon, à vous tous mes vertus!
Mon âme aux justes dieux! ma vie à Mélitus,
Comme au chien dévorant qui sur le seuil aboie,
En quittant le festin, on jette aussi sa proie!... »

———

Tel qu'un triste soupir de la rame et des flots
Se mêle sur les mers aux chants des matelots,
Pendant cet entretien une funèbre plainte
Accompagnait sa voix sur le seuil de l'enceinte :
Hélas! c'était Myrto demandant son époux,
Que l'heure des adieux ramenait parmi nous!

L'égarement troublait sa démarche incertaine,
Et, suspendus aux plis de sa robe qui traîne,
Deux enfants, les pieds nus, marchant à ses côtés,
Suivaient en chancelant ses pas précipités.
Avec ses longs cheveux elle essuyait ses larmes;
Mais leur trace profonde avait flétri ses charmes;
Et la mort sur ses traits répandait sa pâleur :
On eût dit qu'en passant l'impuissante douleur,
Ne pouvant de Socrate atteindre la grande âme,
Avait respecté l'homme et profané la femme.
De terreur et d'amour saisie à son aspect,
Elle pleurait sur lui dans un tendre respect.
Telle, aux fêtes du dieu pleuré par Cythérée,
Sur le corps d'Adonis la bacchante éplorée,
Partageant de Vénus les divines douleurs,
Réchauffe tendrement le marbre de ses pleurs,
De sa bouche muette avec respect l'effleure,
Et paraît adorer le beau dieu qu'elle pleure.
Socrate, en recevant ses enfants dans ses bras,
Baisa sa joue humide et lui parla tout bas :
Nous vîmes une larme, et ce fut la dernière,
Sous ses cils abaissés rouler dans sa paupière.
Puis, d'un bras défaillant offrant ses fils aux dieux :
« Je fus leur père ici, vous l'êtes dans les cieux!
Je meurs, mais vous vivez! Veillez sur leur enfance;
Je les lègue, ô dieux bons, à votre providence!... »

———

Mais déjà le poison dans ses veines versé
Enchaînait dans son cours le flot du sang glacé :
On voyait vers le cœur, comme une onde tarie,
Remonter pas à pas la chaleur et la vie,

Et ses membres roidis, sans force et sans couleur,
Du marbre de Paros imitaient la pâleur.
En vain Phédon penché sur ses pieds qu'il embrasse
Sous sa brûlante haleine en réchauffait la glace,
Son front, ses mains, ses pieds se glaçaient sous nos doigts :
Il ne nous restait plus que son âme et sa voix !
Semblable au bloc divin d'où sortit Galatée
Quand une âme immortelle à l'Olympe empruntée,
Descendant dans le marbre à la voix d'un amant,
Fait palpiter son cœur d'un premier sentiment,
Et qu'ouvrant sa paupière au jour qui vient d'éclore,
Elle n'est plus un marbre, et n'est pas femme encore.

Était-ce de la mort la pâle majesté,
Ou le premier rayon de l'immortalité ?
Mais son front rayonnant d'une beauté sublime
Brillait comme l'aurore aux sommets de Didyme,
Et nos yeux, qui cherchaient à saisir son adieu,
Se détournaient de crainte et croyaient voir un dieu !
Quelquefois l'œil au ciel il rêvait en silence ;
Puis déroulant les flots de sa sainte éloquence,
Comme un homme enivré du doux jus du raisin
Brisant cent fois le fil de ses discours sans fin,
Ou comme Orphée errant dans les demeures sombres,
En mots entrecoupés il parlait à des ombres.

« Courbez-vous, disait-il, cyprès d'Académus !
Courbez-vous, et pleurez ; vous ne le verrez plus !

Que la vague, en frappant le marbre du Pirée,
Jette avec son écume une voix éplorée !
Les dieux l'ont rappelé ! ne le savez-vous pas ?...
Mais ses amis en deuil, où portent-ils leurs pas ?
Voilà Platon, Cébès, ses enfants et sa femme !
Voilà son cher Phédon, cet enfant de son âme !
Ils vont d'un pas furtif, aux lueurs de Phœbé,
Pleurer sur un cercueil aux regards dérobé,
Et, penchés sur mon urne, ils paraissent attendre
Que la voix qu'ils aimaient sorte encor de ma cendre.
Oui, je vais vous parler, amis, comme autrefois,
Quand penchés sur mon lit vous aspiriez ma voix !...
Mais que ce temps est loin ! et qu'une courte absence
Entre eux et moi, grands dieux, a jeté de distance !
Vous qui cherchez si loin la trace de mes pas,
Levez les yeux, voyez !... Ils ne m'entendent pas !
Pourquoi ce deuil ? pourquoi ces pleurs dont tu t'inondes ?
Épargne au moins, Myrto, tes longues tresses blondes *;
Tourne vers moi tes yeux de larmes essuyés !
Myrto, Platon, Cébès, amis !... si vous saviez !...

» Oracles, taisez-vous ! tombez, voix du Portique !
Fuyez, vaines lueurs de la sagesse antique !
Nuages colorés d'une fausse clarté,
Évanouissez-vous devant la vérité !
D'un hymen ineffable elle est prête d'éclore ;
Attendez... Un, deux, trois..., quatre siècles encore,
Et ses rayons divins qui partent des déserts
D'un éclat immortel rempliront l'univers !

* Socrate eut deux femmes, Xantippe et Myrto.

Et vous, ombres de Dieu qui nous voilez sa face,
Fantômes imposteurs qu'on adore à sa place,
Dieux de chair et de sang, dieux vivants, dieux mortels,
Vices déifiés sur d'immondes autels,
Mercure aux ailes d'or, déesse de Cythère,
Qu'adorent impunis le vol et l'adultère ;
Vous tous, grands et petits, race de Jupiter,
Qui peuplez, qui souillez les eaux, la terre et l'air,
Encore un peu de temps, et votre auguste foule,
Roulant avec l'erreur de l'Olympe qui croule,
Fera place au Dieu saint, unique, universel,
Le seul Dieu que j'adore, et qui n'a point d'autel !...

———

. . . .
. . . .
» Quels secrets dévoilés ! quelle vaste harmonie !...
. . . .
. . . .
» Mais qui donc étais-tu, mystérieux génie ?
Toi qui, voilant toujours ton visage à mes yeux,
M'as conduit par la voix jusqu'aux portes des cieux ?
Toi qui, m'accompagnant comme un oiseau fidèle,
Caresse encor mon front du doux vent de ton aile,
Es-tu quelque Apollon de ce divin séjour,
Ou quelque beau Mercure envoyé par l'Amour ?
Tiens-tu l'arc, ou la lyre, ou l'heureux caducée ?
Ou n'es-tu, réponds-moi, qu'une simple pensée ?
Ah ! viens, qui que tu sois, esprit, mortel, ou dieu !
Avant de recevoir mon éternel adieu,
Laisse-moi découvrir, laisse-moi reconnaître
Cet ami qui m'aima même avant que de naître !

Que je puisse, en touchant au terme du chemin,
Rendre grâce à mon guide et pleurer sur sa main!
Sors du voile éclatant qui te dérobe encore!
Approche!... Mais que vois-je? O Verbe que j'adore,
Rayon coéternel, est-ce vous que je vois?...
Voilez-vous, ou je meurs une seconde fois!

———

. . . .
. . . .

» Heureux ceux qui naîtront dans la sainte contrée
Que baise avec respect la vague d'Érythrée!
Ils verront les premiers, sur leur pur horizon,
Se lever au matin l'astre de la raison.
Amis, vers l'orient tournez votre paupière :
La vérité viendra d'où nous vient la lumière!
Mais qui l'apportera?... C'est toi, Verbe conçu!
Toi, qu'à travers les temps mes yeux ont aperçu;
Toi, dont par l'avenir la splendeur réfléchie
Vient m'éclairer d'avance au sommet de la vie.
Tu viens, tu vis, tu meurs d'un trépas mérité!
Car la mort est le prix de toute vérité.
Mais ta voix expirante en ce monde entendue
Comme la mienne, au moins, ne sera pas perdue.
La voix qui vient du ciel n'y remontera pas;
L'univers assoupi t'écoute, et fait un pas;
L'énigme du destin se révèle à la terre!

. . . .
. . . .
. . . .

Quoi! j'avais soupçonné ce sublime mystère!

Nombre mystérieux! profonde trinité!
Triangle composé d'une triple unité!
Les formes, les couleurs, les sons, les nombres même,
Tout me cachait mon Dieu! tout était son emblème!
Mais les voiles enfin pour moi sont révolus;
Écoutez!... » Il parlait: nous ne l'entendions plus!

———

Cependant dans son sein son haleine oppressée,
Trop faible pour prêter des sons à sa pensée,
Sur sa lèvre entr'ouverte, hélas! venait mourir,
Puis semblait tout à coup palpiter et courir:
Comme, près de s'abattre aux rives paternelles,
D'un cygne qui se pose on voit battre les ailes,
Entre les bras d'un songe il semblait endormi.
L'intrépide Cébès penché sur notre ami,
Rappelant dans ses yeux l'âme qui s'évapore,
Jusqu'au bord du trépas l'interrogeait encore:
« Dors-tu? lui disait-il. La mort, est-ce un sommeil? »
Il recueillit sa force et dit: « C'est un réveil!
— Ton œil est-il voilé par des ombres funèbres?
— Non; je vois un jour pur poindre dans les ténèbres!
— N'entends-tu pas des cris, des gémissements? — Non;
J'entends des astres d'or qui murmurent un nom!
— Que sens-tu? — Ce que sent la jeune chrysalide
Quand, livrant à la terre une dépouille aride,
Aux rayons de l'aurore ouvrant ses faibles yeux,
Le souffle du matin la roule dans les cieux.
— Ne nous trompais-tu pas? réponds: L'âme était-elle...?
— Croyez-en ce sourire, elle était immortelle!...
— De ce monde imparfait qu'attends-tu pour sortir?
— J'attends, comme la nef, un souffle pour partir.

— D'où viendra-t-il? — Du ciel! — Encore une parole!
— Non ; laisse en paix mon âme, afin qu'elle s'envole! »

. . . .

. . . .

Il dit, ferma les yeux pour la dernière fois,
Et resta quelque temps sans haleine et sans voix.
Un faux rayon de vie errant par intervalle
D'une pourpre mourante éclairait son front pâle.
Ainsi, dans un soir pur de l'arrière-saison,
Quand déjà le soleil a quitté l'horizon,
Un rayon oublié des ombres se dégage,
Et colore en passant les flancs d'or d'un nuage.
Enfin plus librement il semble respirer,
Et, laissant sur ses traits son doux sourire errer,
« Aux dieux libérateurs, dit-il, qu'on sacrifie!
Ils m'ont guéri! — De quoi? dit Cébès. — De la vie!... »
Puis un léger soupir de ses lèvres coula,
Aussi doux que le vol d'une abeille d'Hybla.
Était-ce...? Je ne sais; mais, pleins d'un saint dictame,
Nous sentîmes en nous comme une seconde âme!...

. . . .

. . . .

. . . .

. . . .

Comme un lis sur les eaux et que la rame incline,
Sa tête mollement penchait sur sa poitrine ;
Ses longs cils que la mort n'a fermés qu'à demi,
Retombant en repos sur son œil endormi,
Semblaient comme autrefois, sous leur ombre abaissée,
Recueillir le silence, ou voiler la pensée ;
La parole surprise en son dernier essor
Sur sa lèvre entr'ouverte, hélas! errait encor,

Et ses traits, où la vie a perdu son empire,
Étaient comme frappés d'un éternel sourire !...
Sa main, qui conservait son geste habituel,
De son doigt étendu montrait encor le ciel ;
Et quand le doux regard de la naissante aurore,
Dissipant par degrés les ombres qu'il colore,
Comme un phare allumé sur un sommet lointain,
Vint dorer son front mort des ombres du matin,
On eût dit que Vénus, d'un deuil divin suivie,
Venait pleurer encor sur son amant sans vie ;
Que la triste Phœbé de son pâle rayon
Caressait, dans la nuit, le sein d'Endymion ;
Ou que du haut du ciel l'âme heureuse du sage
Revenait contempler le terrestre rivage,
Et, visitant de loin le corps qu'elle a quitté,
Réfléchissait sur lui l'éclat de sa beauté,
Comme un astre bercé dans un ciel sans nuage
Aime à voir dans les flots briller sa chaste image.

. . . .
. . . .
. . . .
. . . .

On n'entendait autour ni plainte ni soupir...
C'est ainsi qu'il mourut, si c'était là mourir !

NOTES

NOTE PREMIÈRE

(Page 9)

On voyait sur les mers une poupe dorée.

ÉCHÉCRATE [1].

Phédon, étais-tu toi-même auprès de Socrate, le jour qu'il but la ciguë dans la prison? ou en as-tu seulement entendu parler?

PHÉDON [2].

J'y étais moi-même, Echécrae.

ÉCHÉCRATE.

Que dit-il à ses derniers moments, et de quelle manière mourut-il? Je l'entendrais volontiers, car nous n'avons personne à Phliunte qui fasse maintenant de voyage à Athènes; et depuis longtemps il n'est pas venu chez nous d'Athénien qui ait pu nous donner aucun détail à cet égard, sinon qu'il est mort après avoir bu la ciguë. On n'a pu nous dire autre chose.

PHÉDON.

Vous n'avez donc rien su du procès, ni comment les choses se passèrent?

---

[1] Échécrate, de Phliunte, ville de Sicyonie. C'est probablement le pythagoricien dont parle Platon dans sa IX⁰ lettre à Architas.
Voyez Diog. Laerce, liv. VIII, ch. 46; Jambl.. (*Vita Pithagoræ*, I, 36.)
[2] Chef de l'école d'Élis. (Voyez Diog. Laerce, II, 105.)

ÉCHÉCRATE.

Si fait : quelqu'un nous l'a rapporté, et nous étions étonnés que la sentence n'eût été exécutée que longtemps après avoir été rendue. Quelle en fut la cause, Phédon?

PHÉDON.

Une circonstance particulière. Il se trouva que, la veille du jugement, on avait couronné la poupe du vaisseau que les Athéniens envoient chaque année à Délos.

ÉCHÉCRATE.

Qu'est-ce donc que ce vaisseau?

PHÉDON.

C'est, au dire des Athéniens, le même vaisseau sur lequel jadis Thésée conduisit en Crète les sept jeunes gens et les sept jeunes filles qu'il sauva en se sauvant lui-même. On raconte qu'à leur départ les Athéniens firent vœu à Apollon, si Thésée et ses compagnons échappaient à la mort, d'envoyer chaque année à Délos une Théorie; et, depuis ce temps, ils ne manquent pas d'accomplir leur vœu. Quand vient l'époque de la Théorie, une loi ordonne que la ville soit pure, et défend d'exécuter aucune sentence de mort avant que le vaisseau soit arrivé à Délos et revenu à Athènes; et quelquefois le voyage dure longtemps, lorsque les vents sont contraires. La Théorie commence aussitôt que le prêtre d'Apollon a couronné la poupe du vaisseau; ce qui eut lieu, comme je le disais, la veille du jugement de Socrate. Voilà pourquoi il s'est écoulé un si long intervalle entre sa condamnation et sa mort.

NOTE DEUXIÈME

(PAGE 10)

Quelques amis en deuil erraient sous le portique.

ÉCHÉCRATE.

Quels étaient ceux qui se trouvaient là, Phédon ?

PHÉDON.

Des compatriotes ; il y avait cet Apollodore, Critobule et son père Criton, Hermogène [1], Épigène [2], Eschine [3] et Antisthène [4]. Il y avait aussi Ctésippe [5] du bourg de Péanée, Ménexène [6], et encore quelques autres du pays. Platon, je crois, était malade.

ÉCHÉCRATE.

Y avait-il des étrangers ?

---

[1] Fils d'Hipponicus. (Voyez le *Cratyle*.)
[2] Voyez l'*Apologie*. — XÉNOPHON, *Memorab*.
[3] Auteur de trois Dialogues qui nous ont été conservés. (Voyez l'*Apologie*.)
[4] Chef de l'école cynique. (DIOG. LAERCE, liv. VI.)
[5] Voyez l'*Entidème* et le *Lysis*. — Péanée, bourg ou dème de la tribu Pandionide.
[6] Voyez le *Ménexène*.

PHÉDON.

Oui ; Symnias de Thèbes, Cébès et Phédondes [1] ; et de Mégare, Euclide [2] et Terpsion [3].

ÉCHÉCRATE.

Aristippe [4] et Cléombrote [5] n'y étaient-ils pas?

PHÉDON.

Non ; on disait qu'ils étaient à Égine.

ÉCHÉCRATE.

N'y en avait-il pas d'autres?

PHÉDON.

Voilà, je crois, à peu près tous ceux qui y étaient.

ÉCHÉCRATE.

Eh bien, sur quoi disais-tu que roula l'entretien?

---

[1] De Thèbes, et non de Cyrène, comme le veut Ruhnkenius.
[2] Chef de l'école mégarique. (DIOG. LAERCE, liv. II.)
[3] Voyez le *Théétète*.
[4] De Cyrène, chef de la secte cyrénaïde.
[5] D'Ambracie. On dit qu'après avoir lu le *Phédon* il se jeta dans la mer. (CALLIMACH., *épig.* 24.)

NOTE TROISIÈME

(Page 11)

« C'est le vaisseau sacré, l'heureuse Théorie !

SOCRATE.

Quelle nouvelle ? Est-il arrivé de Délos, le vaisseau au retour duquel je dois mourir[1] ?

CRITON.

Non, pas encore ; mais il paraît qu'il doit arriver aujourd'hui, à ce que disent des gens qui viennent de Sunium[2], où ils l'ont laissé. Ainsi il ne peut manquer d'être ici aujourd'hui ; et demain matin, Socrate, il te faudra quitter la vie.

SOCRATE.

A la bonne heure, Criton : si telle est la volonté des dieux, qu'elle s'accomplisse. Cependant, je ne pense pas qu'il arrive aujourd'hui.

CRITON.

Et pourquoi ?

[1] Voici le commencement du *Phédon*.
[2] Promontoire de l'Attique, vis-à-vis des Cyclades.

NOTE QUATRIÈME

(Page 11)

Dans nos doux entretiens, s'écoule encor de même!

L'accusation intentée à Socrate, telle qu'elle existait encore au second siècle de l'ère chrétienne, à Athènes, dans le temple de Cybèle, au rapport de Phavorinus, cité par Diogène Laërce, reposait sur ces deux chefs : 1° que Socrate ne croyait pas à la religion de l'État; 2° qu'il corrompait la jeunesse, c'est-à-dire, évidemment, qu'il instruisait la jeunesse à ne pas croire à la religion de l'État.

Or, l'Apologie de Socrate ne répond d'une manière satisfaisante ni à l'un ni à l'autre de ces deux chefs d'accusation. Au lieu de déclarer qu'il croit à la religion établie, Socrate prouve qu'il n'est pas athée; au lieu de faire voir qu'il n'instruit pas la jeunesse à douter des dogmes consacrés par la loi, il proteste qu'il lui a toujours enseigné une morale pure. Comme plaidoyer, comme défense régulière, on ne peut nier que l'Apologie de Socrate ne soit très-faible.

C'est qu'elle ne pouvait guère ne pas l'être, que l'accusation était fondée, et qu'en effet, dans un ordre de choses dont la base est une religion d'État, on ne peut penser comme Socrate de cette religion, et publier ce qu'on en pense, sans nuire à cette religion, et par conséquent sans troubler l'État, et provoquer, à la longue, une révolution; et la preuve en est que, deux siècles plus tard, quand cette révolution éclata, ses plus zélés partisans, dans leurs plus violentes attaques contre le paganisme, n'ont fait que répéter les arguments de Socrate dans l'*Euthyphron*. On peut l'avouer aujourd'hui : Socrate ne s'élève tant comme philosophe que précisément à condition d'être coupable comme citoyen, à prendre ce titre et les devoirs qu'il impose dans le sens étroit et selon l'esprit de l'antiquité. Lui-même connaissait si bien sa situation, qu'au commencement de l'Apologie il déclare qu'il ne se défend que pour obéir à la loi.

NOTE CINQUIÈME

(Page 14)

Pourquoi, dans cette mort qu'on appelle la vie...

« Mais pour arriver au rang des dieux, que celui qui n'a pas philosophé, et qui n'est pas sorti tout à fait pur de cette vie, ne s'en flatte pas; non, cela n'est donné qu'au philosophe. C'est pourquoi, Symmias et Cébès, le véritable philosophe s'abstient de toutes les passions du corps, leur résiste et ne se laisse pas entraîner par elles; et cela, bien qu'il ne craigne ni la perte de sa fortune et la pauvreté, comme les hommes vulgaires et ceux qui aiment l'argent, ni le déshonneur et la mauvaise réputation, comme ceux qui aiment la gloire et les dignités.

» Il ne conviendrait pas de faire autrement, repartit Cébès.

» Non, sans doute, continua Socrate : aussi ceux qui prennent quelque intérêt à leur âme, et qui ne vivent pas pour flatter le corps, ne tiennent pas le même chemin que les autres qui ne savent où ils vont; mais, persuadés qu'il ne faut rien faire qui soit contraire à la philosophie, à l'affranchissement et à la purification qu'elle opère, ils s'abandonnent à sa conduite, et la suivent partout où elle veut les mener.

» Comment, Socrate?

» La philosophie recevant l'âme liée véritablement et pour ainsi dire collée au corps, et forcée de considérer les choses non par elle-même, mais par l'intermédiaire des organes comme à travers les murs d'un cachot et dans une obscurité absolue, reconnaissant que toute la force du cachot vient des passions qui font que le prisonnier aide lui-même à serrer sa chaîne; la philosophie, dis-je, recevant l'âme en cet état, l'exhorte doucement et travaille à la délivrer : et pour cela elle lui montre que le témoignage des yeux et du corps est plein d'illusions, comme celui des oreilles, comme celui des autres sens; elle l'engage à se séparer d'eux, autant qu'il est en elle; elle lui conseille de se recueillir et de se concentrer en elle-même, de ne croire qu'à elle-même, après avoir examiné au dedans d'elle et avec l'essence même de sa pensée ce que chaque chose est en son essence, et de tenir pour faux tout ce qu'elle apprend par un autre qu'elle-même, tout ce qui varie selon la différence des intermédiaires : elle lui enseigne que ce qu'elle voit ainsi, c'est le sensible et le visible; ce qu'elle voit ainsi par elle-même, c'est l'intelligent et l'immatériel. Le véritable philosophe sait que telle est la fonction de la philosophie. L'âme donc, persuadée qu'elle ne doit pas s'opposer à sa délivrance, s'abstient, autant qu'il lui est possible, des voluptés, des désirs, des tristesses, des craintes; réfléchissant qu'après les grandes joies et les grandes craintes, les tristesses et les désirs immodérés, on n'éprouve pas seulement les maux ordinaires, comme d'être malade ou de perdre sa fortune, mais le plus grand et le dernier de tous les maux, et même sans en avoir le sentiment.

» Et quel est donc ce mal, Socrate?

» C'est que l'effet nécessaire de l'extrême jouissance et de l'extrême affliction est de persuader à l'âme que ce qui la réjouit ou l'afflige est très-réel ou très-véritable, quoiqu'il n'en soit rien. Or, ce qui nous réjouit ou nous afflige, ce sont principalement les choses visibles, n'est-ce pas?

» Certainement.

» N'est-ce pas surtout dans la jouissance et la souffrance que le corps subjugue et enchaîne l'âme?

» Comment cela?

» Chaque peine, chaque plaisir a, pour ainsi dire, un clou avec lequel il attache l'âme au corps, la rend semblable, et lui fait croire que rien n'est vrai que ce que le corps lui dit. Or, si elle emprunte au corps ses croyances et partage ses plaisirs, elle est, je pense, forcée de prendre aussi les mêmes mœurs et les mêmes habitudes, tellement qu'il lui est impossible d'arriver jamais pure à l'autre monde; mais, sortant de cette vie toute pleine encore du corps qu'elle quitte, elle retombe bientôt dans un autre corps, et y prend racine, comme une plante dans la terre où elle a été semée ; et ainsi elle est privée du commerce de la pureté et de la simplicité divines.

» Il n'est que trop vrai, Socrate, dit Cébès.

» Voilà pourquoi, mon cher Cébès, le véritable philosophe s'exerce à la force et à la tempérance, et nullement pour toutes les raisons que s'imagine le peuple. Est-ce que tu penserais comme lui?

» Non pas.

» Et tu fais bien. Ces raisons grossières n'entreront pas dans l'âme du véritable philosophe; elle ne pensera pas que la philosophie doit venir la délivrer, pour qu'après elle s'abandonne aux jouissances et aux souffrances, et se laisse enchaîner de nouveau par elles, et que ce soit toujours à recommencer, comme la toile de Pénélope. Au contraire, en se rendant indépendante des passions, en suivant la raison pour guide, en ne se départant jamais de la contemplation de ce qui est vrai, divin, hors du domaine de l'opinion; en se nourrissant de ces contemplations sublimes, elle acquiert la conviction qu'elle doit vivre ainsi tant qu'elle est dans cette vie, et qu'après la mort elle ira se réunir à ce qui lui est semblable et conforme à sa nature, et sera délivrée des maux de l'humanité. Avec un tel régime, ô Symmias, ô Cébès, et après l'avoir suivi fidèlement, il n'y a pas de raison pour craindre qu'à la sortie du corps elle s'envole emportée par les vents, se dissipe, et cesse d'être. »

NOTE SIXIÈME

(Page 16)

L'été sort de l'hiver, le jour sort de la nuit.

Quand Socrate eut ainsi parlé, Cébès prenant la parole lui dit : « Socrate, tout ce que tu viens de dire me semble très-vrai. Il n'y a qu'une chose qui paraît incroyable à l'homme : c'est ce que tu as dit de l'âme. Il semble que lorsque l'âme a quitté le corps, elle n'est plus; que, le jour où l'homme expire, elle se dissipe comme une vapeur ou comme une fumée, et s'évanouit sans laisser de traces : car si elle subsistait quelque part recueillie en elle-même, et délivrée de tous les maux dont tu as fait le tableau, il y aurait une grande et belle espérance, ô Socrate, que tout ce que tu as dit se réalise. Mais que l'âme survive à la mort de l'homme, qu'elle conserve l'activité et la pensée, voilà ce qui a peut-être besoin d'explication et de preuves.

» Tu dis vrai, Cébès, reprit Socrate; mais comment ferons-nous ? Veux-tu que nous examinions dans cette conversation si cela est vraisemblable, ou si cela ne l'est pas ?

» Je prendrai un très-grand plaisir, répondit Cébès, à entendre ce que tu penses sur cette matière.

» Je ne pense pas au moins, reprit Socrate, que si quelqu'un nous entendait, fût-ce un faiseur de comédies, il pût me reprocher que je badine, et que je parle de choses qui ne me regardent pas [1]. Si donc tu le veux, examinons ensemble cette question. Et

---

[1] Allusion à un reproche d'Eupolis, poëte comique. (OLYMP., *ad*

d'abord voyons si les âmes des morts sont dans les enfers ou si elles n'y sont pas. C'est une opinion bien ancienne [2] que les âmes, en quittant ce monde, vont dans les enfers, et que de là elles reviennent dans ce monde, et retournent à la vie après avoir passé par la mort. S'il en est ainsi, et que les hommes, après la mort, reviennent à la vie, il s'ensuit nécessairement que les âmes sont dans les enfers pendant cet intervalle; car elles ne reviendraient pas au monde, si elles n'étaient plus : et c'en sera une preuve suffisante si nous voyons clairement que les vivants ne naissent que des morts; car si cela n'est point, il faut chercher d'autres preuves.

» Fort bien, dit Cébès.

» Mais, reprit Socrate, pour s'assurer de cette vérité, il ne faut pas se contenter de l'examiner par rapport aux hommes, il faut aussi l'examiner par rapport aux animaux, aux plantes, et à tout ce qui naît; car on verra par là que toutes les choses naissent de la même manière, c'est-à-dire de leurs contraires, lorsqu'elles en ont, comme le beau a pour contraire le laid, le juste a pour contraire l'injuste, et ainsi mille autres choses. Voyons donc si c'est une nécessité absolue que les choses qui ont leur contraire ne naissent que de ce contraire; comme, par exemple, s'il faut de toute nécessité, quand une chose devient plus grande, qu'elle fût auparavant plus petite, pour acquérir ensuite cette grandeur.

» Sans doute.

» Et quand elle devient plus petite, s'il faut qu'elle fût plus grande auparavant, pour diminuer ensuite.

» Évidemment.

» Tout de même le plus fort vient du plus faible, le plus vite du plus lent.

» C'est une vérité sensible.

» Hé quoi! reprit Socrate, quand une chose devient plus mauvaise, n'est-ce pas de ce qu'elle était meilleure? et quand elle devient plus juste, n'est-ce pas de ce qu'elle était moins juste?

» Sans difficulté, Socrate.

Phædon.; Proclus, ad Parmenidem, lib. I, p. 50, edit. Parisiens., t. IV.)

[2] Dogme pythagoricien, et même orphéique. (Olymp., ad Phædon. — Voyez Orph. Frag. Hermann, p. 510.)

» Ainsi donc, Cébès, que toutes les choses viennent de leurs contraires, voilà ce qui est suffisamment prouvé.

» Très-suffisamment, Socrate.

» Mais entre ces deux contraires n'y a-t-il pas toujours un certain milieu, une double opération qui mène de celui-ci à celui-là, et ensuite de celui-là à celui-ci? Le passage du plus grand au plus petit, ou du plus petit au plus grand, ne suppose-t-il pas nécessairement une opération intermédiaire, savoir, augmenter et diminuer?

» Oui, dit Cébès.

» N'en est-il pas de même de ce qu'on appelle se mêler et se séparer, s'échauffer et se refroidir, et de toutes les autres choses? Et quoiqu'il arrive quelquefois que nous n'ayons pas de termes pour exprimer toutes ces nuances, ne voyons-nous pas réellement que c'est toujours une nécessité absolue que les choses naissent les unes des autres, et qu'elles passent de l'une à l'autre, par une opération intermédiaire?

» Cela est indubitable.

» Eh bien! reprit Socrate, la vie n'a-t-elle pas aussi son contraire, comme la veille a pour contraire le sommeil?

» Sans doute, dit Cébès.

» Et quel est ce contraire?

» C'est la mort.

» Ces deux choses ne naissent-elles donc pas l'une de l'autre, puisqu'elles sont contraires? et puisqu'il y a deux contraires, n'y a-t-il pas une double opération intermédiaire qui les fait passer de l'un à l'autre?

» Comment non?

» Pour moi, repartit Socrate, je vais vous dire la combinaison des deux contraires, le sommeil et la veille, et la double opération qui les convertit l'un dans l'autre; et toi, tu m'expliqueras l'autre combinaison. Je dis donc, quant au sommeil et à la veille, que du sommeil naît la veille, et de la veille le sommeil; et que ce qui mène de la veille au sommeil, c'est l'assoupissement, et du sommeil à la veille, c'est le réveil. Cela n'est-il pas assez clair?

» Très-clair.

» Dis-nous donc de ton côté la combinaison de la vie et de la mort. Ne dis-tu pas que la mort est le contraire de la vie?

» Oui.

» Et qu'elles naissent l'une de l'autre?
« Sans doute.
» Qui naît donc de la vie?
» La mort.
» Et qui naît de la mort?
» Il faut nécessairement avouer que c'est la vie.
» C'est donc de ce qui est mort que naît tout ce qui vit, choses hommes?
» Il paraît certain.
» Et par conséquent, reprit Socrate, après la mort nos âmes vont habiter les enfers.
» Il le semble.
» Maintenant, des deux opérations qui font passer de l'état de vie à l'état de mort, et réciproquement, l'une n'est-elle pas manifeste? car mourir tombe sous les sens, n'est-ce pas?
» Sans difficulté.
» Mais quoi! pour faire le parallèle, n'existe-t-il pas une opération contraire? ou la nature est-elle boiteuse de ce côté-là? Ne faut-il pas nécessairement que mourir ait un contraire?
» Nécessairement.
» Et quel est-il?
» Revivre.
» Revivre, dit Socrate, est donc, s'il a lieu, l'opération qui ramène de l'état de mort à l'état de vie. Nous convenons donc que la vie ne naît pas moins de la mort que la mort de la vie; preuve satisfaisante que l'âme, après la mort, existe quelque part, d'où elle revient à la vie. »

NOTE SEPTIÈME

(Page 22)

Hâtons-nous, mes amis! voici l'heure du bain.

« Il est à peu près temps que j'aille au bain, car il me semble qu'il est mieux de ne boire le poison qu'après m'être baigné, et d'épargner aux femmes la peine de laver un cadavre. »

Quand Socrate eut achevé de parler, Criton prenant la parole : « A la bonne heure, Socrate, lui dit-il. Mais n'as-tu rien à nous recommander, à moi et aux autres, sur tes enfants ou sur toute autre chose où nous pourrions te rendre service?

» Ce que je vous ai toujours recommandé, Criton; rien de plus. Ayez soin de vous; ainsi vous me rendrez service, à moi, à ma famille, à vous-mêmes, alors même que vous ne me promettriez rien présentement; au lieu que si vous vous négligez vous-mêmes, et si vous ne voulez pas suivre comme à la trace ce que nous venons de dire, ce que nous avions dit il y a longtemps, me fissiez-vous aujourd'hui les promesses les plus vives, tout cela ne servira pas à grand'chose.

» Nous ferons tous nos efforts, répondit Criton, pour nous conduire ainsi; mais comment t'ensevelirons-nous?

» Tout comme il vous plaira, dit-il, si toutefois vous pouvez me saisir, et que je ne vous échappe pas. » Puis en même temps, nous regardant avec un sourire plein de douceur : « Je ne saurais venir à bout, mes amis, de persuader à Criton que je suis le Socrate qui s'entretient avec vous, et qui ordonne toutes les parties de son discours; il s'imagine toujours que je suis celui qu'il va voir mourir tout à l'heure, et il me demande comment il m'ensevelira; et tout ce long discours que je viens de faire pour vous prouver que, dès que j'aurai avalé le poison, je ne demeurerai plus avec vous, mais que je vous quitterai, et irai jouir des félicités ineffables, il me paraît que j'ai dit tout cela en pure perte pour lui, comme si je n'eusse voulu que vous consoler et me consoler moi-même. Soyez donc mes cautions auprès de Criton, mais d'une manière toute contraire à celle dont il a voulu être la mienne auprès des juges : car il a répondu pour moi que je ne m'en irais point. Vous, au contraire, répondez pour moi que je ne serai pas plus tôt mort que je m'en irai, afin que le pauvre Criton prenne les choses plus doucement, et qu'en voyant brûler mon corps ou le mettre en terre, il ne s'afflige pas sur moi comme si je souffrais de grands maux, et qu'il ne dise pas à mes funérailles qu'il expose Socrate, qu'il l'emporte, qu'il l'enterre; car il faut que tu saches, mon cher Criton, lui dit-il, que parler improprement ce n'est pas seulement une faute envers les choses, mais c'est aussi un mal que l'on fait aux âmes. Il faut avoir plus de courage, et dire que c'est mon corps que tu enterres; et enterre-le comme il te plaira, et de la manière qui te paraîtra la plus conforme aux lois. »

En disant ces mots, il se leva et passa dans une chambre voisine, pour y prendre le bain. Criton le suivit, et Socrate nous pria de l'attendre. Nous l'attendîmes donc, tantôt nous entretenant de tout ce qu'il nous avait dit, et l'examinant encore, tantôt parlant de l'horrible malheur qui allait nous arriver; nous regardant véritablement comme des enfants privés de leur père, et condamnés à passer le reste de notre vie comme des orphelins. Après qu'il fut sorti du bain, on lui apporta ses enfants, car il en avait trois, deux en bas âge[1], et un qui était déjà assez grand[2]; et on fit entrer les femmes de sa famille[3]. Il leur parla quelque temps en présence de Criton, et leur donna ses ordres; ensuite il fit retirer les femmes et les enfants, et revint nous trouver; et

---

[1] Sophroniscus et Menexenus.
[2] Lamproclès.
[3] Il ne s'agit ici que de Xantippe et de quelques autres femmes alliées à la famille de Socrate, et nullement de ses deux épouses Xantippe et Myrto.

déjà le coucher du soleil approchait, car il était resté longtemps enfermé.

. . . .

. . . .

« Mais je pense, Socrate, lui dit Criton, que le soleil est encore sur les montagnes, et qu'il n'est pas couché : d'ailleurs je sais que beaucoup d'autres ne prennent le poison que longtemps après que l'ordre en a été donné; qu'ils mangent et qu'ils boivent à souhait : quelques-uns même ont pu jouir de leurs amours. C'est pourquoi ne te presse pas, tu as encore du temps.

» Ceux qui font ce que tu dis, Criton, répondit Socrate, ont leurs raisons; ils croient que c'est autant de gagné : et moi, j'ai aussi les miennes pour ne pas le faire; car la seule chose que je crois gagner en buvant un peu plus tard, c'est de me rendre ridicule à moi-même, en me trouvant si amoureux de la vie, que je veuille l'épargner lorsqu'il n'y en a plus [1]. Ainsi donc, mon cher Criton, fais ce que je te dis, et ne me tourmente pas davantage. »

A ces mots, Criton fit signe à l'esclave qui se tenait auprès. L'esclave sortit, et après être resté quelque temps, il revint avec celui qui devait donner le poison, qu'il portait tout broyé dans une coupe. Aussitôt que Socrate le vit : « Fort bien, mon ami, lui dit-il. Mais que faut-il que je fasse ? car c'est à toi à me l'apprendre.

» Pas autre chose, lui dit cet homme, que de te promener quand tu auras bu, jusqu'à ce que tu sentes tes jambes appesanties, et alors de te coucher sur ton lit; le poison agira de lui-même. » Et en même temps il lui tendit la coupe. Socrate la prit avec la plus parfaite sécurité, Échécrate, sans aucune émotion, sans changer de couleur ni de visage. Mais regardant cet homme d'un œil ferme et assuré comme à son ordinaire : « Dis-moi, est-il permis de répandre un peu de ce breuvage, pour en faire une libation ? »

« Socrate, lui répondit cet homme, nous n'en broyons que ce qu'il est nécessaire d'en boire. »

[1] Allusion à un vers d'Hésiode. (*Les OEuvres et les Jours*, v. 367.)

NOTE HUITIÈME

(Page 24)

Dans un point de l'espace inaccessible aux hommes.

« Premièrement, reprit Socrate, je suis persuadé que si la terre est au milieu du ciel et de forme sphérique, elle n'a besoin ni de l'air, ni d'aucun autre appui, pour s'empêcher de tomber; mais que le ciel même qui l'environne également, et son propre équilibre, suffisent pour la soutenir; car toute chose qui est en équilibre au milieu d'une autre qui la presse également, ne saurait pencher d'aucun côté, et par conséquent demeure fixe et immobile. Voilà de quoi je suis persuadé.

» Et avec raison, dit Symmias.

» De plus, je suis convaincu que la terre est fort grande, et que nous n'en habitons que cette petite partie qui s'étend depuis le Phase jusqu'aux colonnes d'Hercule, répandus autour de la mer comme des fourmis, ou des grenouilles autour d'un marais : et je suis convaincu qu'il y a plusieurs autres peuples qui habitent d'autres parties semblables; car partout sur la face de la terre il y a des creux de toutes sortes de grandeur et de figure, où se rendent les eaux, les nuages et l'air grossier; tandis que la terre elle-même est au-dessus dans ce ciel pur où sont les astres, et que la plupart de ceux qui s'occupent de ces matières appellent l'*éther*, dont tout ce qui afflue perpétuellement dans les cavités que nous habitons n'est proprement que le sédiment. Enfoncés dans ces cavernes sans nous en douter, nous croyons habiter le haut de la terre, à peu près comme quelqu'un qui, faisant son habitation dans les abîmes de l'Océan, s'imaginerait habiter au-dessus de la mer, et qui, pour voir au travers de l'eau le soleil et les astres, prendrait la mer pour le ciel, et, n'étant jamais monté au-dessus, à cause de sa pesanteur et de sa faiblesse, et n'ayant jamais avancé sa tête hors de l'eau, n'aurait jamais vu lui-même combien le lieu que nous habitons est plus pur et plus beau que celui qu'il habite, et n'aurait jamais trouvé personne qui pût l'en instruire. Voilà l'état où nous sommes. Confinés dans quelques creux de la terre, nous croyons en habiter les hauteurs; nous prenons l'air pour le ciel, et nous croyons que c'est là le véritable ciel dans lequel les astres font leur cours, c'est-à-dire que notre pesanteur et notre faiblesse nous empêchent de nous élever au-dessus de l'air. Car si quelqu'un allait jusqu'au haut, et qu'il pût s'y élever avec des ailes, il n'aurait pas plus tôt mis la tête hors de cet air grossier, qu'il verrait ce qui se passe dans cet heureux séjour, comme les poissons en s'élevant au-dessus de la surface de la mer voient ce qui se passe dans l'air que nous respirons : et s'il était d'une nature propre à une longue contemplation, il connaîtrait que c'est le véritable ciel, la véritable lumière, la véritable terre; car cette terre, ces roches, tous les lieux que nous habitons, sont corrompus et calcinés, comme ce qui est dans la mer est rongé par l'âcreté des sels : aussi dans la mer on ne trouve que des cavernes, du sable, et partout où il y a de la terre, une vase profonde; il n'y naît rien de parfait, rien qui soit d'aucun prix, rien enfin qui puisse être comparé à ce que nous avons ici. Mais ce qu'on trouve dans l'autre séjour est encore plus au-dessus de ce que nous voyons dans le nôtre; et, pour vous faire connaître la beauté de cette terre pure, située au milieu du ciel, je vous dirai, si vous voulez, une belle fable qui mérite d'être écoutée.

» Et nous, Socrate, nous l'écouterons avec un très-grand plaisir, dit Symmias.

» On raconte, dit-il, que la terre, si on la regarde d'en haut, paraît comme un de nos ballons couverts de douze bandes de différentes couleurs, dont celles que nos peintres emploient ne sont que les échantillons; mais les couleurs de cette terre sont infiniment plus brillantes et plus pures, et elles l'environnent tout entière. L'une est d'un pourpre merveilleux; l'autre, de couleur d'or; celle-là, d'un blanc plus brillant que le gypse et la neige;

et ainsi des autres couleurs qui la décorent, et qui sont plus nombreuses et plus belles que toutes celles que nous connaissons. Les creux même de cette terre, remplis d'eau et d'air, ont aussi leurs couleurs particulières, qui brillent parmi toutes les autres; de sorte que dans toute son étendue cette terre a l'aspect d'une diversité continuelle. Dans cette terre si parfaite, tout est en rapport avec elle, plantes, arbres, fleurs et fruits; les montagnes même et les pierres ont un poli, une transparence, des couleurs incomparables; celles que nous estimons tant ici, les cornalines, les jaspes, les émeraudes, n'en sont que de petites parcelles. Il n'y en a pas une seule, dans cette heureuse terre, qui ne les vaille, ou ne les surpasse encore : et la cause en est que là les pierres précieuses sont pures, qu'elles ne sont ni rongées, ni gâtées comme les nôtres par l'âcreté des sels et par la corruption des sédiments qui descendent et s'amassent dans cette terre basse, où ils infectent les pierres et la terre, les plantes et les animaux. Outre toutes ces beautés, cette terre est ornée d'or, d'argent, et d'autres métaux précieux, qui, répandus en tous lieux en abondance, frappent les yeux de tous côtés, et font de la vue de cette terre un spectacle de bienheureux. Elle est aussi habitée par toutes sortes d'animaux et par des hommes, dont les uns sont répandus au milieu des terres, et les autres autour de l'air, comme nous autour de la mer, et d'autres dans des îles que l'air forme près du continent; car l'air est là ce que sont ici l'eau et la mer pour notre usage; et ce que l'air est pour nous, pour eux est l'éther. Leurs saisons sont si bien tempérées, qu'ils vivent beaucoup plus que nous, toujours exempts de maladies; et pour la vue, l'ouïe, l'odorat et tous les autres sens, et pour l'intelligence même, ils sont autant au-dessus de nous que l'air surpasse l'eau en pureté, et que l'éther surpasse l'air. Ils ont des bois sacrés, des temples que les dieux habitent réellement; des oracles, des prophéties, des visions, toutes les marques du commerce des dieux : ils voient aussi le soleil et la lune et les astres tels qu'ils sont; et tout le reste de leur félicité suit à proportion.

» Voilà quelle est cette terre à sa surface; elle a tout autour d'elle plusieurs lieux, dont les uns sont plus profonds et plus ouverts que le pays que nous habitons; les autres plus profonds, mais moins ouverts, et d'autres moins profonds et plus plats. Tous ces lieux sont percés par-dessous en plusieurs points, et communiquent entre eux par des conduits tantôt plus larges, tantôt plus étroits, à travers lesquels coule, comme dans des bassins, une quantité immense d'eau : des masses surprenantes de fleuves souterrains qui ne s'épuisent jamais; des sources d'eaux froides et d'eaux chaudes : des fleuves de feu et d'autres de boue, les uns plus liquides, les autres plus épais, comme en Sicile ces torrents de boue et de feu qui précèdent la lave, et comme la lave elle-même. Ces lieux se remplissent de l'une ou de l'autre de ces matières, selon la direction qu'elles prennent chaque fois en se débordant. Ces masses énormes se meuvent en haut et en bas, comme un balancier placé dans l'intérieur de la terre. Voici à peu près comment ce mouvement s'opère : parmi les ouvertures de la terre, il en est une, la plus grande de toutes, qui passe tout au travers de la terre; c'est celle dont parle Homère, quand il dit [1].

Bien loin, là où sous la terre est le plus profond abîme;

et que lui-même ailleurs, et beaucoup d'autres, appellent le Tartare. C'est là que se rendent et c'est de là que sortent de nouveau tous les fleuves, qui prennent chacun le caractère et la ressemblance de la terre sur laquelle ils passent. La cause de ce mouvement en sens contraire, c'est que le liquide ne trouve là ni fond ni appui; il s'agite suspendu, et bouillonne sens dessus dessous; l'air et le vent font de même tout alentour, et suivent tous ses mouvements et lorsqu'il s'élève et lorsqu'il retombe . et comme dans la respiration, où l'air entre et sort continuellement, de même ici l'air, emporté avec le liquide dans deux mouvements opposés, produit des vents terribles et merveilleux, en entrant et en sortant. Quand donc les eaux, s'élançant avec force, arrivent vers le lieu que nous appelons le lieu inférieur, elles forment des courants qui vont se rendre, à travers la terre, vers des lits des fleuves qu'ils rencontrent, et qu'ils remplissent comme avec une pompe. Lorsque les eaux abandonnent ces lieux et s'élancent vers les nôtres, elles les remplissent de la même manière; de là elles se rendent, à travers des conduits souterrains, vers les différents lieux de la terre, selon que le passage leur est frayé, et forment les mers, les lacs, les fleuves et les fontaines; puis s'enfonçant de nouveau sous la terre, et parcourant des espaces tantôt plus

---

[1] *Iliade*, liv. VIII, v. 14.

nombreux et plus longs, tantôt moindres et plus courts, elles se jettent dans le Tartare, les unes beaucoup plus bas, d'autres seulement un peu plus bas, mais toutes plus bas qu'elles n'en sont sorties. Les unes ressortent, et retombent dans l'abîme précisément du côté opposé à leur issue; quelques autres, du même côté ; il en est aussi qui ont un cours tout à fait circulaire, et se replient une ou plusieurs fois autour de la terre comme des serpents, descendent le plus bas qu'elles peuvent, et se jettent de nouveau dans le Tartare. Elles peuvent descendre de part et d'autre jusqu'au milieu, mais pas au delà, car alors elles remonteraient : elles forment plusieurs courants fort grands; mais il y en a quatre principaux, dont le plus grand, et qui coule le plus extérieurement tout autour, est celui qu'on appelle Océan. Celui qui lui fait face, et coule en sens contraire, est l'Achéron, qui, traversant des lieux déserts et s'enfonçant sous la terre, se jette dans le marais Achérusiade, où se rendent les âmes de la plupart des morts, qui, après y avoir demeuré le temps ordonné, les unes plus, les autres moins, sont renvoyées dans ce monde pour y animer de nouveaux êtres. Entre ces deux fleuves coule un troisième, qui, non loin de sa source, tombe dans un lieu vaste, rempli de feu, et y forme un lac plus grand que notre mer, où l'eau bouillonne mêlée avec la boue. Il sort de là trouble et fangeux, et, continuant son cours en spirale, il se rend à l'extrémité du marais Achérusiade, sans se mêler avec ses eaux; et après avoir fait plusieurs tours sous terre, il se jette vers le plus bas du Tartare : c'est ce fleuve qu'on appelle le Puriphlégéthon, dont les ruisseaux enflammés saillent sur la terre, partout où ils trouvent une issue. Du côté opposé, le quatrième fleuve tombe d'abord dans un lieu affreux et sauvage, à ce que l'on dit, et d'une couleur bleuâtre. On appelle ce lieu Stygien, et Styx le lac que forme le fleuve en tombant. Après avoir pris dans les eaux de ce lac des vertus horribles, il se plonge dans la terre, où il fait plusieurs tours; et, se dirigeant vis-à-vis du Puriphlégéthon, il le rencontre dans le lac de l'Achéron, par l'extrémité opposée. Il ne mêle ses eaux avec les eaux d'aucun autre fleuve; mais, après avoir fait le tour de la terre, il se jette aussi dans le Tartare, par l'endroit opposé au Puriphlégéthon. Le nom de ce fleuve est le Cocyte, comme l'appellent les poëtes. »

NOTE NEUVIÈME

(Page 35)

Mais qui donc étais-tu, mystérieux génie?

« Mais peut-être paraîtra-il inconséquent que je me sois mêlé de donner à chacun de vous des avis en particulier, et que je n'aie jamais eu le courage de me trouver dans les assemblées du peuple, pour donner mes conseils à la république. Ce qui m'en a empêché, Athéniens, c'est ce je ne sais quoi de divin et de démoniaque dont vous m'avez si souvent entendu parler, et dont Mélitus, pour plaisanter, a fait un chef d'accusation contre moi. Ce phénomène extraordinaire s'est manifesté en moi dès mon enfance; c'est une voix qui ne se fait entendre que pour me détourner de ce que j'ai résolu, car jamais elle ne m'exhorte à rien entreprendre : c'est elle qui s'est toujours opposée à moi quand j'ai voulu me mêler des affaires de la république, et elle s'y est opposée fort à propos; car sachez bien qu'il y a longtemps que je ne serais plus en vie si je m'étais mêlé des affaires publiques; et je n'aurais rien avancé ni pour vous ni pour moi. Ne vous fâchez point, je vous en conjure, si je vous dis la vérité. Non, quiconque voudra lutter franchement contre les passions d'un peuple, celui d'Athènes, ou tout autre peuple; quiconque voudra empêcher qu'il se commette rien d'injuste ou d'illégal dans un État, ne le fera jamais impunément. Il faut de toute nécessité que celui qui veut combattre pour la justice, s'il veut vivre quelque temps, demeure simple particulier et ne prenne aucune part au gouvernement. Je puis vous en donner des preuves incontestables; et ce ne seront pas des raisonnements, mais, ce qui a bien plus d'autorité auprès de vous, des faits. Écoutez donc ce qui m'est arrivé, afin que vous sachiez bien que je suis incapable de céder à qui que ce soit contre le devoir, par crainte de la mort; et que, ne voulant pas le faire, il est impossible que je ne périsse pas. Je vais vous dire des choses qui vous déplairont, et où vous trouverez peut-être la jactance des plaidoyers ordinaires : cependant je ne vous dirai rien qui ne soit vrai. »

NOTE DIXIÈME

(Page 36)

Voilez-vous, ou je meurs une seconde fois !

« Après cela, ô vous qui m'avez condamné, voici ce que j'ose vous prédire; car je suis précisément dans les circonstances où les hommes lisent dans l'avenir, au moment de quitter la vie. »

NOTE ONZIÈME

(Page 37)

Cependant dans son sein son haleine oppressée...

Il s'assit sur son lit et n'eut pas le temps de nous dire grand'-chose, car le serviteur des Onze entra presque en même temps; et s'approchant de lui : « Socrate, dit-il, j'espère que je n'aurai pas à te faire le même reproche qu'aux autres. Dès que je viens les avertir, par l'ordre des magistrats, qu'il faut boire le poison, ils s'emportent contre moi et me maudissent; mais pour toi, depuis que tu es ici, je t'ai toujours trouvé le plus courageux, le plus doux et le meilleur de ceux qui sont jamais venus dans cette prison; et en ce moment je suis bien assuré que tu n'es pas fâché contre moi, mais contre ceux qui sont la cause de ton malheur, et que tu connais bien. Maintenant tu sais ce que je viens t'annoncer; adieu, tâche de supporter avec résignation ce qui est inévitable. » En même temps il se détourna en fondant en larmes, et se retira. Socrate, le regardant, lui dit : « Et toi aussi reçois mes adieux. je ferai ce que tu dis. » Et se tournant vers nous : « Voyez, nous dit-il, quelle honnêteté dans cet homme! tout le temps que j'ai été ici, il m'est venu voir souvent et s'est entretenu avec moi : c'était le meilleur des hommes, et maintenant comme il me pleure de bon cœur! Mais allons, Criton, obéissons-lui de bonne grâce, et qu'on m'apporte le poison s'il est broyé; sinon, qu'il le broie lui-même. »

NOTE DOUZIÈME

(Page 38)

Un faux rayon de vie errant par intervalle.

Jusque-là nous avions eu presque tous assez de force pour retenir nos larmes; mais le voyant boire, et après qu'il eut bu, nous n'en fûmes plus les maîtres. Pour moi, malgré tous mes efforts, mes larmes s'échappèrent avec tant d'abondance, que je me couvris de mon manteau pour pleurer sur moi-même; car ce n'était pas le malheur de Socrate que je pleurais, mais le mien, en songeant quel ami j'allais perdre. Criton avant moi, n'ayant pu retenir ses larmes, était sorti; et Apollodore, qui n'avait presque pas cessé de pleurer auparavant, se mit alors à crier, à hurler et à sangloter avec tant de force, qu'il n'y eut personne à qui il ne fît fendre le cœur, excepté Socrate. « Que faites-vous, dit-il, ô mes bons amis? N'était-ce pas pour cela que j'avais renvoyé les femmes, pour éviter des scènes aussi peu convenables? car j'ai toujours ouï dire qu'il faut mourir avec de bonnes paroles. Tenez-vous donc en repos, et montrez plus de fermeté. »
Ces mots nous firent rougir, et nous retînmes nos pleurs.
Cependant Socrate, qui se promenait, dit qu'il sentait ses jambes s'appesantir; et il se coucha sur le dos, comme l'homme l'avait ordonné. En même temps le même homme qui lui avait donné le poison s'approcha, et, après avoir examiné quelque temps ses pieds et ses jambes, il lui serra le pied fortement et lui demanda s'il le sentait; il dit que non. Il lui serra ensuite les

jambes; et, portant ses mains plus haut, il nous fit voir que le corps se glaçait et se roidissait; et, le touchant lui-même, il nous dit que, dès que le froid gagnerait le cœur, Socrate nous quitterait. Déjà tout le bas-ventre était glacé. Alors se découvrant, car il était couvert : « Criton, dit-il, » et ce furent ses dernières paroles, nous devons un coq à Esculape; n'oublie pas d'acquitter cette dette. »

« Cela sera fait, répondit Criton; mais vois si tu as encore quelque chose à nous dire. »

Il ne répondit rien, et un peu de temps après il fit un mouvement convulsif; alors l'homme le découvrit tout à fait : ses regards étaient fixes. Criton s'en étant aperçu lui ferma la bouche et les yeux.

FIN DES NOTES DE LA MORT DE SOCRATE.

LE DERNIER CHANT

DU

PÈLERINAGE D'HAROLD

AVERTISSEMENT

Child-Harold est un poëme de lord Byron. Le noble barde, dont l'Europe pleure aujourd'hui la mort glorieuse et prématurée, en donna successivement, et pendant un intervalle de dix années, quatre chants au public. Harold est un enfant de l'imagination, un nom plutôt qu'un héros ; lord Byron ne s'en est servi que comme d'un fil qui pût guider le lecteur et le poëte lui-même dans les sites variés que le pèlerin est censé parcourir ; comme d'un type auquel il pût attribuer les sentiments et les pensées qu'il tirait de son propre fonds : Harold, en un mot, est le prête-nom de lord Byron. Le poëte, qui avait d'abord nié *avec affectation* cette identité avec son héros, en convient à la fin de la préface de son quatrième chant.

« Quant à ce qui regarde, dit-il, la conduite de ce qua-
» trième chant, le pèlerin Harold paraîtra encore moins sou-
» vent sur la scène que dans les précédents, et il sera presque
» entièrement fondu avec l'auteur parlant en son propre nom.
» Le fait est que je me lassais de tirer, entre Harold et moi,
» une ligne de séparation que chacun semblait décidé à ne
» pas apercevoir : c'est ainsi que personne ne voulait croire
» le Chinois de Goldsmith un Chinois véritable. C'était vai-
» nement que je m'imaginais avoir établi une distinction
» entre le poëte et le pèlerin : le soin même que je prenais
» de conserver cette distinction, et mon désappointement de
» la trouver inutile, nuisaient tellement à mon inspiration,
» que je résolus de l'abandonner, et c'est ce que j'ai fait ici ;
» les opinions qui se sont formées et qui se formeront encore
» à ce sujet sont aujourd'hui devenues tout à fait indiffé-
» rentes. Qu'on juge l'ouvrage et non l'écrivain ! L'auteur
» qui n'a dans son esprit d'autres ressources que la réputa-
» tion éphémère ou permanente due à ses premiers succès
» mérite le sort des auteurs. »

Cette inutile distinction, rejetée par l'auteur anglais, est encore plus complétement effacée dans ce dernier chant du Pèlerinage d'Harold, par M. de Lamartine. Le nom d'Harold est évidemment et toujours employé ici pour celui de lord Byron. Mais parcourons les premiers chants de ce singulier poëme, afin que le lecteur en connaisse mieux la suite.

Harold est un jeune voyageur qui, lassé de bonne heure des voluptés de la vie, quitte sa terre natale, l'Angleterre, et parcourt le monde en chantant ce qu'il voit, ce qu'il sent ou ce qu'il pense : c'est une odyssée pittoresque et morale, une divagation poétique, qui n'a d'autre centre d'intérêt et d'unité que la fiction légère du personnage d'Harold. Au premier chant, il est en Portugal et en Espagne ; il en décrit les sites, les mœurs, et quelques-unes des grandes et terribles scènes qu'offrait cette terre héroïque, à l'époque de la première invasion des Français.

Le second chant est une peinture de la Grèce et de l'Asie Mineure, où lord Byron avait fait un premier voyage en 1808. Il salue tour à tour leurs mers, leurs montagnes, leurs tombeaux, leurs ruines, et chaque lieu lui inspire des impressions et des vers dignes de ses immortels souvenirs.

Le troisième chant commence par une invocation touchante à *Adda*, fille unique du poëte, loin de laquelle les orages de sa vie l'emportent encore. On sait qu'à cette époque une séparation légale, dont les véritables motifs sont restés un mystère, venait d'être prononcée entre le noble lord et lady Byron. Il dit un éternel adieu au rivage d'Angleterre, et, parcourant le champ de bataille de Waterloo, il décrit cette dernière lutte entre l'Europe et l'*Homme du destin*. De là, longeant les bords du Rhin, il traverse rapidement les Alpes, célèbre l'Helvétie et les bords enchantés du lac Léman.

Le quatrième chant, et peut-être le plus magnifique, trouve le poëte à Venise. Il décrit les rives mélancoliques de la Brenta, va pleurer Pétrarque sur sa tombe d'Arqua ; déplore le sort de l'Italie, tour à tour envahie par tous les barbares ; jette un regard sur Florence, et, se reposant à Rome, laisse sa muse s'abandonner à loisir à toutes les inspirations qui s'exhalent de ses monuments et de ses débris. Jamais peut-être la poésie moderne n'a revêtu de plus sublimes expressions, des images plus fortes et des sentiments plus intimes. Ici le poëte, abandonnant tout à coup son héros, adresse un salut sublime à la mer qu'il aperçoit des hauteurs d'Albano, sur la route de Naples, et, disant adieu au lecteur, lui souhaite un bonheur qu'il n'a pas trouvé lui-même.

Ce poëme, dont rien dans les littératures classiques ne peut nous donner une idée, était l'œuvre de prédilection de lord Byron. Voici en quels termes il en parle dans une dédicace à M. Hobhouse, son ami et son compagnon de voyage :

« Je passe ici de la fiction à la vérité : ce poëme est le
» plus long et le plus fortement pensé de mes ouvrages.
» Nous avons parcouru ensemble, à diverses époques, les
» contrées que la chevalerie, l'histoire ou la fable ont ren-
» dues célèbres : l'Espagne, la Grèce, l'Asie Mineure, et
» l'Italie. Ce qu'Athènes et Constantinople étaient pour nous
» il y a quelques années, Venise et Rome l'ont été plus ré-
» cemment : mon poëme aussi, ou mon pèlerin, ou l'un et
» l'autre, si l'on veut, m'ont accompagné partout. Peut-être
» trouvera-t-on excusable la vanité qui me fait revenir avec
» tant de complaisance à mes vers. Pourrais-je ne pas tenir
» à un poëme qui me lie en quelque sorte aux lieux qui me
» l'ont inspiré et aux objets que j'ai essayé de décrire? La
» composition de *Child-Harold* a été pour moi une source
» de jouissances. Je ne m'en sépare qu'avec une sorte de
» regret, dont, grâce à ce que j'ai éprouvé, j'étais loin de me
» croire susceptible pour des objets imaginaires, etc., etc. »

Le lecteur partagera sans doute cette légitime prédilection du poëte. C'est dans *Child-Harold* qu'on peut trouver lord Byron tout entier; car il y a répandu avec profusion, *avec amour*, comme disent les Italiens, les inépuisables richesses de sa palette; soit qu'il peigne la nature morte, que son génie vivifie toujours; soit qu'il s'élève aux plus hautes régions de la pensée et de la philosophie ; soit qu'il s'abandonne, comme au hasard, au cours capricieux de ses rêveries, et fasse vibrer, jusqu'à rompre, toutes les cordes sensibles de son âme et de la nôtre. Il reprend à chaque instant le dernier mot de sa strophe, à l'imitation de nos anciennes ballades ; et, comme si ce seul mot suffisait pour éveiller cette puissante imagination, il en fait le thème d'une autre série de strophes, et s'élance, sans autre transition, dans une sphère nouvelle d'idées ou de sentiments. Il faudrait tout citer, si l'on citait quelque chose d'une aussi étrange conception. Nous aimons mieux renvoyer le lecteur à l'ouvrage même.

On a beaucoup reproché à lord Byron l'immoralité de quelques-uns de ses ouvrages, ses principes désorganisateurs de tout ordre social, et ses sentiments antireligieux ; mais ces reproches, trop souvent fondés ailleurs, ne nous paraissent pas, à beaucoup près, aussi applicables à *Child-Harold* qu'à quelques-uns de ses derniers poëmes : on y sent davantage la fraîcheur de la vie et de la jeunesse. On voudrait, il est vrai, en effacer quelques nuages ; mais ces nuages n'empêchent cependant pas le lecteur de reconnaître et d'admirer, dans cette œuvre d'un beau génie, l'expression d'une belle âme. Et d'où viendrait ce génie qui nous émeut et nous charme, si ce n'était d'une âme grande et féconde ? Il n'a jamais eu d'autre source. Malheureusement aussi il n'a jamais préservé les hommes qui l'ont possédé des erreurs les plus funestes de l'esprit et des passions les plus orageuses du cœur ! Lord Byron en est un nouvel exemple : plusieurs de ses ouvrages sont un scandale pour ses admirateurs mêmes ; il en a empoisonné les plus brillantes pages d'un scepticisme de parade, aussi funeste à la génération qui l'admire qu'à son propre talent. Nous ne prétendons point l'excuser : peut-être lui-même, s'il eût vécu… Mais il n'est plus ! Tout en voulant prémunir la jeunesse contre les principes déplorables de ses derniers ouvrages, il faut jeter un voile sur les taches de ce grand génie : ce génie doit faire augurer de son âme, et sa mort peut servir d'excuse à sa vie. Il a sacrifié ses jours, en Grèce, à la cause de la religion, de la liberté et de l'enthousiasme. Ses actions réfutent ses paroles.

M. de Lamartine, voulant conduire le poëme de *Child-Harold* jusqu'à son véritable terme, la mort du héros, le reprend où lord Byron l'avait laissé, et, sous la fiction transparente du nom d'Harold, chante les dernières actions ou les dernières pensées de lord Byron lui-même, son passage en Grèce, et sa mort. Il a pensé sans doute que le mode le plus convenable de chanter l'homme qu'il admire, était celui qu'il avait adopté lui-même ; et la forme de *Child-Harold* lui était trop évidemment indiquée, pour qu'il lui fût possible d'en adopter une autre : peut-être cette forme même donnera-t-elle lieu à quelques critiques. Peut-être lui reprochera-t-on, comme un excès d'audace, comme une profanation, ce qui n'a été chez lui qu'un juste sentiment de modestie et de déférence pour un génie supérieur. Il n'a pris le genre du poëme et le nom du héros de lord Byron que par respect pour lord Byron, qui se peignait lui-même sous cette forme emblématique. Toute autre forme, tout autre nom, eussent été moins périlleux pour lui : ils eussent rappelé moins immédiatement un talent qui écraserait tout ce qui tenterait de l'égaler ; mais une imitation n'est point une lutte, c'est un hommage. A Dieu ne plaise que ce nom de Child-Harold puisse donner une autre idée ! Quel poëte oserait faire parler lord Byron ? On s'apercevrait trop vite que ce n'est que son ombre. Cependant ce mot d'imitation, que nous venons de prononcer, ne rend pas exactement notre pensée : la forme et le genre sont seuls imités ; les idées, les sentiments, les images, ne le sont pas. Il nous a semblé, au contraire, que l'auteur français avait pris le plus grand soin d'éviter toute imitation de ce genre, et qu'on ne retrouve pas, dans ce cinquième chant, une seule des pensées ou des comparaisons que le poëte anglais a prodiguées dans les quatre premiers chants de son poëme. On peut être soi sous le nom d'un autre.

Ce genre de poëme n'a pas encore de nom générique dans la littérature moderne. Ce n'est pas le poëme didactique, car il n'enseigne rien; ce n'est pas le poëme descriptif, car il raconte aussi; ce n'est pas le poëme épique, il n'en a ni les héros, ni le caractère, ni l'importance, ni la majesté : il tient de ces trois genres à la fois; il raconte, il décrit, il médite, il enseigne; le héros est le poëte lui-même, ou le cœur de l'homme en général, avec ses impressions les plus variées et les plus profondes; c'est le poëme d'une civilisation avancée, où l'homme sent encore la nature avec cette force d'enthousiasme qu'il ne perdra jamais, mais où il se plaît à analyser ses propres sentiments, à se rendre compte de ce qu'il éprouve, à savourer à loisir ses impressions fugitives, et où son propre cœur est devenu pour lui un thème plus intéressant que les aventures un peu usées des héros imaginaires, fabuleux ou historiques. L'intérêt est tout dans le style; et la forme, à peine esquissée, n'est qu'un fil imperceptible pour lier d'un lien commun les idées et les sentiments qui se succèdent.

Le poëme anglais de *Child-Harold* est écrit en stances d'un nombre égal de vers, indiquées par un chiffre romain. C'est la stance de Spencer, forme que lord Byron avait adoptée et rajeunie, comme plus propre à ce genre de composition, où l'imagination, se livrant à tous ses caprices, ne suit plus pas à pas l'ordre méthodique de la prose, mais s'élance, sans transition prononcée, d'une idée à l'autre. Cette forme devait être conservée dans ce cinquième chant par M. de Lamartine; mais la poésie française ne possède aucun rhythme analogue à la stance de Spencer, ou aux couplets du Tasse dans sa *Jérusalem*. Pour y suppléer, il a donc été obligé de composer ce dernier chant en stances irrégulières, d'un nombre de vers indéterminé. Ici, c'est le sens et non le nombre de vers qui indique la suspension et le repos; nous les indiquons, comme dans le poëme original, par un chiffre romain. Quelques personnes ont déjà reproché à M. de Lamartine d'avoir adopté cette forme pour quelques-unes de ses poésies; nous n'avons rien à leur répondre, si ce n'est qu'elles peuvent facilement la faire disparaître en ne s'arrêtant pas aux suspensions qu'elle indique. Quant à nous, nous pensons toujours que, dans des compositions de longue haleine, des repos ménagés avec art sont nécessaires à la pensée comme aux forces du lecteur, et que ces repos ne peuvent être plus convenablement indiqués que par le poëte lui-même. Il nous aurait paru aussi inconvenant qu'inutile de parler des opinions politiques ou religieuses de l'auteur français dans l'avertissement d'un ouvrage de littérature légère, si nous n'avions été récemment encore mis en garde contre l'injustice des interprétations les plus forcées, par des articles de journaux où l'on discutait les opinions de l'homme au lieu des vers du poëte. Un de ces journaux, dont nous respectons, du reste, l'impartialité et les doctrines (littéraires), a été jusqu'à dire que les poésies de M. de Lamartine étaient l'*hymne du découragement et du scepticisme*. L'office du poëte n'est point sans doute de prêcher des dogmes en vers! mais nous en appelons à la conscience de tous les lecteurs pour réfuter une assertion de cette nature... Si les *Méditations poétiques* ont eu un si honorable succès, elles l'ont dû surtout à ce sentiment religieux qui respire dans toutes leurs pages. Tout le monde l'a

AVERTISSEMENT.

senti, tout le monde l'a dit; et c'est sans doute le genre d'éloge auquel l'auteur a été le plus sensible. Quelques vers pris isolément, ou détachés de l'ensemble qui les explique, peuvent donner lieu sans doute à des interprétations du genre de celles que nous combattons ici; mais un vers, une stance, ne forment pas plus le sens d'un morceau de poésie, qu'un son isolé ne forme un concert : c'est l'accord qu'il faut juger.

Quoi qu'il en soit, et pour ôter tout prétexte à de semblables méprises, nous croyons devoir prévenir ici le lecteur, au nom de M. de Lamartine, que la *liberté*, qu'invoque dans ce nouvel ouvrage la muse de Child-Harold, n'est point celle dont le nom profané a retenti depuis trente ans dans les luttes des factions, mais cette indépendance naturelle et légale, cette liberté, fille de Dieu, qui fait qu'un peuple est un peuple, et qu'un homme est un homme; droit sacré et imprescriptible dont aucun abus criminel ne peut usurper ou flétrir le beau nom. Quant au ton plus réel de scepticisme qui se retrouve dans quelques morceaux de ce dernier chant de *Child-Harold*, il est inutile de faire remarquer qu'il se trouve uniquement dans la bouche du héros, que, d'après ses opinions trop connues, l'auteur français ne pouvait faire parler contre la vraisemblance de son caractère. Satan, dans Milton, ne parle point comme les anges. L'auteur et le héros ont deux langages fort opposés; et M. de Lamartine serait très-affligé qu'on pût l'accuser, même injustement, d'avoir fait naître le plus léger doute sur ses intentions, ou d'avoir répandu l'ombre d'un nuage sur des convictions religieuses qui sont les siennes, et qu'il regarde avec raison comme la seule lumière de la vie et le plus précieux trésor de l'homme.

DÉDICACE

A M. A. E.

Te souviens-tu du jour où, gravissant la cime
    Du Salève aux flancs azurés,
Dans un étroit sentier qui pend sur un abîme
Nous posions en tremblant nos pas mal assurés?
Tu marchais devant moi. Balancés par l'orage,
Les rameaux ondoyants du mélèze et du pin,
S'écartant à regret pour t'ouvrir un passage,
Secouaient sur ton front les larmes du matin;

DÉDICACE.

Un torrent sous tes pieds, s'écroulant en poussière,
Traçait sur les rochers de verdâtres sillons,
Et, de sa blanche écume où jouait la lumière,
Élevait jusqu'à nous les flottants tourbillons.

Un nuage grondait encore
Sur les confins des airs, à l'occident obscur,
Tandis qu'à l'orient le souffle de l'aurore
Découvrait la moitié d'un ciel limpide et pur,
Et faisait resplendir du feu qui le colore
Des vagues du Léman l'éblouissant azur.
Tout à coup sur un roc, dont tu foulais la cime,
Tu t'arrêtas : tes yeux s'abaissèrent sur moi;
Tu me montrais du doigt les flots, les monts, l'abîme,
La nature et le ciel... et je ne vis que toi!...

Ton pied léger semblait s'élancer de sa base;
Ton œil planait d'en haut sur ces sublimes bords;
　　Ton sein, oppressé par l'extase,
　　Se soulevait sous ses transports,
Comme le flot captif qui, bouillant dans le vase,
S'enfle, frémit, s'élève, et surmonte ses bords.

Sur l'angle d'un rocher ta main était posée;
Par l'haleine des vents goutte à goutte essuyés,
　　Tes cheveux trempés de rosée
Distillaient lentement des perles à tes piés.

　　Des cascades l'écume errante
Faisait autour de toi, sur un tapis de fleurs,
De son prisme liquide ondoyer les couleurs,
　　Et d'une robe transparente
Semblait t'envelopper dans ses plis de vapeurs.
Tu ressemblais... Mais non, toute image est glacée.

DÉDICACE.

Rien d'humain ne saurait te retracer aux yeux;
  Rien... qu'une céleste pensée
   Qui, durant un songe pieux,
Sur ses ailes de feu dans les airs balancée,
Et du sein d'un cœur pur vers Dieu même élancée,
  S'élève et plane dans les cieux.

Je te vis; je jurai de consacrer la trace
  De ce trop rapide moment,
Et de graver ici ton nom... Ta main l'efface
  De ce fragile monument.

  Un jour, quand je te verrai lire
Ces vers dont un regard est le seul avenir,
Si tes yeux attendris ne peuvent retenir
  Une larme aux sons de ma lyre,
  Ah! qu'au moins tu puisses te dire :
« Ces chants qui m'ont ému, c'est moi qui les inspire,
 » Et sa muse est mon souvenir! »

LE DERNIER CHANT

DU

PÈLERINAGE D'HAROLD

I

Muse des derniers temps, divinité sublime,
Qui des monts fabuleux n'habites plus la cime ;
Toi qui n'as pour séjour, pour temples, pour autels,
Que le sein frémissant des généreux mortels ;
Toi dont la main se plaît à couronner ta lyre
Des lauriers du combat, des palmes du martyre,
Et qui fais retentir l'Hémus ressuscité
Des noms vengeurs du Christ et de la liberté ;
Sentiment plus qu'humain que l'homme déifie,
Viens seul : c'est à toi seul que mon cœur sacrifie !
Les siècles de l'erreur sont passés, l'homme est vieux :
Ce monde, en grandissant, a détrôné ses dieux,

Comme l'homme qui touche à son adolescence
Brise les vains hochets de sa crédule enfance.
L'Olympe n'entend plus, sur ses sommets sacrés,
Hennir du dieu du jour les coursiers altérés ;
Jupiter voit sa foudre, entre ses mains brisée,
Des fils grossiers d'Omar provoquer la risée ;
Le Nil souille au désert, de son impur limon,
Les débris mutilés de l'antique Memnon ;
Délos n'a plus d'autels, Delphes n'a plus d'oracles :
Le Temps a balayé le temple et les miracles.
Hors le culte éternel, vingt cultes différents,
Du stupide univers bienfaiteurs ou tyrans,
Ont passé : cherchez-les dans la cendre de Rome !...
Mais il reste à jamais au fond du cœur de l'homme
Deux sentiments divins, plus forts que le trépas :
L'amour, la liberté, dieux qui ne mourront pas !

II

L'amour ! je l'ai chanté, quand, plein de son délire,
Ce nom seul murmuré faisait vibrer ma lyre,
Et que mon cœur cédait au pouvoir d'un coup d'œil,
Comme la voile au vent qui la pousse à l'écueil.
J'aimai, je fus aimé ; c'est assez pour ma tombe ;
Qu'on y grave ces mots, et qu'une larme y tombe !
Remplis seule aujourd'hui ma pensée et mes vers,
Toi qui naquis le jour où naquit l'univers,
Liberté ! premier don qu'un Dieu fit à la terre,
Qui marquas l'homme enfant d'un divin caractère,
Et qui fis reculer, à son premier aspect,
Les animaux tremblant d'un sublime respect ;

Don plus doux que le jour, plus brillant que la flamme,
Air pur, air éternel qui fais respirer l'âme!
Trop souvent les mortels, du ciel même jaloux,
Se ravissent entre eux ce bien commun à tous :
Plus durs que le destin, dans d'indignes entraves,
De ce que Dieu fit libre ils ont fait des esclaves;
Ils ont de ses saints droits dégradé la raison :
Qu'ai-je dit? ils ont fait un crime de ton nom!
Mais, semblable à ce feu que le caillou recèle,
Dont l'acier fait jaillir la brûlante étincelle,
Dans les cœurs asservis tu dors; tu ne meurs pas!
Et quand mille tyrans enchaîneraient tes bras,
Sous le choc de ces fers dont leurs mains t'ont chargée
Tu jaillis tout à coup, et la terre est vengée!

III

Ces temps sont arrivés! Aux rivages d'Argos
N'entends-tu pas ce cri qui monte sur les flots?
C'est ton nom! Il franchit les écueils des Dactyles;
Il éveille en sursaut l'écho des Thermopyles;
Du Pinde et de l'Ithome il s'élance à la fois;
La voix d'un peuple entier n'est qu'une seule voix :
Elle gronde, elle court, elle roule, elle tonne;
Le sol sacré tressaille à ce bruit qui l'étonne,
Et, rouvrant ses tombeaux, enfante des soldats
Des os de Miltiade et de Léonidas!
N'entends-tu pas siffler sur les flots du Bosphore
Tous ces brûlots armés du feu qui les dévore,
Qui, sillonnant la nuit l'archipel enflammé,
A travers les écueils dont Mégare est semé,

Comme un serpent de feu glissent dans les ténèbres,
Illuminent les mers de cent phares funèbres,
Surprennent sur les flots leurs tyrans endormis,
Se cramponnent aux flancs des vaisseaux ennemis.
Et, leur dardant un feu que la vengeance allume,
Bénissent leur trépas, pourvu qu'il les consume?...

Ce sont là les flambeaux dignes de tes autels!
Viens donc, dernier vengeur du destin des mortels,
Toi que la tyrannie osait nommer un rêve!
La croix dans une main et dans l'autre le glaive,
Viens voir, à la clarté de ces bûchers errants,
Ressusciter un peuple et périr des tyrans!

IV

Mais où donc est Harold, ce pèlerin du monde,
Dont j'ai suivi longtemps la course vagabonde?
A-t-il donc jeté l'ancre au midi de ses jours?
Ou s'est-il endormi dans d'ignobles amours?
Ai-je perdu ce fil de mes sombres pensées,
Qui, marquant de mes pas les traces effacées,
M'aidait à retrouver moi-même dans autrui?
Mystérieux héros! c'était moi, j'étais lui;
Et, sans briser jamais le nom qui les rassemble,
Nos deux cœurs, nos deux voix sentaient, chantaient ensemble.
Mais depuis qu'en partant, la ville des Césars
Le vit se retourner vers ses sacrés remparts;
Que Tibur, encor plein du chantre de Blanduse,
Tressaillit de plaisir sous les pas de sa muse;

Et que de son sommet éclatant, d'où les yeux
Plongent sur une mer qui va s'unir aux cieux,
Albano l'entendit, en découvrant l'abîme,
Saluer l'Océan d'un adieu si sublime,
On n'a plus reconnu sa voix; et l'univers,
Encor retentissant de ses derniers concerts,
Comme un temple muet, semble attendre en silence
Que l'hymne interrompu tout à coup recommence.
Que fait-il? Sur quels bords ses astres inconstants
Ont-ils poussé ses mâts brisés avant le temps?
Quels flots furent témoins de son dernier naufrage?
Quel sol consolateur lui prêta son rivage?
O muse qui donnais ta lyre à ses douleurs,
Viens donc; suivons ses pas aux traces de ses pleurs!

V

Il est nuit, mais la nuit sous ce ciel n'a point d'ombre:
Son astre, suspendu dans un dôme moins sombre,
Blanchit de ses lueurs des bords silencieux,
Où la vague se teint du bleu pâle des cieux;
Où la côte des mers, de cent golfes coupée,
Tantôt humble et rampante et tantôt escarpée,
Sur un sable argenté vient mourir mollement,
Ou gronde sous le choc de son flot écumant.
De leurs vastes remparts les Alpes l'environnent;
Leurs sommets colorés que les neiges couronnent,
De colline en colline abaissés par degrés,
Montrent, près de l'hiver, des climats tempérés
Où l'aquilon, fuyant de son propre royaume,
De leurs tièdes parfums s'attiédit et s'embaume.

A travers des cyprès dont l'immobilité,
Symbole de tristesse et d'immortalité,
Projette sur les murs des ombres sépulcrales
Que les reflets du ciel percent par intervalles,
S'étend sur la colline un champêtre séjour :
Un long buisson de myrte en trace le contour ;
Sur des gazons naissants, de flexibles allées,
D'un rideau de verdure à peine encor voilées,
Égarant au hasard leur cours capricieux,
Conduisent, en tournant ou les pas ou les yeux,
Jusqu'au seuil où, formant de vertes colonnades,
La clématite en fleur se suspend aux arcades ;
Sur les toits aplatis, des jardins d'oranger
Ornent de leurs fruits d'or leur feuillage étranger ;
L'eau fuit dans les bassins, et, quand le jour expire,
Imite en murmurant les frissons du zéphire.
De là, l'œil enchanté voit, au pied des coteaux,
Gênes, fille des mers, sortir du sein des eaux ;
Les dômes élancés de ses saintes demeures,
D'où l'airain frémissant fait résonner les heures ;
Et les mâts des vaisseaux qui, dormant dans ses ports,
S'élèvent au niveau des palais de ses bords,
Et quand le flot captif les presse et les soulève,
D'un lourd gémissement font retentir la grève.
Quel silence !... Avançons... Tout dort-il en ces lieux ?
L'éclat d'aucun flambeau n'y vient frapper mes yeux ;
Nul pas n'y retentit, nulle voix n'y murmure :
Seulement, au détour de cette route obscure,
Un page et deux coursiers attendent ; et plus bas,
Dans cette anse où les flots expirent sans fracas,
Un brick aux flancs étroits, que l'on charge en silence,
Tend sa voile, et déjà sous son poids se balance.
Ces armes, ces coursiers, ce vaisseau loin du port,
Tout révèle un départ, et cependant tout dort !...

VI

Mais non, tout ne dort pas! De fenêtre en fenêtre,
Voyez ce seul flambeau briller et disparaître :
Il avance, il recule, il revient tour à tour.
Éclaire-t-il les pas du crime ou de l'amour?
Aux douteuses clartés qu'il jette sur le sable,
On croit le voir trembler dans une main coupable.
Il descend, il s'arrête à l'angle du palais;
Et l'œil, à la faveur de ses brillants reflets,
S'insinue, et parcourt un réduit solitaire
Dont les rideaux légers trahissent le mystère.
Sur le pavé, couvert des plus riches tapis,
Du pied le plus léger les pas sont assoupis ;
Les murs en sont ornés d'opulentes tentures;
Sous les lambris dorés, d'élégantes peintures,
De tout voile jaloux dépouillant la beauté,
Enchaînent le regard ivre de volupté;
Et, sur trois pieds d'albâtre, une lampe nocturne
Y répand un jour doux, du sein voilé d'une urne.
Là, sous l'alcôve sombre où le pâle flambeau,
Semblable au feu mourant qui luit sur un tombeau,
Mêle d'ombre et de jour une teinte incertaine,
Une jeune beauté dort sur un lit d'ébène :
Son front est découvert; le sommeil, en ses jeux,
Semble avoir dispersé l'or de ses blonds cheveux,
Qui, flottant sur son sein que leur voile caresse,
Jusqu'au pied de son lit roulent en longue tresse;
Près d'elle on voit encor, confusément jetés,
Les ornements d'hier qu'à peine elle a quittés :

Ses anneaux, ses colliers, ses parures chéries,
Mêlés avec les fleurs que la veille a flétries,
Jonchent le seuil du lit d'ambre, de perle et d'or,
Qu'un de ses bras pendants semble y chercher encor.

VII

La porte s'ouvre; un homme, à pas comptés, s'avance.
Une lampe à la main, il s'arrête en silence :
Est-ce Harold?... C'est bien lui! Que le temps l'a changé!
Que son front, jeune encor, de jours semble chargé!
L'éclat dont son génie éclairait son visage
Luit toujours, mais, hélas! c'est l'éclair dans l'orage;
Et, plus que ce flambeau qui tremble dans sa main,
On croit voir vaciller son âme dans son sein.
Dans l'amère douceur d'un sourire farouche,
L'amour et le mépris se mêlent sur sa bouche;
L'œil n'y peut du remords discerner la douleur;
Mais on dirait, à voir sa mortelle pâleur,
Qu'une apparition vengeresse, éternelle,
Le glace à chaque instant d'une terreur nouvelle.
Immobile, il contemple, au chevet de ce lit,
Cette femme qui dort, et qu'un songe embellit.
Encore dans la fleur de son adolescence,
Ses traits ont tout d'un ange... excepté l'innocence;
Ses yeux sont ombragés du voile de ses cils;
Mais un pli qui se cache entre ses deux sourcils,
Trace que le sommeil n'a pas même effacée,
Montre que sur ce front quelque peine est passée.
Sa lèvre, où le sourire erre encore au hasard,
Glace le sentiment en charmant le regard;

Plus encor que l'amour, la volupté s'y joue;
La peine en fait fléchir l'arc mobile, et sa joue
Ressemble au lis penché vers le midi du jour,
Qu'ont déjà respiré les zéphyrs ou l'amour.

VIII

« Dors, murmurait Harold d'une voix comprimée,
Toi que je vais quitter, toi que j'ai tant aimée;
Toi qui m'aimas peut-être, ou dont l'art séducteur
Par l'ombre de l'amour trompa du moins mon cœur!
Qu'importe que le tien ne fût qu'un doux mensonge?
Je fus heureux par toi; tout bonheur est un songe!
Et je pars avant l'heure où le triste réveil
Eût dissipé pour nous cet enfant du sommeil.
Heureux qui, s'éloignant pendant que l'erreur dure,
Emporte dans son cœur une image encor pure;
Qui peut, dans les horreurs de son triste avenir,
Nourrir, comme un flambeau, quelque cher souvenir,
Et ne voit pas du moins, en perdant ce qu'il aime,
Cette idole qui tombe, ou qu'il brisa lui-même,
D'un bonheur qui n'est plus étaler les débris
Où l'éternel remords rampe auprès du mépris!...
Gravez-vous dans mes yeux, voluptueuse image,
Front serein dont mon souffle écartait tout nuage;
Beaux yeux dont le regard me cherchera demain;
Lèvres dont les accents m'enivraient; tendre main
Qui, s'ouvrant vainement pour s'unir à la mienne,
Ne rencontrera plus d'appui qui la soutienne;
Bouche que le sommeil n'a pu même assoupir!
Je voudrais emporter... tout, jusqu'à ce soupir

Qui, soulevant ce sein plus mobile que l'onde,
Semble espérer en vain qu'un soupir lui réponde !

» Voilà donc ce qui fit mon bonheur un instant !
Mon bonheur !... Non, de toi je n'attendais pas tant :
Pourvu que le plaisir, les voluptés légères
Couronnassent de fleurs nos chaînes passagères ;
Que, dans ce doux climat par tes pas embelli,
Je pusse respirer les parfums... et l'oubli ;
Que le remords, fuyant aux accents de ta bouche,
Laissât le doux sommeil s'approcher de ma couche ;
Léna ! c'était assez pour un cœur profané !
C'était mon seul bonheur, et tu me l'as donné !
Mais, de quelque nectar qu'elle ait été remplie,
La coupe où nous buvons a toujours une lie :
N'épuisons donc jamais sa liqueur qu'à demi,
Et, consacrant le reste au destin ennemi,
Faisons-lui prudemment, quelque effort qu'il en coûte,
Une libation de la dernière goutte !
Je t'aime encor ; je pars. Adieu !... Trompeur sommeil,
Retarde un désespoir qui l'attend au réveil !

IX

Harold s'est élancé sur son léger navire ;
Dans les câbles tendus la nuit déjà soupire ;
La voile, qui s'entr'ouvre au vent qui l'arrondit,
Monte de vergue en vergue, et s'enfle, et s'agrandit ;
Et, couvrant ses flancs noirs de l'ombre de son aile,
Fait pencher sur les flots le vaisseau qui chancelle.

On lève l'ancre, il fuit; le flot qu'il a fendu
Sur sa trace un moment demeure suspendu,
Et, retombant bientôt en vapeur qui surnage,
De blancs flocons d'écume inonde au loin la plage.
Voilà tout ce qu'Harold a laissé dans ces lieux!...
Et la vague a repris son bord silencieux.
Mais, sur le pont tremblant du vaisseau qui dérive,
Un bruit sourd et confus monte, et frappe la rive;
La voix des vents s'y mêle aux cris des matelots;
On y voit confondus, rouler au gré des flots,
Des faisceaux éclatants de harnais et d'armures,
Qui rendent en tombant de sinistres murmures;
Des sabres, des mousquets brillants d'argent et d'or,
Que la poudre et le sang n'ont pas ternis encor;
Des lances, des drapeaux où, parmi le tonnerre,
Brille un signe inconnu sur les champs de la guerre.
On voit, autour des mâts, des coursiers enchaînés,
Battre le pont tremblant sous leurs pieds étonnés
Et, secouant leurs crins qu'un flot d'écume inonde,
Hennir à chaque vent qui les berce sur l'onde.
Mais Harold, que fait-il? Seul, au bout du vaisseau,
Enveloppé des plis de son large manteau,
Sombre comme la nuit dont son cœur est l'image,
D'un œil insouciant il voit fuir le rivage.

X

Où va-t-il?... Il gouverne au berceau du soleil.
Mais pourquoi sur son bord ce terrible appareil?
Va-t-il, le cœur brûlant d'une foi magnanime,
Conquérir une tombe au désert de Solyme;

Ou, pèlerin armé, son bourdon à la main,
Laver ses pieds souillés dans les flots du Jourdain ?
Non : du sceptique Harold le doute est la doctrine ;
Le croissant ni la croix ne couvrent sa poitrine ;
Jupiter, Mahomet, héros, grands hommes, dieux,
(O Christ, pardonne-lui !) ne sont rien à ses yeux
Qu'un fantôme impuissant que l'erreur fait éclore,
Rêves plus ou moins purs qu'un vain délire adore,
Et dont par ses clartés la superbe raison,
Siècle après siècle, enfin délivre l'horizon.
Jamais, d'aucun autel ne baisant la poussière,
Sa bouche ne murmure une courte prière ;
Jamais, touchant du pied le parvis d'un saint lieu,
Sous aucun nom mortel il n'invoqua son dieu !
Le dieu qu'adore Harold est cet agent suprême,
Ce Pan mystérieux, insoluble problème,
Grand, borné, bon, mauvais, que ce vaste univers
Révèle à ses regards sous mille aspects divers ;
Être sans attributs, force sans providence,
Exerçant au hasard une aveugle puissance ;
Vrai Saturne, enfantant, dévorant tour à tour ;
Faisant le mal sans haine et le bien sans amour ;
N'ayant pour tout dessein qu'un éternel caprice ;
Ne commandant ni foi, ni loi, ni sacrifice ;
Livrant le faible au fort et le juste au trépas,
Et dont la raison dit : « Est-il ? ou n'est-il pas ? »

XI

Ses compagnons épars, groupés sur le navire,
Ne parlent point entre eux de foi ni de martyre,

Ni des prodiges saints par la croix opérés,
Ni des péchés remis dans les lieux consacrés.
D'un plus fier évangile apôtres plus farouches,
Des mots retentissants résonnent sur leurs bouches :
Gloire, honneur, liberté, grandeur, droit des humains,
Mort aux tyrans sacrés égorgés par leurs mains,
Mépris des préjugés sous qui rampe la terre,
Secours aux opprimés, vengeance, et surtout guerre !
Ils vont, suivant partout l'errante Liberté,
Répondre en Orient au cri qu'elle a jeté;
Briser les fers usés que la Grèce assoupie
Agite, en s'éveillant, sur une race impie;
Et voir dans ses sillons, inondés de leur sang,
Sortir d'un peuple mort un peuple renaissant.

XII

Déjà, dorant les mâts, le rayon de l'aurore
Se joue avec les flots que sa pourpre colore;
La vague, qui s'éveille au souffle frais du jour,
En sillons écumeux se creuse tour à tour;
Et le vaisseau, serrant la voile mieux remplie,
Vole, et rase de près la côte d'Italie.
Harold s'éveille; il voit grandir dans le lointain
Les contours azurés de l'horizon romain;
Il voit sortir grondant, du lit fangeux du Tibre,
Un flot qui semble enfin bouillonner d'être libre,
Et Soracte, dressant son sommet dans les airs,
Seul se montrer debout où tomba l'univers.
Plus loin, sur les confins de cette antique Europe,
Dans cet Éden du monde où languit Parthénope,

Comme un phare éternel sur les mers allumé,
Son regard voit fumer le Vésuve enflammé :
Semblable au feu lointain d'un mourant incendie,
Sa flamme, dans le jour un moment assoupie,
Lance, au retour des nuits, des gerbes de clartés ;
La mer rougit des feux dans son sein reflétés ;
Et les vents, agitant ce panache sublime
Comme un pilier en feu d'un temple qui s'abîme,
Font pencher sur Pæstum, jusqu'à l'aube des jours,
La colonne de feu, qui s'écroule toujours.
A la sombre lueur de cet immense phare,
Harold longe les bords où frémit le Ténare ;
Où l'Élysée antique, en un désert changé,
Étalant les débris de son sol ravagé,
Du céleste séjour dont il offrait l'image
Semble avoir conservé les astres sans nuage.
Là, près de cette tombe où le grand cygne dort,
Le vaisseau tout à coup tourne sa poupe au bord.
Fuyant de vague en vague, Harold, avec tristesse,
Voit sous les flots brillants la rive qui s'abaisse ;
Bientôt son œil confond l'océan et les cieux ;
Et ces bords immortels, disparus à ses yeux,
Semblent s'évanouir en de vagues nuages,
Comme un nom qui se perd dans le lointain des âges.

XIII

« Italie ! Italie ! adieu, bords que j'aimais !
Mes yeux désenchantés te perdent pour jamais !
O terre du passé, que faire en tes collines ?
Quand on a mesuré tes arcs et tes ruines,

Et fouillé quelques noms dans l'urne de la mort,
On se retourne en vain vers les vivants : tout dort,
Tout, jusqu'aux souvenirs de ton antique histoire,
Qui te feraient du moins rougir devant ta gloire !
Tout dort, et cependant l'univers est debout !
Par le siècle emporté tout marche, ailleurs, partout !
Le Scythe et le Breton, de leurs climats sauvages
Par le bruit de ton nom guidés vers tes rivages,
Jetant sur tes cités un regard de mépris,
Ne t'aperçoivent plus dans tes propres débris,
Et, mesurant de l'œil tes arches colossales,
Tes temples, tes palais, tes portes triomphales,
Avec un rire amer demandent vainement
Pour qui l'immensité d'un pareil monument;
Si l'on attend qu'ici quelque autre César passe,
Ou si l'ombre d'un peuple occupe tant d'espace?
Et tu souffres sans honte un affront si sanglant !
Que dis-je? tu souris au barbare insolent;
Tu lui vends les rayons de ton astre qu'il aime;
Avec un lâche orgueil, tu lui montres toi-même
Ton sol partout empreint des pas de tes héros,
Ces vieux murs où leurs noms roulent en vains échos,
Ces marbres mutilés par le fer du barbare,
Ces bustes avec qui son orgueil te compare,
Et de ces champs féconds les trésors superflus,
Et ce ciel qui t'éclaire et ne te connaît plus !
Rougis!.... Mais non : briguant une gloire frivole,
Triomphe! On chante encore au pied du Capitole !
A la place du fer, ce sceptre des Romains,
La lyre et le pinceau chargent tes faibles mains;
Tu sais assaisonner des voluptés perfides,
Donner des chants plus doux aux voix de tes Armides,
Animer les couleurs sous un pinceau vivant;
Ou, sous l'adroit burin de ton ciseau savant,

Prêter avec mollesse, au marbre de Blanduse,
Les traits de ces héros dont l'image t'accuse.
Ta langue, modulant des sons mélodieux,
A perdu l'âpreté de tes rudes aïeux ;
Douce comme un flatteur, fausse comme un esclave,
Tes fers en ont usé l'accent nerveux et grave ;
Et, semblable au serpent, dont les nœuds assouplis
Du sol fangeux qu'il couvre imitent tous les plis,
Façonnée à ramper par un long esclavage,
Elle se prostitue au plus servile usage ;
Et, s'exhalant sans force en stériles accents,
Ne fait qu'amollir l'âme et caresser les sens.

» Monument écroulé, que l'écho seul habite ;
Poussière du passé, qu'un vent stérile agite ;
Terre, où les fils n'ont plus le sang de leurs aïeux,
Où sur un sol vieilli les hommes naissent vieux,
Où le fer avili ne frappe que dans l'ombre,
Où sur les fronts voilés plane un nuage sombre,
Où l'amour n'est qu'un piége et la pudeur qu'un fard,
Où la ruse a faussé le rayon du regard,
Où les mots énervés ne sont qu'un bruit sonore,
Un nuage éclaté qui retentit encore :
Adieu ! Pleure ta chute en vantant tes héros !
Sur des bords où la gloire a ranimé leurs os,
Je vais chercher ailleurs (pardonne, ombre romaine !)
Des hommes, et non pas de la poussière humaine !...

XIV

» Mais, malgré tes malheurs, pays choisi des dieux,
Le ciel avec amour tourne sur toi les yeux ;
Quelque chose de saint sur tes tombeaux respire,
La Foi sur tes débris a fondé son empire !
La Nature, immuable en sa fécondité,
T'a laissé deux présents : ton soleil, ta beauté ;
Et, noble dans son deuil, sous tes pleurs rajeunie,
Comme un fruit du climat enfante le génie.
Ton nom résonne encore à l'homme qui l'entend,
Comme un glaive tombé des mains du combattant :
A ce bruit impuissant, la terre tremble encore,
Et tout cœur généreux te regrette et t'adore.

» Et toi qui m'as vu naître, Albion, cher pays
Qui ne recueilleras que les os de ton fils,
Adieu ! Tu m'as proscrit de ton libre rivage ;
Mais dans mon cœur brisé j'emporte ton image,
Et, fier du noble sang qui parle encore en moi,
De tes propres vertus t'honorant malgré toi,
Comme ce fils de Sparte allant à la victoire,
Je consacre à ton nom ou ma mort ou ma gloire.
Adieu donc ! Je t'oublie, et tu peux m'oublier :
Tu ne me reverras que sur mon bouclier.

XV

» Que ce vent dans ma voile avec grâce soupire!
On dirait que le flot reconnaît mon navire,
Comme le fier coursier, par son maître flatté,
Hennit en revoyant celui qu'il a porté.
Oui, vous m'avez déjà bercé sur vos rivages,
O vagues, de mon cœur orageuses images,
Plaintives, sans repos, terribles comme lui!
Vous savez qui j'étais! mais qui suis-je aujourd'hui?
Ce que j'étais alors : un mystère, un problème;
Un orage éternel qui roule sur lui-même;
Un rêve douloureux qui change sans finir;
Un débris du passé qui souille l'avenir;
Un flot, comme ces flots errant à l'aventure,
Portant de plage en plage une écume, un murmure,
Et qui, semblable en tout au mobile élément,
Sans avancer jamais, flotte éternellement.
Qu'ai-je fait de mes jours? où sont-ils? quel usage
Aux autres, à moi-même, atteste leur passage?
Quelle borne éternelle a marqué mon chemin?
Quel fruit ai-je cueilli qui n'ait trompé ma main?
Tentant mille sentiers sans savoir lequel suivre,
Où n'ai-je pas erré?... Mais errer, est-ce vivre?...
N'est-il pas dans le ciel, en nous-même, ici-bas,
Quelque but éclatant pour diriger nos pas,
Et vers qui l'Espérance, en marchant, puisse dire :
« S'il m'échappe, du moins je sais à quoi j'aspire? »

» L'hirondelle, en suivant les saisons dans les airs,
Voit, des bords qu'elle fuit, l'autre rive des mers;
Le pilote, que l'ombre entoure de ses voiles,
Suit un phare immobile au milieu des étoiles;
L'aigle vole au soleil, la colombe à son nid;
Sur l'abîme orageux que sa proue aplanit,
Sous des cieux inconnus guidé par sa boussole,
A travers l'horizon le vaisseau voit le pôle :
L'homme seul ne voit rien, pour marquer son chemin,
Qu'hier et qu'aujourd'hui, semblables à demain;
Et, changeant à toute heure et de but et de route,
Marche, recule, avance, et se perd dans son doute!

XVI

» Mon but! trop près de moi mes mains l'avaient placé.
J'ai fait deux pas à peine, et je l'ai dépassé!
J'ai chanté : l'univers, charmé de mon délire,
D'une gloire précoce a couronné ma lyre,
C'est assez; je suis las de ce stérile bruit,
Par l'écho monotone en tout lieu reproduit.
Un nom! toujours un nom! Qu'est-ce qu'un nom m'importe,
Hélas! et qu'apprend-il à celui qui le porte?
Que dans l'urne sans fond un mot de plus jeté
Tombe en retentissant dans la postérité.
Qu'est-ce que cette gloire incertaine, éphémère,
Qui s'écrit sur la feuille en léger caractère,
Dont, par l'aile du Temps, un seul mot effacé
Emporte pour jamais le souvenir glacé?
Simulacre de gloire, ombre de renommée,
Qui s'engloutit dans l'ombre, ou se perd en fumée;

Fantôme dont mon cœur fut un jour ébloui,
Et que j'ai méprisé dès que j'en ai joui!

» Il me faut cette gloire impérissable, immense,
Qui, payant d'autres cœurs d'une autre récompense,
Aux derniers coups du bronze encor retentissant,
Sur la terre ou les flots s'écrit avec du sang,
Et, couvrant d'un trophée un champ de funérailles,
Grave à jamais nos noms sur l'airain des batailles,
Ou sur les fondements du temple ensanglanté
Que la Victoire enfin fonde à la Liberté.

XVII

» Souvent, le bras posé sur l'urne d'un grand homme,
Soit aux bords dépeuplés des longs chemins de Rome,
Soit sous la voûte auguste où, de ses noirs arceaux,
L'ombre de Westminster consacre ses tombeaux,
En contemplant ces arcs, ces bronzes, ces statues,
Du long respect des temps par l'âge revêtues,
En voyant l'étranger, d'un pied silencieux,
Ne toucher qu'en tremblant le pavé de ces lieux,
Et des inscriptions sur la poudre tracées
Chercher pieusement les lettres effacées,
J'ai senti qu'à l'abri d'un pareil monument
Leur grande ombre devait dormir plus mollement;
Que le bruit de ces pas, ce culte, ces images,
Ces regrets renaissants, et ces larmes des âges,
Flattaient sans doute encore, au fond de leur cercueil,
De ces morts immortels l'impérissable orgueil;

Qu'un cercueil, dernier terme où tend la gloire humaine,
De tant de vanités est encor la moins vaine ;
Et que pour un mortel peut-être il était beau
De conquérir du moins, ici-bas, un tombeau !...
Je l'aurai !... Cependant mon cœur souhaite encore
Quelque chose de plus ; mais quoi donc ? il l'ignore.
Quelque chose au delà du tombeau ! Que veux-tu ?
Et que te reste-t-il à tenter ?... La vertu !
Eh bien ! pressons ce mot jusqu'à ce qu'il se brise !
S'immoler sans espoir pour l'homme qu'on méprise ;
Sacrifier son or, ses voluptés, ses jours,
A ce rêve trompeur... mais qui trompe toujours ;
A cette liberté que l'homme qui l'adore
Ne rachète un moment que pour la vendre encore ;
Venger le nom chrétien du long oubli des rois ;
Mourir en combattant pour l'ombre d'une croix,
Et n'attendre pour prix, pour couronne et pour gloire,
Qu'un regard de ce Juge en qui l'on voudrait croire...
Est-ce assez de vertu pour mériter ce nom ?
Eh bien ! sachons enfin si c'est un rêve, ou non ! »

XVIII

Silence !... Est-ce un nuage ou l'ombre d'une voile,
Qui du soir tout à coup vient dérober l'étoile,
L'ombre approche, s'étend. « Aux armes ! Un vaisseau ! »
Comme un noir ouragan son poids fait plier l'eau ;
Ses trois ponts élevés d'étages en étages,
Ses antennes, ses mâts, ses voiles, ses cordages,
Cachant l'azur du ciel aux yeux des matelots,
D'une nuit menaçante obscurcissent les flots.

Tel un vautour des mers, fondant sur l'hirondelle,
Couvre déjà l'oiseau de l'ombre de son aile.
Quel est le pavillon? c'est l'odieux croissant.
Qu'entend-on sur son bord? un soupir gémissant,
Les sanglots des enfants et des vierges plaintives
Qui pleurent de Chio les paternelles rives,
Et qu'un vainqueur cruel traîne en captivité,
Pour présenter leur tête ou vendre leur beauté.
« Délivrons, dit Harold, ou vengeons ces victimes!
Que l'amour ne soit pas le prix sanglant des crimes!
Feu!... » L'éclair est moins prompt : le tonnerre ennemi
Éveille tout à coup l'Ottoman endormi;
Chaque boulet, fidèle au regard qui le guide,
Semble emprunter de l'homme un instinct homicide,
Trace un sillon sanglant dans les rangs qu'il abat,
Fait écrouler le pont sous les débris du mât,
Ou brise le timon dans les mains du pilote.
Déjà, comme un corps mort, la masse immense flotte;
En vain, pour éloigner le plomb qui fond sur eux,
Ses trois ponts à la fois vomissent tous leurs feux :
Comme un adroit lutteur, le brick léger s'efface;
Les coups mal dirigés se perdent dans l'espace;
Cent boulets sur les flots vont jaillir en sifflant;
Puis, d'un coup de timon rapporté sur son flanc,
Dans ses agrès brisés son mât penché s'engage.
Harold, le sabre en main, s'élance à l'abordage,
Et, faisant tournoyer son glaive autour de lui,
Trace un cercle sanglant : tout tombe, ou tout a fui.
C'en est fait! ses guerriers, élancés sur sa trace,
Du pont jonché de morts ont balayé l'espace.

XIX

« Rendez-vous! » Mais quel cri de surprise et d'horreur
Dans son sanglant triomphe arrête le vainqueur?
L'Ottoman veut-il donc périr avec sa proie?
Voyez, déjà la flamme en torrents se déploie;
Du pied fumant des mâts monte un long cri de mort.
Harold épouvanté s'élance sur son bord,
Et, du navire en feu détachant son navire,
Hors du vent enflammé lentement se retire.
Pleurant sur son triomphe, il contemple de loin
Ce funèbre bûcher, dont l'abîme est témoin.
Excité par les vents, le rapide incendie,
De sabords en sabords, court, monte, se replie,
Remonte, redescend, rase les flots fumants,
Entoure le vaisseau de ses feux écumants,
Et, sous les coups du vent éparpillant ses flammes,
Revient, et l'engloutit sous ses brûlantes lames;
Lançant ses dards de feu, glissant comme un serpent,
Le long des mâts noircis il s'élève en rampant;
La vergue tombe en feu sur le pont qu'elle écrase;
La voile en frémissant se déroule et s'embrase;
Emportés dans les airs, ses lambeaux enflammés
Vont tomber sur les flots à demi consumés,
Et la mer, les portant sur ses vagues profondes,
Semble rouler au loin des flammes au lieu d'ondes.
Mais le salpêtre en feu lance un dernier éclair;
L'air frémit, le coup part, le vaisseau vole en l'air:
Ses éclats, retombant de distance en distance,
Sèment d'un son lugubre un lugubre silence;

L'onde éteint les débris, l'air emporte le bruit,
Et l'Océan n'est plus que silence et que nuit.

XX

Mais sur les flots obscurs quel son renaît, expire,
Et comme un cri plaintif roule autour du navire?
Serait-ce...? Harold, rebelle aux cris des matelots,
Reconnaît une voix,... s'élance au sein des flots,
Nage au bruit, voit flotter sur la nuit de l'abîme
Un débris qu'embrassait une jeune victime,
L'arrache aux flots jaloux, l'emporte triomphant,
Et revient sur le pont déposer... une enfant.
Essuyant ses beaux yeux du flot qui les inonde,
De ses cheveux trempés il fait ruisseler l'onde,
La réchauffe aux rayons d'un foyer rallumé,
Et, sous son vêtement à demi consumé,
Aux anneaux d'un collier qui pend sur sa poitrine,
Il découvre un portrait!... Il le prend, il s'incline;
Aux lueurs de la flamme il contemple... Grands dieux!
Ces traits!... sont ceux d'Harold!!! Il n'en croit pas ses yeux.
« Quel est ton nom? — Adda. — Ton pays? — Épidaure.
— Ta mère? — Éloydné. — Ton père? — Je l'ignore :
Ma mère, en expirant sous le glaive assassin,
Cacha, sans le nommer, son image en mon sein.
On dit qu'un étranger... Mais qui sait ce mystère?
— C'est assez, dit Harold; va, je serai ton père! »
Et, pressant sur son cœur l'enfant abandonné,
Il murmurait tout bas le nom d'Éloydné,
Soit qu'il sût le secret de sa triste naissance,
Soit qu'il fût attendri des grâces de l'enfance,

Et voulût opposer à son cœur attristé.
Cette image du ciel : innocence et beauté!

XXI

Mais déjà le navire, aux lueurs de l'aurore,
Du sein brillant des mers voit une terre éclore ;
Terre dont l'Océan, avec un triste orgueil,
Semble encor murmurer le nom sur chaque écueil,
Et dont le souvenir, planant sur ses rivages,
Se répand sur les flots comme un parfum des âges.
C'est la Grèce ! A ce nom, à cet auguste aspect,
L'esprit anéanti de pitié, de respect,
Contemplant du destin le déclin et la cime,
De la gloire au néant a mesuré l'abîme.
Par les pas des tyrans ses bords sont profanés,
Ses temples sont détruits, ses peuples enchaînés ;
Et sur l'autel du Christ, brisé par la conquête,
L'Ottoman fait baiser le turban du prophète :
Mais, à travers ce deuil, le regard enchanté
Reconnaît en pleurant son antique beauté,
Et là nature au moins, par le temps rajeunie,
Y triomphe de l'homme et de la tyrannie.
C'est toujours le pays du soleil et des dieux ;
Ses monts dressent encor leurs sommets dans les cieux,
Et, noyant les contours de leur cime azurée,
Semblent encor nager dans une onde éthérée.
Ses coteaux, abaissant leurs cintres inclinés,
Par l'arbre de Minerve à demi couronnés,
Expirent par degrés sur la plage sonore
Où Syrinx sur les flots semble gémir encore ;

Et, présentant aux yeux leurs penchants escarpés,
Du soleil tour à tour selon l'heure frappés,
Au mouvement du jour qui chasse l'ombre obscure,
Paraissent ondoyer en vagues de verdure.
Là, l'histoire et la fable ont semé leurs grands noms
Sur des débris sacrés, sur les mers, sur les monts.
Ce sommet, c'est le Pinde; et ce fleuve est Alphée!
Chaque pierre a son nom, chaque écueil son trophée;
Chaque flot a sa voix, chaque site a son dieu;
Une ombre du passé plane sur chaque lieu.
Ces marais sont le Styx, ce gouffre est la Chimère;
Et, touchés par les pieds de la muse d'Homère,
Ces bords où sont écrits vingt siècles éclatants,
Retentissant encor des pas lointains du temps,
D'un poëme scellé par la gloire et les âges
Semblent, à chaque pas, dérouler d'autres pages.
Le regard, que l'esprit ne peut plus rappeler,
Avec ses souvenirs cherche à les repeupler;
Et, frappé tour à tour de son deuil, de ses charmes,
Brille de leur éclat ou pleure de leurs larmes.
Tel, si, pendant le cours d'un songe dont l'erreur
Lui rappelle des traits consacrés dans son cœur,
Un fils, le sein gonflé d'une tendresse amère,
Dans un brillant lointain voit l'ombre de sa mère;
Dévorant du regard ce fantôme chéri,
Il contemple, en pleurant, ce sein qui l'a nourri,
Ces bras qui l'ont porté, ces yeux dont la lumière
Fut le premier flambeau qui guida sa paupière;
Ces lèvres dont l'accent, si doux à répéter,
Dicta les premiers sons qu'il tenta d'imiter;
Ce front qu'à ses baisers dérobe un voile sombre:
Et, lui tendant les bras, il n'embrasse qu'une ombre.

XXII

Homère! A ce grand nom, du Pinde à l'Hellespont,
Les airs, les cieux, les flots, la terre, tout répond.
Monument d'un autre âge et d'une autre nature,
Homme, l'homme n'a plus le mot qui te mesure!
Son incrédule orgueil s'est lassé d'admirer,
Et, dans son impuissance à te rien comparer,
Il te confond de loin avec ces fables même,
Nuages du passé qui couvrent ton poëme.
Cependant tu fus homme, on le sent à tes pleurs!
Un dieu n'eût pas si bien fait gémir nos douleurs!
Il faut que l'immortel qui touche ainsi notre âme
Ait sucé la pitié dans le lait d'une femme.
Mais dans ces premiers jours, où d'un limon moins vieux
La nature enfantait des monstres ou des dieux,
Le ciel t'avait créé, dans sa magnificence,
Comme un autre Océan, profond, sans rive, immense;
Sympathique miroir qui, dans son sein flottant,
Sans altérer l'azur de son flot inconstant,
Réfléchit tour à tour les grâces de ses rives,
Les bergers poursuivant les nymphes fugitives,
L'astre qui dort au ciel, le mât brisé qui fuit,
Le vol de la tempête aux ailes de la nuit,
Ou les traits serpentants de la foudre qui gronde,
Rasant sa verte écume et s'éteignant dans l'onde!

Cependant l'univers, de tes traces rempli,
T'accueillit, comme un dieu..., par l'insulte et l'oubli!

On dit que, sur ces bords où règne ta mémoire,
Une lyre à la main, tu mendiais ta gloire!...
Ta gloire! Ah! qu'ai-je dit? Ce céleste flambeau
Ne fut aussi pour toi que l'astre du tombeau!
Tes rivaux, triomphant des malheurs de ta vie,
Plaçant entre elle et toi les ombres de l'envie,
Disputèrent encore à ton dernier regard
L'éclat de ce soleil qui se lève si tard:
La pierre du cercueil ne sut pas t'en défendre;
Et, de ces vils serpents qui rongèrent ta cendre,
Sont nés, pour dévorer les restes d'un grand nom,
Pour souiller la vertu d'un éternel poison,
Ces insectes impurs, ces ténébreux reptiles,
Héritiers de la honte et du nom des Zoïles,
Qui, pareils à ces vers par la tombe nourris,
S'acharnent sur la gloire et vivent de mépris!
C'est la loi du destin, c'est le sort de tout âge:
Tant qu'il brille ici-bas, tout astre a son nuage.
Le bruit d'un nom fameux, de trop près entendu,
Ressemble aux sons heurtés de l'airain suspendu,
Qui, répandant sa voix dans les airs qu'il éveille,
Ébranle tout le temple et tourmente l'oreille;
Mais qui, vibrant de loin, et d'échos en échos
Roulant ses sons éteints dans les bois, sur les flots,
Comme un céleste accent, dans la vague soupire,
Dans l'oreille attentive avec mollesse expire,
Attendrit la pensée, élève l'âme aux cieux,
De ses accords sacrés charme l'homme pieux,
Et, tandis que le son lentement s'évapore,
Au bruit qu'il n'entend plus le fait rêver encore.

XXIII

Mais quel est ce rocher qui, creusé par les mers,
Résonne nuit et jour du choc des flots amers,
Incline sur les eaux son sommet chauve et sombre,
Et couvre de si loin l'Océan de son ombre?
Attestant sur ces bords les âges révolus,
Noble et dernier débris d'un temple qui n'est plus,
Une seule colonne y brave la tempête,
Et, du sein des écueils dressant encor sa tête,
Semble rester debout sur ces bords éclatants,
Comme entre un siècle et l'autre une borne des temps.
Des injures du ciel le pêcheur la préserve;
Et ce dernier soutien du temple de Minerve
Sert à guider de loin les yeux des matelots,
Ou l'esquif du pêcheur égaré sur les flots.
Elle a donné son nom au cap qu'elle couronne.
Harold, qui voit blanchir l'éternelle colonne,
Reconnaît Sunium... Sunium! A ce nom,
Il croit revoir flotter la robe de Platon,
Quand ce sage, fuyant une foule insensée,
Venait dans le désert consulter... sa pensée;
Et qu'assis en silence au bord des flots amers,
Son œil divin plongé dans le ciel ou les mers,
Écoutant en soi-même un vague et doux murmure,
Il croyait distinguer la voix de la nature,
Ou des sphères du ciel le bruit harmonieux,
Ou ces songes divins qui lui parlaient des dieux.
Voix céleste, qui parle au bord des mers profondes,
Dans les soupirs des bois, dans les accords des ondes,

Partout où l'homme enfin n'a point gravé ses pas,
Harold aussi t'entend..., mais ne te comprend pas !

XXIV

Son vaisseau lentement flotte en longeant la plage.
Mais quel chant solennel s'élève du rivage ?
Quel immense cortége, en blancs habits de deuil,
De colline en colline et d'écueil en écueil,
Comme un troupeau lointain que le berger ramène,
Par ses prêtres conduit, serpente dans la plaine !
Quel deuil semble peser sur leurs fronts affligés ?
De quels pieux fardeaux leurs bras sont-ils chargés ?
Avec quel saint respect sur l'herbe ils les déposent,
Et, fléchissant leurs fronts, de larmes les arrosent !
Approchons... De plus près le vent, soufflant du bord,
Aux oreilles d'Harold porte un hymne de mort.
Il frémit, mais son cœur dédaigne un vain présage,
Et bientôt son esquif l'a jeté sur la plage :
A la foule attentive il se mêle au hasard.
Quel spectacle, grands dieux ! vient frapper son regard !

Auprès d'un simple autel, formé d'un cippe antique
Qui du temple écroulé jonchait le vieux portique,
Trois fois douze cercueils, avec ordre rangés,
De palmes, de cyprès, de narcisse ombragés,
Formaient autour du prêtre une funèbre enceinte,
Où les diacres chantaient et répandaient l'eau sainte.
Harold, en contemplant ces pompes du trépas,
Croit compter des guerriers tombés dans les combats,

Et, promenant sur eux ses yeux voilés de larmes,
Cherche autour des tombeaux ces fiers coursiers, ces armes,
Ces bronzes, ces tambours, qui, pleurant les héros,
D'un dernier bruit de gloire accompagnent leurs os.
Il ne voit que des fleurs et des voiles pudiques,
Des emblèmes touchants des vertus domestiques,
Des couronnes d'hymen, l'aiguille, les fuseaux,
Que les femmes d'Hellé portaient jusqu'aux tombeaux ;
Des vierges qui, vidant des corbeilles d'acanthe,
Effeuillaient sous leurs doigts les lis de l'Érymanthe ;
Des enfants éplorés, en habits d'orphelin,
Tenant les coins flottants de longs linceuls de lin ;
Et plus loin, des guerriers qui, la tête inclinée,
Plaignant avant le temps la beauté moissonnée,
Pressaient en frémissant leur glaive dans leur main,
Et, poussant des sanglots qu'ils retiennent en vain,
A l'horreur de ce deuil semblaient livrer leurs âmes,
Et pleuraient sans rougir... comme on pleure des femmes.
A cet étrange aspect, saisi d'étonnement,
Harold n'ose troubler leur saint recueillement ;
Mais, au moment fatal du divin sacrifice,
Quand le prêtre, en ses mains élevant le calice,
Boit le sang adoré du Martyr immortel,
Une vierge s'élance aux marches de l'autel,
Et, victime échappée au sort qu'elle raconte,
Le front ceint de lauriers, mais rougissant de honte,
Ses longs cheveux épars, emblème de son deuil,
Chante l'hymne de mort à ses sœurs du cercueil.

XXV

« Sur les sommets glacés du sauvage Érymanthe,
Des bords délicieux où le Lâos serpente,
Fuyant les fers sanglants d'un vainqueur inhumain,
De rochers en rochers nous gravissions en vain ;
Le féroce Delhys, que son vizir excite,
Nous suivant jusqu'aux lieux que le tonnerre habite,
Comme un troupeau de daims forcé par les chasseurs,
Fait tomber sous ses coups nos derniers défenseurs.
Déjà, du haut des monts sur nos camps descendue,
Notre dernière nuit nous dérobe à sa vue :
Nuit courte, nuit suprême, hélas! dont le matin
Doit éclairer l'horreur de notre affreux destin !
Le sommeil ne vint pas effleurer nos paupières :
Les prêtres, vers le ciel élevant nos prières,
En mots mystérieux que nous n'entendions pas
Bénissaient sous nos pieds la terre du trépas ;
Sur le granit tranchant des roches escarpées,
Les guerriers aiguisaient le fil de leurs épées,
Et, les voyant briller, les pressaient sur leur cœur,
Comme un frère mourant embrasse son vengeur.
Assises à leurs pieds, les mères, les épouses,
De ces heures de mort, hélas! encor jalouses,
D'une invincible étreinte enlaçaient leurs époux ;
Ou, posant tristement leurs fils sur leurs genoux,
Dans un amer baiser qu'interrompaient leurs larmes,
Pour la dernière fois s'enivraient de leurs charmes,
Et leur faisaient couler, avant que de périr,
Les gouttes de ce lait que la mort va tarir !...

» Mais à peine, dorant les sommets du Ménale,
L'aurore suit au ciel l'étoile matinale,
La terre retentit du cri d'ALLAH! Des pas
Dans l'ombre des vallons roulent avec fracas;
De menaçantes voix s'appellent, se répondent;
Sur nos fronts, sous nos pieds le fer luit, les feux grondent,
Et du rapide obus les livides clartés
Nous montrent nos bourreaux fondant de tous côtés.
Déjà, sous le tranchant du sanglant cimeterre,
Nos premiers rangs atteints roulent, jonchent la terre;
Par un étroit sentier de noirs rochers couvert,
Un seul passage encore à la fuite est ouvert :
Les vierges, les vieillards, à la hâte s'y glissent;
Leurs enfants dans les bras, les mères y gravissent;
Et tandis que nos fils, nos frères, nos époux,
En disputent l'entrée en périssant pour nous,
D'un sommet escarpé qui pend sur un abîme,
Pour attendre la mort, nous atteignons la cime.

XXVI

» C'était un tertre vert sur un pic suspendu :
L'Érymanthe à nos pieds, par un torrent fendu,
Découvrait tout à coup un gouffre vaste et sombre,
Dont l'œil épouvanté n'osait mesurer l'ombre;
Des rochers s'y dressaient, sur leur base tremblants;
Des troncs déracinés en hérissaient les flancs;
Des vautours tournoyants, plongeant dans les ténèbres,
En frappaient les parois de leurs ailes funèbres;
Et, dans le fond voilé du gouffre sans repos,
On entendait, sans voir, mugir, hurler des flots,

Dont les vents engouffrés, dans l'abîme qui fume,
Sur ses bords déchirés roulaient, brisaient l'écume,
Et, du noir précipice épaississant la nuit,
D'une foudre éternelle y redoublaient le bruit.
De ce sublime écueil environné d'orage,
Nos yeux plongeaient aussi sur le lieu du carnage.
Ils voyaient, sous le fer des cruels musulmans,
Tomber l'un après l'autre amis, frères, amants,
Et par leur nombre, hélas! que le glaive dévore,
Nous comptions les instants qui nous restaient encore.
Déjà, sur les débris d'un peuple tout entier,
Le féroce Ottoman s'ouvre un sanglant sentier.
Une femme, une mère, ô désespoir sublime!
« Il ne nous reste plus qu'un' vengeur... c'est l'abîme! »
Dit-elle; et, vers le bord précipitant ses pas,
Elle montre l'enfant qui sourit dans ses bras,
De sa bouche entr'ouverte arrache la mamelle,
L'élève dans ses mains, tremble, hésite, chancelle,
Et, s'animant aux cris d'un vainqueur furieux,
Le lance dans l'abîme en détournant les yeux!...
Le gouffre retentit en dévorant sa proie.
Elle sourit au bruit que l'écho lui renvoie,
Et se tournant vers nous : « Vous frémissez? pourquoi?
» Il est libre, dit-elle. Et vous, imitez-moi,
» Mères, qui, nourrissant vos fils du lait des braves,
» N'avez pas, dans vos flancs, porté de vils esclaves! »
Chaque mère, à ces mots, dans l'abîme sans fond
Jette un poids à son tour, et l'abîme répond;
Puis, formant tout à coup une funèbre danse,
Entrelaçant nos mains et tournant en cadence,
Aux accents de ce chœur qu'aux rives de l'Ysmen
Les vierges vont chanter aux fêtes de l'hymen,
Notre foule en s'ouvrant forme une ronde immense;
Et, chaque fois que l'air finit et recommence,

Celle que son destin ramène sur le bord,
Comme un anneau brisé d'une chaîne de mort,
S'en détache, et d'un saut s'élance dans l'abîme.
Le bruit sourd de son corps roulant de cime en cime,
Du gouffre insatiable ébranlant les échos,
Accompagnait le chœur qui chantait en ces mots :
Contraste déchirant, air gracieux et tendre
Qu'en des jours plus heureux nos voix faisaient entendre,
Et dont le doux refrain et l'amoureux accord
Doublaient en cet instant les horreurs de la mort !

XXVII

Semez, semez de narcisse et de rose,
Semez la couche où la beauté repose !

Pourquoi pleurer? C'est ton jour le plus beau !
Vierge aux yeux noirs, pourquoi pencher ta tête
Comme un beau lis courbé par la tempête,
Que son doux poids fait incliner sur l'eau?

Semez, semez de narcisse et de rose,
Semez la couche où la beauté repose !

C'est ton amant ! Il vient ; j'entends ses pas.
Que cet anneau soit le sceau de sa flamme !
Si ton amour est entré dans son âme,
Sans la briser il n'en sortira pas.

Semez, semez de narcisse et de rose,
Semez la couche où la beauté repose !

Entre tes mains prends ce sacré flambeau ;
Vois comme il jette une flamme embaumée !

Que d'un feu pur votre âme consumée
Parfume ainsi la route du tombeau!

Semez, semez de narcisse et de rose,
Semez la couche où la beauté repose!

Vois-tu jouer ces chevreaux couronnés,
Que sur ton seuil ont laissés tes compagnes?
Ainsi bientôt l'émail de nos campagnes
Verra bondir tes heureux nouveau-nés.

Semez, semez de narcisse et de rose,
Semez la couche où la beauté repose!

Vole au vallon, courbe un myrte en cerceau,
Pour ombrager ton enfant qui sommeille.
Le moissonneur prépare sa corbeille,
La jeune mère arrondit son berceau!

Semez, semez de narcisse et de rose,
Semez la couche où la beauté repose!

Sais-tu les airs qu'il faut pour assoupir
Le jeune enfant qui pend à la mamelle?
Entends, entends gémir la tourterelle;
D'une eau qui coule imite le soupir!

Semez, semez de narcisse et de rose,
Semez la couche où la beauté repose!

XXVIII

» Ainsi, guidant nos pas aux accents du plaisir,
Ces chants faits pour l'amour nous servaient à mourir!

Telle aux champs des combats la musique guerrière,
Ouvrant aux combattants la sanglante carrière,
Jusqu'aux bouches du bronze accompagne leurs pas,
Et mêle un air de fête aux horreurs du trépas.
Mais d'instants en instants, hélas! tournant plus vite,
Le chœur se rétrécit, le chant se précipite,
Et le bruit de nos voix, que retranche le sort,
Décroît avec le nombre et meurt avec la mort!...
A coups plus répétés déjà l'abîme gronde,
Le cœur bat, le sol fuit, nos pas pressent la ronde;
Chaque tour emportait une femme, une voix...
Et le cercle fatal tourna soixante fois!
Moi-même... Mais sans doute, en cet instant terrible,
Un ange me soutint sur son aile invisible,
Pour raconter au monde un sublime trépas
Qu'a vu ce siècle impie... et qu'il ne croira pas! »

XXIX

Elle ne parle plus, la foule écoute encore.
Un nuage d'encens s'enflamme et s'évapore,
Et sur chaque cercueil, qu'il transforme en autels,
Fume comme le sang des martyrs immortels;
Le bronze des combats retentit sur leur cendre.
Mais déjà l'étranger est trop loin pour l'entendre :
Évoquant de ces lieux le génie exilé,
Il s'élance, il franchit les hauteurs de Phylé.
Phylé, champs immortels où le vengeur d'Athène,
Brisant les trente anneaux d'une sanglante chaîne,
Sur l'autel de Minerve, à côté de Solon,
De sa fumante épée osa graver un nom,

Harold s'est arrêté sur ton roc, qui domine
Les remparts de Cécrops, les flots de Salamine,
Et d'où le ciel sans borne ouvre de tout côté
L'horizon de la gloire et de la liberté !

XXX

Le soleil, se plongeant sous les monts de l'Attique,
Prolonge sur Phylé l'ombre du Penthélique.
Appuyé sur le tronc de l'arbre de Daphné,
De chefs et de soldats Harold environné,
Comme un fils revenu des rives étrangères
Qui partage au retour ses présents à ses frères,
Leur montre de la main, sur la poussière épars,
Ces faisceaux éclatants de lances, de poignards,
Ces monceaux de boulets qui sillonnent la terre,
Ces chars retentissants qui roulent le tonnerre,
L'or qui paye le sang, le fer qui ravit l'or.
Les chefs à leurs soldats partagent ce trésor :
Le féroce Albanais, l'Épirote au front chauve,
L'Étolien couvert d'une saie au poil fauve,
Les dauphins de Parga, ces hardis matelots
Qui jamais de leur sang ne teignent que les flots,
Le laboureur armé des vallons de Phocide,
Le nomade pasteur des fiers coursiers d'Élide,
Aux sons de la trompette, aux accents du tambour,
Sous leurs drapeaux bénis défilent tour à tour,
Déroulent les faisceaux, et, parés de leurs armes,
Leur promettent du sang en les baignant de larmes.

XXXI

Leur cœur voit dans Harold un être plus qu'humain,
Qui, le soc, le trident ou l'olive à la main,
Venait, comme les dieux, entouré de mystère,
Porter un nouveau culte ou des lois à la terre.
Mais Harold, imposant silence à leurs transports :
« Je ne suis qu'un barbare, étranger sur vos bords,
Fils d'un soleil moins pur et de moins nobles pères,
Indigne, ô fils d'Hellé, de vous nommer mes frères,
Vous dont le monde entier, en comptant les aïeux,
Ne nomme que des rois, des héros, ou des dieux!
Mais partout où le temps fait luire leur mémoire,
Où le cœur d'un mortel palpite au nom de gloire,
Où la sainte pitié penche pour le malheur,
La Grèce compte un fils, et ses fils un vengeur!...
Je ne viens point ici, par de vaines images,
Dans vos seins frémissants réveiller vos courages :
Un seul cri vous restait, et vous l'avez jeté.
Votre langue n'a plus qu'un seul mot!... Liberté!
Et que dire aux enfants ou de Sparte ou d'Athènes?
Ce ciel, ces monts, ces flots, voilà vos Démosthènes!
Partout où l'œil se porte, où s'impriment les pas,
Le sol sacré raconte un triomphe, un trépas;
De Leuctre à Marathon, tout répond, tout vous crie :
« Vengeance! liberté! gloire! vertu! patrie! »
Ces voix, que les tyrans ne peuvent étouffer,
Ne vous demandent pas des discours, mais du fer!
Le voilà : prenez donc! armez-vous! Que la terre
Du sang de ses bourreaux enfin se désaltère!

Si le glaive jamais tremblait dans votre main,
Souvenez-vous d'hier, et songez à demain !
Pour confondre le lâche et raffermir les braves,
Le seul bruit de leurs fers suffit à des esclaves !
Moi, pour prix du trésor que je viens vous offrir,
Je ne demande rien, que le droit de mourir,
De verser avec vous sur les champs du carnage
Un sang bouillant de gloire et digne d'un autre âge,
Et de voir, en mourant, mon génie adopté
Par les fils de la Grèce et de la Liberté !
Oui, pourvu qu'en tombant pour votre sainte cause,
Je réponde à l'exil par une apothéose ;
Que sur les fondements d'un nouveau Parthénon
La gloire d'une larme arrose un jour mon nom,
Et que de l'Occident ma grande ombre exilée
S'élève dans vos cœurs un brillant mausolée,
C'est assez ! Le martyre est le sort le plus beau,
Quand la liberté plane au-dessus du tombeau. »

XXXII

Le canon gronde au loin dans les vallons d'Alphée,
Sur les flots de Lépante et les flancs de Ryphée :
Au signal des combats qu'il entend retentir,
Tout Hellène est soldat, tout soldat est martyr.
Harold vole à ce bruit, comme l'aigle à la foudre.
Le voyez-vous, perçant ces nuages de poudre,
Abandonner le mors à son fougueux coursier ;
Dans des sillons de feu, sous des voûtes d'acier,
S'élancer ; des héros étonner le courage,
S'enivrer de la mort et sourire au carnage ;

Tandis qu'autour de lui par la foudre emportés,
Des membres palpitants pleuvent de tous côtés?
Au sifflement du plomb, au fracas de la bombe
Qui creuse un sol fumant, rebondit et retombe,
Il s'arrête... il écoute... il semble avec transport
Exposer comme un but sa poitrine à la mort,
Et, l'œil en feu, semblable à l'ange de la guerre,
Jouer avec le glaive et braver le tonnerre.

XXXIII

Oui, le dieu des mortels est le dieu des combats!
Le carnage est divin, la mort a des appas!
Et Celui qui, des mers élevant les nuages,
Déchaîna l'aquilon pour rouler les orages,
Et fit sortir du choc de la foudre en fureur
Ces bruits majestueux qui charment la terreur,
Par un secret dessein de sa vaste sagesse
A caché pour le brave une sanglante ivresse,
Un goût voluptueux, un attrait renaissant,
Dans ce jeu redoutable où le prix est du sang,
Où le sort tient les dés, où la mort incertaine
Plane comme un vautour sur une proie humaine,
Et, de la gloire enfin découvrant le flambeau,
Proclame... Quoi?... Le nom de ce vaste tombeau!

XXXIV

Qu'un autre aux tons d'Homère ose monter sa lyre,
Chante d'un peuple entier le généreux martyre,
Martyre triomphant, qui d'un sang glorieux
Délivre la patrie et rachète les cieux !
Un jour, quand du lointain les sublimes nuages
Couvriront ces exploits du mystère des âges,
Les noms d'Odysséus, de Marc, de Kanaris,
Auprès du nom des dieux sur les autels inscrits,
Régneront : maintenant il suffit qu'on les nomme.
Pour son siècle incrédule un héros n'est qu'un homme !
Mais la croix triomphante a vu fuir le croissant ;
La Grèce s'est lavée avec son propre sang,
Et les fiers Osmanlis, les Delhys et les Slaves,
Vils esclaves dressés à chasser aux esclaves,
Vont, au lieu de trophée, en dignes fils d'Othman,
Porter leur propre tête aux portes du sultan.

XXXV

Le Panthéon s'éveille aux accents des prophètes :
Mais Harold triomphant se dérobe à ses fêtes,
Et, laissant retomber le glaive de sa main,
De ses déserts chéris il reprend le chemin.

Il est des cœurs fermés aux bruits légers du monde,
Où le bonheur n'a plus d'écho qui lui réponde,
Mais où la pitié seule élève encor sa voix,
Comme une eau murmurante au fond caché des bois.
Êtres mystérieux, inconnus, solitaires,
Fuyant l'éclat, la foule et les routes vulgaires,
Le courant de la vie est trop lent à leur gré :
Seule, il faut que leur âme ait un lit séparé,
Où, roulant à grands flots et de cimes en cimes,
Tantôt sur les sommets, tantôt dans les abîmes,
Elle gronde, elle écume, elle emporte ses bords ;
Ou, calmant tout à coup ses orageux transports,
Sans désir, sans penchant, comme oubliant sa pente,
Dans un repos rêveur elle dorme et serpente,
Et réfléchisse en paix, dans son flottant miroir,
La nature, et le ciel, et le calme du soir :
Cœurs pétris de contraste, étrangers où nous sommes,
Hommes, mais tour à tour plus ou moins que des hommes.
Tel est Harold. Cherchons le désert qu'il a fui :
Le repos dans la foule est un enfer pour lui.

Sur les flancs ombragés du sublime Aracynthe,
Lieux où la mer, formant une orageuse enceinte,
Vit, au jour d'Actium, le sceptre des humains
Comme un glaive brisé rouler de mains en mains ;
Près d'un vallon couvert d'ifs à la feuille obscure,
Où dans son large lit l'Achéloüs murmure,
Et, dans le sein des mers prêt à perdre ses flots,
Répand dans les forêts de funèbres sanglots ;
Sous les troncs ténébreux des cyprès, des platanes,
Qui cachent comme un voile, au regard des profanes,
Sur la terre d'Islam, un temple du vrai Dieu,
Harold s'arrête, et frappe aux portes d'un saint lieu,

Où la plaintive voix d'un pieux solitaire
Réveillait seule, hélas! l'écho du monastère.
Seul et dernier gardien de ces divins autels,
Le vieillard n'avait plus de nom chez les mortels.
Cyrille était son nom parmi les saints; son âge
N'avait point vers la terre incliné son visage;
La prière, en fixant son âme sur les cieux,
Vers la voûte céleste avait tourné ses yeux;
Et son front, couronné de ses boucles fanées,
Portait légèrement le fardeau des années;
Ses lèvres respiraient les grâces de son cœur;
Il tenait dans ses mains ce sceptre du pasteur,
Ce bâton pastoral que ses mains paternelles
Étendaient autrefois sur des brebis fidèles :
Mais la houlette, hélas! veuve de son troupeau,
Ne servait qu'à guider le pasteur au tombeau.
Sa barbe à blancs flocons roulait sur sa poitrine.
Harold, en le voyant, se recueille et s'incline,
Et, frappé de silence à cet auguste aspect,
Aborde le vieillard avec un saint respect.
Il croit sentir, il sent, tandis qu'il le contemple,
Ce qu'éprouve un impie en entrant dans un temple.
Ces autels, dont les fronts ont creusé les parois;
Ces murs, que la prière a percés tant de fois;
L'ombre enfin du Très-Haut, sur ces lieux répandue,
Tout étonne, attendrit son âme confondue :
Il se trouble, et bientôt, ralentissant ses pas,
Semble adorer le Dieu!... le Dieu qu'il ne croit pas!
Le vieillard, de ses pieds essuyant la poussière,
Ouvre au fier pèlerin sa porte hospitalière,
Et lui montre du doigt, sur la muraille écrit :
« Béni soit l'étranger qui vient au nom du Christ! »

XXXVI

Ces murs abandonnés pour Harold ont des charmes :
Dans la salle sonore il dépose ses armes ;
Ses pages sont assis à l'ombre au pied des tours ;
Ses fiers coursiers, paissant l'herbe des vastes cours,
Errent en liberté sur les funèbres pierres
Qui des sacrés martyrs indiquent les poussières ;
Et, les frappant du pied, de longs hennissements
Font résonner l'écho de ces vieux monuments.
Mais Harold n'entend plus leur voix qui le rappelle :
De caveaux en caveaux, de chapelle en chapelle,
Égarant nuit et jour ses pas silencieux,
Il murmure, il soupire, il lève au ciel ses yeux ;
Et son âme, oubliant des scènes effacées,
Reprend à son insu le cours de ses pensées.
Mais à quoi pense-t-il ?... Il est de courts instants
Où notre âme, échappant à la matière, au temps,
Comme l'aigle qui plane au-dessus des nuages,
Se perd dans un chaos de sentiments, d'images,
Fantômes de l'esprit, pressentiments confus
Que nul mot ne peut peindre et qu'aucun œil n'a vus ;
Ténébreux océan où, d'abîme en abîme,
L'esprit roule, englouti dans une nuit sublime,
Et du ciel à la terre, et de la terre aux cieux,
Jusqu'à ce qu'un éclair, éblouissant nos yeux,
Comme le dernier coup de foudre après l'orage,
Vienne d'un trait de feu déchirer ce nuage,
Et, répandant sur l'âme une affreuse clarté,
La replonge soudain dans son obscurité.

Ainsi roulait d'Harold l'orageuse pensée,
Et, semblable à la flèche avec force lancée
Qui revient briser l'arc d'où le trait est parti,
Revenait déchirer son sein anéanti.
Oui, la pensée humaine est une double épée,
Une arme à deux tranchants, au feu du ciel trempée,
Don propice ou fatal que nous ont fait les dieux,
Pour nous frapper nous-même, ou conquérir les cieux!

XXXVII

Qu'un bizarre destin préside à notre vie!
La gloire lui refuse un trépas qu'il envie;
Et ses jours dans l'oubli, de moments en moments,
S'éteignent comme un feu qui manque d'aliments.
Voyez pâlir son front! voyez sa main tremblante,
Pour affermir en vain sa marche chancelante,
Chercher à chaque pas un repos, un appui!
On dirait que le sol se dérobe sous lui,
Que la nuit l'environne, ou qu'il voit, comme Oreste,
Deux soleils s'agiter dans la voûte céleste.

Comme un génie enfant qui veille sur ses jours,
Adda, sa chère Adda l'accompagne toujours.
C'est elle dont la voix, plus douce à son oreille,
De sombres visions quelquefois le réveille:
Ses yeux avec douceur semblent la contempler;
Du doux nom de sa fille il aime à l'appeler;
Sa fille aura bientôt ces grâces et cet âge...
Ce n'est pas elle, hélas! au moins c'est son image!

Et son cœur, un moment par le bonheur trompé,
Oublie à son aspect le coup qui l'a frappé !...

A peine dix saisons, brillant sur son visage,
De printemps en printemps ont amené son âge
A ce terme incertain de la vie, où le cœur,
Comme un fruit sur sa tige où tient encor la fleur,
Au jour de la raison par degrés semble éclore,
Et par son ignorance au berceau touche encore.
Age pur, âge heureux des anges dans le ciel,
Qui formes pour leur âme un printemps éternel,
Tu ne brilles qu'un jour pour les fils de la terre,
Alors que l'Amour même, avec un œil de frère,
Peut fixer sans rougir son regard enchanté
Sur le front virginal de la jeune beauté,
Et demander sans crainte, aux lèvres de l'enfance,
Un sourire, un baiser, purs comme l'innocence !

Ses blonds cheveux, livrés aux vents capricieux,
Couvrent à chaque instant son visage et ses yeux;
Mais sa main enfantine à chaque instant les chasse,
Et, sur son col charmant les ramène avec grâce,
Sur lui de ses beaux yeux laisse planer l'azur.
Tels deux astres jumeaux veillent dans un ciel pur.

XXXVIII

Minuit couvre les murs du sombre monastère :
Adda repose en paix dans sa tour solitaire.

Harold seul, du sommeil oubliant les pavots,
Ne peut plus assoupir son âme sans repos,
Et, frappant les parvis de son pas monotone,
S'égare; et, se guidant de colonne en colonne,
Aux mourantes clartés de la lampe des morts,
Dans le temple désert se traîne avec efforts.

De l'astre de la nuit un rayon solitaire,
A travers les vitraux du sombre sanctuaire,
Glissait comme l'espoir à travers le malheur,
Ou dans la nuit de l'âme un regard du Seigneur.
A sa lueur pieuse, Harold ému contemple
Les noms des morts brisés sur les pavés du temple;
Des martyrs et des saints les bustes insultés,
D'une trace récente encore ensanglantés;
Et l'autel, dépouillé d'une pompe inutile,
A peine relevé par les mains de Cyrille,
Mais, dans sa solitude et dans sa nudité,
Couvert de ces terreurs, de cette majesté
Qu'en dépit de la foi, du doute, ou du blasphème,
Le seul nom du Très-Haut imprime au marbre même.

Harold, ralentissant ses pas silencieux,
S'assied sur un tombeau. « Quelle paix en ces lieux !
Dit-il; et que ces morts dont je foule la pierre
Dorment profondément dans leur lit de poussière !
L'espace qu'en ces lieux je couvre de mon pié
A suffi pour ces saints : c'est là qu'ils ont prié,
C'est là qu'ils ont trouvé ce sommeil que j'envie !
Naître, prier, mourir, ce fut toute leur vie.
L'univers fut pour eux l'ombre de cet autel ;
Et, des songes divers qui bercent un mortel,

Science, ambition, gloire, amour, vertu, crime,
Ils n'en ont eu qu'un seul... mais il était sublime!
Quoi! ce songe immortel, en est-il un? Ce Dieu
Qu'ils priaient à toute heure et voyaient en tout lieu,
Et dont jusqu'au tombeau leur âme possédée
Fit son seul aliment, n'est-ce rien qu'une idée?
Une idée éternelle... un espoir, un appui
Que l'homme apporte au monde et remporte avec lui;
Qui suffit à l'emploi de cette âme infinie;
Qui, voilée un instant, jamais évanouie,
Plane de siècle en siècle, et règne ici, partout...
N'est-ce rien? Oserai-je...? Ah! peut-être est-ce tout!...
Peut-être que, seul but de tout ce qui respire,
Tout ce qui n'est pas lui n'est rien, n'est qu'un délire!
De hochets ici-bas nous changeons tour à tour:
L'amour n'a qu'une fleur, le plaisir n'a qu'un jour;
La coupe du savoir sous nos lèvres s'épuise;
L'ambitieux conquiert un sceptre, et puis le brise;
La gloire est un flambeau sur un cercueil jeté,
Et qui brûle toujours la main qui l'a porté.
Mais celui qui, brûlant pour la beauté suprême,
De ses désirs sacrés se consume lui-même,
Ne sent jamais tarir ses songes dans son sein;
Ce qu'il rêvait hier, il le rêve demain;
Et l'espoir qu'il emporte au moment qu'il succombe,
Comme le fer du brave, est scellé dans sa tombe!...

» Vains mortels! qui de nous ou de lui s'est lassé?
Lequel fut, répondez, le sage ou l'insensé?
Hélas! la mort le sait, le tombeau peut le dire,
Mais, erreur pour erreur, délire pour délire,
Le plus long à mes yeux, et le plus regretté,
C'est ce rêve doré de l'immortalité!

XXXIX

» J'ai toujours dans mon sein roulé cette pensée ;
J'ai toujours cherché Dieu! mais mon âme lassée
N'a jamais pu donner de forme à ses désirs,
Et ne l'a proclamé que par ses seuls soupirs.
Dans les dieux d'ici-bas ne voyant qu'un emblème,
J'ai voulu, vain orgueil! m'en créer un moi-même.
Ah! j'aurais dû peut-être, humblement prosterné,
Le recevoir d'en haut, tel qu'il nous fut donné,
Et, courbant sous sa foi ma raison qui l'ignore,
L'adorer dans la langue où l'univers l'adore!...

» Toi dont le nom sublime a changé tant de fois,
Dieu, Jéhovah, Sauveur, Destin, qui que tu sois!
Toi qu'on ne vit jamais qu'à travers un mystère,
Énigme dont le mot ferait trembler la terre,
Écoute! S'il est vrai qu'interrompant ses lois
La nature jadis entendit notre voix ;
Que, cédant au pouvoir d'un nom que tout redoute,
Les astres enchantés suspendirent leur route,
Et qu'au charme vainqueur de mots mystérieux,
La lune en chancelant se détacha des cieux !
Dût ce ciel m'écraser, dût, à ce mot suprême,
La terre en s'entr'ouvrant m'anéantir moi-même ;
Par le seul charme vrai, puissant, universel,
Un désir dévorant dans le sein d'un mortel,
Je t'évoque! Réponds, fût-ce aux coups de la foudre,
Et qu'un mot vienne enfin me confondre ou m'absoudre!

» Et vous dont le tombeau retentit sous mes pas,
Mânes ensevelis dans un sanglant trépas,
Dans l'éternel bonheur si la pitié vous reste,
Au nom, au nom du Dieu que le martyre atteste,
Éveillez-vous! parlez! .. Du fond du monument,
Que j'entende un seul mot, un soupir seulement!
Un soupir suffirait pour éclaircir mon doute!... »
Et, collant son oreille à la funèbre voûte,
Il semblait écouter un murmure lointain :
Et quand le saint vieillard, au retour du matin,
Vint rallumer la lampe éteinte avec l'aurore,
Le front dans la poussière il écoutait encore!

XL

Mais son regard en vain se soulève au soleil;
Le jour vient sans chaleur, la nuit vient sans sommeil,
Son front tombe accablé sous le poids des journées,
Et chaque heure en fuyant emporte des années.
Il ne sent point son mal; mais son mal, c'est la mort.
Voyez-vous dans son lit s'écouler à plein bord
Ce fleuve du désert, ce Nil sacré, dont l'onde
D'un bruit majestueux bat sa rive féconde?
Comme l'éternité son flot renaît toujours;
Nul obstacle nouveau ne s'oppose à son cours;
De la mer qui l'attend son urne est loin encore...
Cependant tout à coup le sable le dévore,
Et, dans son propre lit soudain évanoui,
L'œil en vain le demande; il n'est plus, il a fui!
Ainsi les jours d'Harold fuyaient, et de sa vie
Dans son sein jeune encor la source s'est tarie;

Mais il rêve toujours les mers, les cieux, les bois.
« Adda, soutiens mes pas pour la dernière fois!
Avant que ce beau jour cède à la nuit obscure,
Laisse-moi dans sa gloire adorer la nature! »

XLI

L'astre du jour, qui touche à la cime des monts,
Semble du haut des cieux retirer ses rayons,
Comme un pêcheur, le soir, assis sur sa nacelle,
Retire ses filets, d'où l'eau brille et ruisselle.
Le ciel moins éclatant laisse l'œil, en son cours,
De l'horizon limpide embrasser les contours,
Et, d'un vol plus léger, faisant glisser les ombres
De ses reflets fondus dans des teintes plus sombres,
Comme un prisme agitant ses diverses couleurs,
Varie, en s'éteignant, ses mourantes lueurs.
Par un accord secret s'éteignant à mesure
Les flots, les vents, les sons, les voix de la nature,
Sous les ailes du soir tout paraît s'assoupir;
Le ciel n'a qu'un rayon... le jour n'a qu'un soupir!...

Harold, assis au pied de l'arbre au noir feuillage,
Contemple tour à tour les flots, les cieux, la plage,
Et, recueillant le bruit des bois et de la mer,
Semble s'entretenir avec l'Esprit de l'air;
Tandis qu'à ses côtés, folâtrant sur la rive,
Adda, tournant vers lui sa paupière attentive,
Brise les fleurs des champs écloses sous sa main,
En sème ses cheveux, en parfume son sein;

Et, nouant en bouquets leur tige qu'elle cueille,
Sur les genoux d'Harold en jouant les effeuille.

Du Pinde et de l'OEta les sommets escarpés,
Des derniers traits du jour à cette heure frappés,
Élevaient derrière eux leurs vastes pyramides,
D'où le soleil, brillant sur des neiges limpides,
Faisait jaillir au loin ses reflets colorés,
Et, creusant en sillons des nuages dorés,
Comme un navire en feu voguant dans les orages,
Semblait près d'échouer sur ces sublimes plages.
S'abaissant par degrés de coteaux en coteaux,
Les racines des monts se perdaient sous les eaux :
Là, comme un second ciel la mer semblait s'étendre,
Et reposait les yeux dans un azur plus tendre ;
L'Aracynthe y jetait son ombre loin du bord,
Et, se perdant au loin dans son golfe qui dort,
Ses neiges, ses forêts, et ses côtes profondes,
Flottaient au gré du vent dans le miroir des ondes,
La mer des alcyons, si douce aux matelots,
En sillons écumeux ne roulait point ses flots ;
Une brise embaumée en ridait la surface ;
La vague, sous la vague expirant avec grâce,
N'élevait sur ses bords ni murmure ni voix :
Seulement, sur son sein bondissant quelquefois,
Un flot, qui retombait en brillante poussière,
Semait sur l'Océan un flocon de lumière.
Fuyant avec le jour sur les déserts de l'eau,
Le vent arrondissait le dôme d'un vaisseau,
Ou faisait frissonner, sous le mât qu'il incline,
Le triangle flottant d'une voile latine
Que le soleil dorait de son dernier rayon,
Comme un léger nuage au bord de l'horizon.

Aucun bruit sous le ciel, que la flûte des pâtres,
Ou le vol cadencé des colombes bleuâtres,
Dont les essaims, rasant le flot sans le toucher,
Revenaient tapisser les mousses du rocher,
Et mêler aux accords des vagues sur les rives
Le doux gémissement de leurs couples plaintives.
Enfin, dans les aspects, les bruits, les éléments,
Tout était harmonie, accord, enchantements;
Et l'âme et le regard, errant à l'aventure,
S'élevaient par degrés au ton de la nature,
Comme, aux tons successifs d'un concert enchanteur,
Une musique élève et fait vibrer le cœur.

XLII

« Triomphe, disait-il, immortelle Nature,
Tandis que devant toi ta frêle créature,
Élevant ses regards de ta beauté ravis,
Va passer et mourir! Triomphe! tu survis!
Qu'importe? Dans ton sein, que tant de vie inonde,
L'être succède à l'être, et la mort est féconde!
Le temps s'épuise en vain à te compter des jours;
Le siècle meurt et meurt, et tu renais toujours!
Un astre dans le ciel s'éteint; tu le rallumes!
Un volcan dans ton sein frémit; tu le consumes!
L'Océan de ses flots t'inonde; tu les bois!
Un peuple entier périt dans les luttes des rois;
La terre, de leurs os engraissant ses entrailles,
Sème l'or des moissons sur le champ des batailles;
Le brin d'herbe foulé se flétrit sous mes pas,
Le gland meurt, l'homme tombe, et tu ne les vois pas!

Plus riante et plus jeune au moment qu'il expire,
Hélas! comme à présent tu sembles lui sourire,
Et, t'épanouissant dans toute ta beauté,
Opposer à sa mort ton immortalité!

» Quoi donc! n'aimes-tu pas au moins celui qui t'aime?
N'as-tu pas de pitié pour notre heure suprême?
Ne peux-tu, dans l'instant de nos derniers adieux,
D'un nuage de deuil te voiler à mes yeux?
Mes yeux moins tristement verraient ma dernière heure,
Si je pensais qu'en toi quelque chose me pleure;
Que demain la clarté du céleste rayon
Viendra d'un jour plus pâle éclairer mon gazon;
Et que les flots, les vents, et la feuille qui tombe,
Diront : « Il n'est plus là; taisons-nous sur sa tombe. »
Mais non : tu brilleras demain comme aujourd'hui!
Ah! si tu peux pleurer, Nature, c'est pour lui!
Jamais être, formé de poussière et de flamme,
A tes purs éléments ne mêla mieux son âme;
Jamais esprit mortel ne comprit mieux ta voix,
Soit qu'allant respirer la sainte horreur des bois,
Mon pas mélancolique, ébranlant leurs ténèbres,
Troublât seul les échos de leurs dômes funèbres;
Soit qu'au sommet des monts, écueils brillants de l'air,
J'entendisse rouler la foudre, et que l'éclair,
S'échappant coup sur coup dans le choc des nuages,
Brillât d'un feu sanglant comme l'œil des orages;
Soit que, livrant ma voile aux haleines des vents,
Sillonnant de la mer les abîmes mouvants,
J'aimasse à contempler une vague écumante
Crouler sur mon esquif en ruine fumante,
Et m'emporter au loin sur son dos triomphant,
Comme un lion qui joue avec un faible enfant.

Plus je fus malheureux, plus tu me fus sacrée !
Plus l'homme s'éloigna de mon âme ulcérée,
Plus dans la solitude, asile du malheur,
Ta voix consolatrice enchanta ma douleur.
Et maintenant encore... à cette heure dernière...
Tout ce que je regrette en fermant ma paupière,
C'est le rayon brillant du soleil du midi
Qui se réfléchira sur mon marbre attiédi !

XLIII

» Oui, seul, déshérité des biens que l'âme espère,
Tu me ferais encore un Éden de la terre,
Et je pourrais, heureux de ta seule beauté,
Me créer dans ton sein ma propre éternité,
Pourvu que, dans les yeux d'un autre être, mon âme
Réfléchît seulement son extase et sa flamme
Comme toi-même ici tu réfléchis ton Dieu,
Je pourrais... Mais j'expire... Arrête... encore adieu !
Adieu, soleils flottants dans l'azur de l'espace !
Jours rayonnants de feux, nuits touchantes de grâce !
Du soir et du matin ondoyantes lueurs !
Forêts où de l'aurore étincellent les pleurs !
Sommets étincelants où la nuit s'évapore !
Nuages expirants, qu'un dernier rayon dore !
Arbres qui balancez d'harmonieux rameaux !
Bruits enchantés des airs, soupirs, plaintes des eaux !
Ondes de l'Océan, sans repos, sans rivages,
Vomissant, dévorant l'écume de vos plages !
Voiles, grâces des eaux qui fuyez sur la mer !
Tempête où le jour brille et meurt avec l'éclair !

Vagues qui, vous gonflant comme un sein qui respire,
Embrassez mollement le sable ou le navire !
Harmonieux concerts de tous les éléments !
Bruit, silence, repos, parfums, ravissements !
Nature enfin, adieu !... Ma voix en vain t'implore,
Et tu t'évanouis au regard qui t'adore.
Mais la mort de plus près va réunir à toi
Et ce corps, et ces sens, et ce qui pense en moi ;
Et, les rendant aux flots, à l'air, à la lumière,
Avec tes éléments confondre ma poussière.
Oui, si l'âme survit à ce corps épuisé,
Comme un parfum plus vif quand le vase est brisé,
Elle ira... »

XLIV

Mais l'airain, comme une voix qui pleure,
Des heures d'un mourant frappe la dernière heure...
De sa couche funèbre Harold entend, hélas !
Résonner dans la nuit cet appel du trépas ;
Et, rappelant de loin son âme évanouie,
Compte les tintements de sa lente agonie.
D'un côté de son lit, debout, le saint vieillard
Élève vers le ciel son sublime regard,
Et, tenant dans ses mains une torche de hêtre,
Ressemble au temps qui voit l'éternité paraître :
De l'autre, entre ses doigts pressant sa froide main,
Adda, sous ses baisers la réchauffant en vain,
S'abandonne en enfant à ses seules alarmes ;
Ses cheveux sur son sein ruissellent de ses larmes,

Et, penchant son beau front profané par le deuil,
Ressemble en sa douleur à l'ange du cercueil;
Qui, noyant dans ses pleurs sa torche évanouie,
Regarde palpiter la flamme de la vie.
Ainsi mourait Harold, et son œil abattu
Ne voyait en s'ouvrant qu'innocence et vertu,
Sur ce seuil où son âme, au terme de sa route,
N'allait porter, hélas! que remords et que doute.

Mais déjà son regard ne voit plus ici-bas
Que ces songes sanglants précurseurs du trépas;
Il écoute : il entend des bruits, des cris de guerre;
Il croit compter les coups de son lointain tonnerre.
Le canon gronde... Allons, mes armes! mon coursier!
Que ma main fasse encore étinceler l'acier!
Que mon dernier soupir rachète des esclaves!
Que mon sang fume au moins sur la terre des braves! »
Il dit; et, succombant à ce dernier effort,
Se soulève un moment, puis retombe, et s'endort.
Mais, dans le long délire où ce sommeil le plonge,
Harold rêvait encor; sublime et dernier songe!
Jamais rêve, glaçant l'esprit épouvanté,
Ne toucha de plus près l'horrible vérité!...

XLV

Délivré de ces maux dont la mort nous délivre,
Harold à son trépas s'étonnait de survivre,
Et, de son corps flétri traînant les vils lambeaux,
S'avançait au hasard dans l'ombre des tombeaux.

Nul astre n'éclairait l'horizon solitaire ;
Ce n'était plus le ciel, ce n'était plus la terre :
C'était autour de lui comme un second chaos ;
Ses deux bras étendus ne touchaient que des os,
Qui, cherchant comme lui leurs pas dans les ténèbres,
Remplissaient l'air glacé de cliquetis funèbres.
Pareils au flot pressé par le flot qui le suit,
Je ne sais quel instinct les poussait dans la nuit :
Ils allaient, ils allaient, comme va la poussière
Que le vent du désert balaye en sa carrière,
Vers ces champs désolés où Josaphat en deuil
Verra le genre humain s'éveiller du cercueil.
Ces générations, dont la tombe est peuplée,
Se pressaient pour entrer dans l'obscure vallée.
L'ange exterminateur, une épée à la main,
A leur foule muette en fermait le chemin.
A peine Harold paraît, la barrière se lève ;
L'ange aux regards de feu le pousse de son glaive ;
Et, seul, nu, palpitant, dans ce terrible lieu,
Pour subir son épreuve, il entre devant Dieu ;
Mais le Christ, plus brillant que l'éternelle aurore,
Sa balance à la main, n'y jugeait point encore.

XLVI

« Harold, dit une voix, voici l'affreux moment !
Tu vas te prononcer ton propre jugement.
Pendant que tu vivais, dans une nuit obscure,
Abusant de ces jours que le ciel vous mesure,
Tu perdis à douter ce temps fait pour agir.
Bientôt le jour sans fin à tes yeux va surgir !

Mais du Dieu qui t'aimait l'ineffable clémence
T'accorde une autre épreuve. Écoute, et recommence !
Mais tremble ! car tu vas tirer ton dernier sort.
Au lieu le plus obscur où, sur ces champs de mort,
La nuit semble épaissir ses ombres taciturnes,
L'ange du jugement vient de placer deux urnes
Dont l'uniforme aspect trompe l'œil et la main :
L'une d'elles pourtant renferme dans son sein
L'incorruptible fruit de cet arbre de vie
Qu'aux premiers jours du monde une fatale envie
Fit cueillir avant l'heure à l'homme criminel,
Fruit qui donna la mort, et peut rendre éternel ;
L'autre cache aux regards, dans son ombre profonde,
Celui qui tenta l'homme et qui perdit le monde.
Ce symbole du mal, ce ténébreux serpent
Y roule les replis de son orbe rampant,
Et, noircissant ses bords du venin qui le ronge,
Lance un dard éternel à la main qui s'y plonge...
Avant de te juger, Jéhovah, par ma voix,
T'ordonne de tenter ce redoutable choix ;
Mais il te donne encor, pour guider ta paupière,
Des trois flambeaux divins la céleste lumière.
Marche avec ta raison, ton génie et ta foi ;
Et si tu les éteins, malheur, malheur à toi !
Ta main, plongeant à faux dans l'urne mal choisie,
Puiserait au hasard ou la mort, ou la vie !... »

XLVII

Silence ! Tout se tait. Harold, glacé d'effroi,
Du ciel à ses côtés voit descendre la Foi ;

Elle met dans ses mains ce feu pur, dont la flamme,
Dans la nuit du destin, éclaire et guide l'âme :
Mais ce jour éblouit son œil épouvanté.
Harold, aux premiers pas, trébuche à sa clarté ;
Et, rendant à la nuit sa débile paupière,
Le céleste flambeau s'éteint dans la poussière.
Harold emprunte alors celui de la Raison ;
Son faible éclat colore un moins large horizon :
Il suffit cependant à ses pas qu'il assure.
Ses pieds, mieux affermis, marchent avec mesure ;
Mais des oiseaux de nuit le vol pesant et bas
Fait vaciller ses feux mourant à chaque pas ;
De l'ombre de sa main en vain il les protége :
Leur foule ténébreuse incessamment l'assiége ;
Il pâlit, et le vent des ailes d'un oiseau
Éteint son autre espoir et son second flambeau.

XLVIII

Il en reste un dernier !... La clémence infinie
Laisse briller encor celui de son génie ;
Flambeau qui trop souvent brilla sans l'éclairer.
Harold, en le portant, tremble de respirer ;
Et, cachant dans son sein son expirante flamme,
La veille avec effroi, comme on veille son âme.
Cependant, près du but, son œil épouvanté
Voit baisser par degrés sa douteuse clarté ;
Sur les urnes du sort elle blanchit à peine ;
Il veut la ranimer avec sa propre haleine :
Il souffle... elle s'éteint. « Malheureux, dit la voix,
Tu reçus trois flambeaux pour éclairer ton choix ;

Tous trois se sont éteints au terme de ta route :
L'urne éclaircira seule un si terrible doute !
Dans son sein, que la nuit dérobe à ton regard,
Tente un choix éternel, et choisis au hasard !... »
Une sueur de sang, plus froide que la tombe,
Du front pâli d'Harold à larges gouttes tombe :
Il recule, il hésite, il voit, il touche en vain :
Trois fois d'une urne à l'autre il promène sa main ;
Trois fois, doutant d'un choix que le hasard inspire,
De leurs bords incertains, tremblante, il la retire.
Enfin, bravant du sort l'arrêt mystérieux,
Il plonge jusqu'au fond, en détournant les yeux.
Déjà ses doigts, crispés par l'horreur qui les glace
S'entr'ouvrent pour sonder le ténébreux espace,
Quand, des plis du serpent soudain enveloppé,
Il tombe... Un cri s'échappe : « Harold, tu t'es trompé ! »
Et l'écho de ce cri, que Josaphat prolonge,
L'éveillant en sursaut, chasse son dernier songe...
Il frémit ; il soulève un triste et long regard ;
Un mot fuit sur sa lèvre... Hélas ! il est trop tard !

XLIX

Il n'est plus !... il n'est plus, l'enfant de mon délire !
Il n'est plus qu'un vain son qui frémit sur ma lyre !
L'immortel pèlerin est au terme : il s'endort !
Voyez comme son front repose dans la mort !
Comme sa main ouverte, à ses côtés collée,
S'étend pour occuper le lit du mausolée !
La mort couvre ses yeux, et leur globe éclipsé,
Comme un cristal terni par un souffle glacé,

Se voilant à demi sous sa noire paupière,
Semble, en la recevant, éteindre la lumière.

Est-ce là ce foyer de sentiments divers,
D'où l'âme et le regard jaillissaient en éclairs?
Dans son orbite éteint, ce regard terne et sombre
De ces cils abaissés ne peut plus percer l'ombre ;
Et ce sein où battait tant de vie et d'amour,
Où chaque passion frémissait tour à tour,
Ce sein, dont un désir eût soulevé la tombe,
Sans mouvement, sans voix, sans haleine retombe,
Et ne peut soulever ce long voile de deuil,
Ce funèbre tissu, vêtement du cercueil !

Mais son âme, où fuit-elle au moment qu'il expire?
Son âme? Ah ! viens alors, viens, ange du martyre,
Toi dont la main efface, aux yeux du Tout-Puissant,
Les péchés d'un mortel avec son propre sang ;
Toi qui, dans la balance où Dieu pèse la vie,
Mets la mort d'un héros près des jours d'un impie !
Viens, les yeux rayonnant d'un espoir incertain,
Porter l'âme d'Harold au Juge souverain ;
Et, révoquant l'arrêt, sur le livre de grâce
Écrire avec ta palme un pardon qui l'efface !

Et vous qui jusqu'ici, de climats en climats,
Enchaînés à sa voix, avez suivi ses pas ;
Si ses chants quelquefois ont élevé votre âme,
Donnez-lui... donnez-lui... ce qu'une ombre réclame,
Une larme !... C'est là ce funèbre denier,
Ce tribut qu'à la mort tout mortel doit payer !

Et quand vous passerez près du dernier asile
Où la croix des tombeaux jette une ombre immobile,
En murmurant des morts la pieuse oraison,
N'oubliez pas au moins de prononcer son nom !
Si Dieu compte là-haut les regrets de la terre...
Mais taisons-nous : la tombe est le sceau du mystère !

NOTES

NOTE PREMIÈRE

(Page 89)

Ces temps sont arrivés : aux rivages d'Argos,
N'entends-tu pas ce cri qui monte sur les flots?
C'est ton nom : il franchit les écueils des Dactyles;
Il éveille en sursaut l'écho des Thermopyles.

L'insurrection de la Grèce est un des plus beaux spectacles qu'il ait été donné à l'homme de contempler. Tous les prodiges de l'héroïsme antique, tous les dévouements des plus sublimes martyres, se renouvellent tous les jours sous les yeux de l'Europe. Les vers de cette note font allusion au nouveau combat des Thermopyles, si admirablement décrit par M. Pouqueville dans son *Histoire de la régénération de la Grèce*, tome III, page 182.

NOTE DEUXIÈME

(Page 91)

Albano l'entendit, en découvrant l'abîme,
Saluer l'Océan d'un adieu si sublime.

Nous faisons allusion ici à ces dernières strophes du IVe chant de *Child-Harold*, un des plus magnifiques morceaux de poésie que les temps modernes aient produits.

Les voici :

CLXXIX

Déroule tes vagues d'azur, majestueux Océan ! Mille flottes parcourent vainement tes routes immenses; l'homme, qui couvre la terre de ruines, voit son pouvoir s'arrêter sur tes bords : tu es le seul auteur de tous les ravages dont l'humide élément est le théâtre. Il n'y reste aucun vestige de ceux de l'homme; son ombre se dessine à peine sur sa surface, lorsqu'il s'enfonce, comme une goutte d'eau! dans tes profonds abîmes, privé de tombeau, de linceul, et ignoré,

CLXXX

Ses pas ne sont point imprimés sur tes domaines, qui ne sont pas une dépouille pour lui... Tu te soulèves, et le repousses loin de toi!

Le lâche pouvoir qu'il exerce pour la destruction de la terre n'excite que tes dédains; tu le fais voler avec ton écume jusqu'aux nuages, et tu le rejettes, en te jouant, aux lieux où il a placé toutes ses espérances : son cadavre gît sur la plage, près du port qu'il voulait aborder.

CLXXXI

Que sont ces armements redoutables qui vont foudroyer les villes de tes rivages, épouvanter les nations, et faire trembler les monarques dans leurs capitales? Que sont ces citadelles mouvantes, semblables à d'énormes baleines, et dont les mortels qui les construisent sont si fiers, qu'ils osent se parer des vains titres de *seigneurs de l'Océan* et *d'arbitres de la guerre?* Que sont-elles pour toi? un simple jouet. Nous les voyons, comme ta blanche écume, se fondre dans les ondes amères, qui anéantissent également l'orgueilleuse Armada ou les débris de Trafalgar.

CLXXXII

Tes rivages sont des empires qui changent sans cesse, et tu restes toujours le même! Que sont devenues l'Assyrie, la Grèce, Rome et Carthage? Tes flots battaient leurs frontières au jour de la liberté; et plus tard, sous le règne des tyrans, leurs peuples, esclaves ou barbares, obéissent à des lois étrangères. La destinée fatale a converti des royaumes en déserts... Mais rien ne change en toi, que le caprice de tes vagues; le temps ne grave aucune ride sur ton front d'azur : tel tu vis l'aurore de la création, tel tu es encore aujourd'hui!

CLXXXIII

Glorieux miroir où le Tout-Puissant aime à se contempler au milieu des tempêtes; calme ou agité, soulevé par la brise, par le zéphyr ou l'aquilon, glacé vers le pôle, bouillant sous la zone torride, tu es toujours sublime et sans limites; tu es l'image de l'éternité, le trône de l'Invisible; ta vase féconde elle-même produit les monstres de l'abîme. Chaque région t'obéit; tu avances terrible, impénétrable et solitaire!

CLXXXIV

Je t'ai toujours aimé, Océan, et les plus doux plaisirs de ma jeunesse étaient de me sentir sur ton sein, errant à l'aventure sur tes flots. Dès mon enfance, je jouais avec tes brisants ; rien n'égalait le charme qu'ils avaient pour moi. Si la mer irritée les rendait plus terribles, mes terreurs me charmaient encore ; car j'étais comme un de tes enfants, je me confiais gaiement à tes vagues, et je jouais avec ton humide crinière, comme je le fais encore en ce moment...

NOTE TROISIÈME.

(Page 97)

Où va-t-il ? Il gouverne au berceau du soleil.
Mais pourquoi sur son bord ce terrible appareil ?

Lord Byron avait, dit un de ses amis qui le connaissait bien, l'ambition de se faire un nom aussi grand par ses actions que celui qu'il s'était fait déjà par ses écrits. Peu de temps avant sa mort, il composa son ode belle et touchante sur le trente-sixième anniversaire de sa naissance ; ode qui prouve, d'une manière remarquable, cette nouvelle passion. Voici un des couplets :

Si tu regrettes ta jeunesse, pourquoi vivre ? Tu es sur une terre où tu peux chercher une mort glorieuse : cours aux armes, et sacrifie tes jours ! Ne réveille point la Grèce, elle est réveillée ; mais réveille-toi toi-même !

Lord Byron s'embarqua à Livourne, et arriva à Céphalonie dans les premiers jours du mois d'août 1823, accompagné de six ou sept amis, à bord du vaisseau anglais *l'Hercule*, capitaine Scott, qu'il avait frété exprès pour le conduire en Grèce. Il aimait à observer la nature ; il passait la plus grande partie des nuits à contempler les objets qui se présentent dans un voyage de mer ; car il savait *jouir des charmes de la douce présence de la nuit*. Il était bien au-dessus de l'affectation des extases poétiques ; mais on voit, dans tous ses ouvrages, combien il trouvait de délices à nourrir son imagination des beautés du monde physique. Il y a dans ses écrits plus d'images empruntées au spectacle de la mer, que dans ceux d'aucun autre poëte. Il les devait toutes à la Méditerranée, et à ses rivages éclairés par le soleil du Midi. Tandis que le vaisseau majestueux glissait à l'ombre de Stromboli, il contemplait le cours mélancolique des vagues; et, quoique plongé dans ses rêveries ordinaires, son œil paraissait plus tranquille, et son front pâle plus doux.

C'était un point très-important de déterminer vers quelle partie de la Grèce lord Byron dirigeait sa course. Le pays était en proie à des divisions intestines; il eût craint de donner aveuglément le poids de son nom à une faction; il voulait s'instruire. Il se détermina à relâcher à Céphalonie; il y fut très-bien accueilli par les autorités anglaises.

Lord Byron, après quelques jours passé à Céphalonie, sur les instances de Maurocordato et du héros Marc Botzaris, vint débarquer à Missolonghi, enflammé d'une ardeur militaire qui allait jusqu'au délire : il le dit lui-même dans une de ses lettres. Après avoir, de son argent, payé la flotte grecque, il s'occupa de former une brigade de Souliotes. Cinq cents de ces soldats, les plus braves de la Grèce, se mirent à sa solde le 1er janvier 1824; et il ne fut pas difficile de trouver un but digne d'eux et de leur nouveau chef...

NOTE QUATRIÈME

(Page 99)

Plus loin, sur les confins de cette antique Europe,
Dans cet Éden du monde où languit Parthénope,
Comme un phare éternel sur les mers allumé,
Son regard voit fumer le Vésuve enflammé.

POMPÉI

FRAGMENT D'UN VOYAGE A NAPLES

..... Il y a à Pompéi une rue nouvellement déblayée des cendres qui recouvrent depuis tant de siècles la ville romaine : cette cendre, redevenue fertile par le temps, s'est transformée en terre végétale, où croissent des chênes verts de trois coudées de circonférence, des saules et des ceps de vigne; en sorte que pour découvrir une maison il faut déraciner plusieurs arbres, et défricher quelquefois un arpent de végétation. Le goût attique du savant directeur des fouilles a donné le nom de quelques hommes modernes, ou même de quelques hommes vivants, à ces demeures antiques, auxquelles il ne semble manquer que le maître. Il y a la maison de Schiller, de Byron, celle de Gœthe, parce qu'on a trouvé sur leur seuil une lyre et un masque tragique entrelacés par des festons du laurier des poëtes. On a ainsi voulu restituer à un écrivain ce qu'on a présumé avoir appartenu à un autre; à plusieurs autres hommes de l'Allemagne, de l'Italie, de la France, semblables allusions ont été honorablement adressées.

Nous marchions silencieusement dans ces rues désertes, sur

les pas de notre guide, M. ***. Les trois belles jeunes filles qui nous précédaient cueillaient des mousses, des bruyères, dans les fentes des pierres disjointes des tombeaux; elles se composaient des bouquets avec les fleurs de cotonnier jetées par le vent des champs voisins dans les bassins vides des cours. Elles ressemblaient à trois beaux songes de vie égarés dans les régions de la mort. Une seule âme comme la leur repeuplerait un grand sépulcre. Cependant elles étouffaient le bruit de leurs pas sur les dalles, et se parlaient à demi-voix, comme si elles eussent craint d'éveiller les morts.

Parvenus à l'extrémité de la rue, nous trouvâmes, à l'angle d'une rue transversale, une troupe de pionniers calabrais armés de pioches pour commencer une tranchée, et déterrer une maison ou un temple de plus. — « Prenez une pioche, me dit en sou-
» riant le directeur, et donnez la première entaille à la terre : ce
» qu'elle recouvre sera à vous et portera votre nom. — Ce nom,
» dis-je, n'est pas digne de se rattacher à des noms antiques; il
» marque une individualité fugitive vers laquelle le temps ne se
» retournera pas dans sa course. » Et je remis la pioche tour à tour aux mains des jeunes filles qui nous regardaient. « Frappez
» la cendre, leur dis-je, et faites-en sortir quelques vestiges qui
» porteront vos noms. » Elles obéirent en souriant, et donnèrent quelques faibles coups dans une colline de sable qui ruissela comme de l'eau. Leurs longs cheveux se renversaient sur leur front et leur voilaient le visage; la sueur d'un jour d'été roulait en larges perles sur leurs joues, un peu hâlées par le soleil d'Italie; quand elles relevaient leurs fronts en secouant leurs tresses, on croyait voir dans cette exclamation charmante un jeu ou une allégorie vivante, semblable à ces allégories ingénieuses inventées ou déifiées par l'antiquité.

Ce ne fut ni une allégorie ni un jeu : la cendre en s'ébranlant découvrit successivement à nos regards une porte, une cour, un bassin orné de mosaïque, des statuettes admirablement bien conservées dans leur moule de poussière, des instruments de musique, et des peintures sur les murs aussi vives de couleurs que si le pinceau n'était point encore séché. C'était l'art sous toutes les formes, ressuscité par la beauté, et retrouvant à la fois son soleil dans le ciel, et son culte dans les jeux de trois jeunes femmes.

Art immortel ! heureux artistes ! il n'y a pas de tombeau assez

profond pour le génie : l'art éternel exhumé par l'éternelle jeunesse pour reproduire, et pour enivrer l'éternelle beauté !...
Voilà la pensée qui sortit pour nous de cette cendre; je voudrais qu'un pinceau pût la peindre, et qu'un ciseau pût la sculpter.

Mais la nuit tombait.....

NOTE CINQUIÈME

(Page 115)

Elle a donné son nom au cap qu'elle couronne.
Harold, qui voit blanchir l'éternelle colonne,
Reconnaît Sunium.

Autrefois Sunium, aujourd'hui le cap Colonna. Si l'on en excepte Athènes et Marathon, il n'y a point, dans toute l'Attique, de site qui mérite plus d'intérêt. Seize colonnes sont une source inépuisable d'études pour l'artiste et pour l'antiquaire.

Le philosophe salue avec respect le lieu où Platon enseignait ses doctrines en conversant avec ses élèves; le voyageur est enchanté de la beauté d'un paysage d'où l'on voit toutes les îles qui couvrent la mer Égée. Le temple de Minerve se voit d'une grande distance en mer.

Je suis allé deux fois par terre et une fois par mer au cap Colonna. Du côté de la terre, la vue est moins belle que quand on s'en approche en venant des îles.

La seconde fois que nous allâmes par terre, nous fûmes surpris par un parti de Maïnotes qui étaient cachés dans les cavernes. Nous avons su, dans la suite, par un prisonnier qu'ils avaient rendu après avoir reçu sa rançon, qu'ils avaient été détournés de nous attaquer par la vue de deux Albanais qui m'accompagnaient. S'étant imaginé, heureusement pour nous, que nous avions une bonne escorte de ces mêmes Arnautes, ils ne s'avancèrent pas, et laissèrent ainsi passer saine et sauve notre caravane, trop peu nombreuse pour opposer aucune résistance.

Colonna n'est pas moins fréquentée par les peintres que par les pirates.

C'est là que l'artiste plante son pupitre, et cherche le pittoresque dans les ruines.

(L<small>HODGSON</small>, *lady Jane Grey.*)

NOTE SIXIÈME

(Page 116)

Quel immense cortége, en longs habits de deuil,
De colline en colline.....

Cet épisode est historique, et s'il ne l'était pas dans tous ses détails, qui aurait osé l'inventer ?

Dans le recueil des *Chants populaires de la Grèce moderne*, publiés et traduits par M. C. Fauriel, on trouve le morceau suivant :

« Le combat de la première journée ne fut pas décisif. Le
» second, celui du lendemain, fut terrible ; il était encore un
» peu incertain, lorsque soixante femmes, voyant qu'il allait
» finir par l'extermination des leurs, se rassemblèrent sur une
» éminence escarpée qui avait un de ses flancs taillé à pic sur
» un abîme, au fond duquel un gros torrent se brisait entre mille
» pointes de roc dont son lit et ses bords étaient partout hérissés.
» Là, elles délibérèrent sur ce qu'elles avaient à faire pour ne
» pas tomber au pouvoir des Turcs, qu'elles s'imaginaient déjà
» voir à leur poursuite. Cette délibération du désespoir fut courte,
» et la résolution qui la suivit, unanime. Ces soixante femmes
» étaient, pour la plupart, des mères plus ou moins jeunes, ayant
» avec elles leurs enfants, que les unes portaient à la mamelle
» ou dans leurs bras, que les autres tenaient par la main. Cha-
» cune prend le sien, lui donne le dernier baiser, et le lance ou
» le pousse, en détournant la tête, dans le précipice voisin.

NOTES. 165

» Quand il n'y a plus d'enfants à précipiter, elles se prennent
» l'une l'autre par la main, commencent une danse en rond,
» aussi près que possible du bord du précipice ; et la première
» d'elles qui, le premier tour fait, arrive sur le bord, s'en
» élance, et roule de roche en roche jusqu'au fond de l'horrible
» abîme. Cependant le cercle ou le chœur continue à tourner,
» et, à chaque tour, une danseuse s'en détache de la même ma-
» nière, jusqu'à la soixantième. On dit que, par une sorte de
» prodige, il y eut une de ces femmes qui ne se tua point dans
» sa chute. »

Voilà un des prodiges d'héroïsme et d'infortune dont notre âge est chaque jour témoin... Et l'Europe regarde !!!...

NOTE SEPTIÈME

(Page 117)

Mais au moment fatal du divin sacrifice,
Quand le prêtre, en ses mains élevant le calice,
Boit le sang adoré du Martyr immortel,
Une vierge s'élance aux marches de l'autel...

En Grèce, les oraisons funèbres ou myriologues sont prononcées par des femmes. Voici, à ce sujet, les détails donnés par M. Fauriel, dans son discours préliminaire des *Chants populaires de la Grèce moderne;* chants qui nous semblent démontrer jusqu'ici que si les Grecs modernes ont recouvré la valeur de leurs aïeux, ils sont loin encore de rappeler leur génie poétique. Il y a plus de Léonidas et de Thémistocles que d'Homères et de Tyrtées.

« Les chants funèbres, par lesquels on déplore la mort de ses
» proches, prennent le nom particulier de *myriologia,* comme
» qui dirait *discours de lamentations, complaintes.* Les myriolo-
» gues ont, avec les autres chants domestiques des Grecs, cela
» de commun, qu'ils sont d'un usage également général, égale-
» ment consacré; mais ils offrent des particularités par lesquelles
» ils tiennent à quelques-uns des traits les plus saillants du
» caractère et du génie national. J'en parlerai dans un autre
» endroit pour considérer l'espèce et le degré de faculté poé-
» tique qu'ils exigent et supposent : il n'est question ici que de
» donner une idée sommaire des cérémonies funèbres dont ils

» font partie, et auxquelles il faut toujours les concevoir atta-
» chés.

» Un malade vient-il de rendre le dernier soupir? sa femme,
» ses filles, ses sœurs, celles, en un mot, de ses plus proches
» parentes qui sont là, lui ferment les yeux et la bouche, et
» épanchent librement, chacune selon son naturel et sa mesure
» de tendresse pour le défunt, la douleur qu'elle ressent de sa
» perte. Ce premier devoir rempli, elles se retirent toutes chez
» une de leurs parentes ou de leurs amies les plus voisines. Là,
» elles changent de vêtements, s'habillent de blanc comme pour
» la cérémonie nuptiale, avec cette différence qu'elles gardent la
» tête nue, les cheveux épars et pendants. Tandis qu'elles chan-
» gent ainsi de parure, d'autres femmes s'occupent du mort.
» Elles l'habillent, de la tête aux pieds, des meilleurs vêtements
» qu'il portait avant que d'être malade; et, dans cet état, elles
» l'étendent sur un lit très-bas, le visage découvert, tourné vers
» l'orient, et les bras en croix sur sa poitrine.

» Ces apprêts terminés, les parentes reviennent, dans leur
» parure de deuil, à la maison du défunt, en laissant les portes
» ouvertes, de manière que toutes les autres femmes du lieu,
» amies, voisines ou inconnues, puissent entrer à leur suite.
» Toutes se rangent en cercle autour du mort, et leur douleur
» s'exhale de nouveau, et comme la première fois, sans règle et
» sans contrainte, en larmes, en cris ou en paroles. A ces plaintes
» spontanées et simultanées succèdent bientôt des lamentations
» d'une autre espèce : ce sont les myriologues. Ordinairement
» c'est la plus proche parente qui prononce le sien la première.
» Après elle les autres parentes, les amies, les simples voisines;
» toutes celles, en un mot, des femmes présentes qui veulent
» payer au défunt ce dernier tribut d'affection, s'en acquittent
» l'une après l'autre, et quelquefois plusieurs ensemble. Il n'est
» pas rare que, dans le cercle des assistantes, il se rencontre
» des femmes étrangères à la famille, qui, ayant récemment
» perdu quelqu'un de leurs proches, en ont l'âme pleine, et ont
» encore quelque chose à leur dire; elles voient dans le mort
» présent un messager qui peut porter au mort qu'elles pleurent
» un nouveau témoignage de leurs souvenirs et de leurs regrets,
» et adressent au premier un myriologue dû et destiné au se-
» cond. D'autres se contentent de jeter au défunt des bouquets
» de fleurs ou divers menus objets, qu'elles le prient de vouloir

» bien remettre, dans l'autre monde, à ceux des leurs qu'elles
» y ont.

» L'effusion des myriologues dure jusqu'au moment où les
» prêtres viennent chercher le corps pour le conduire à la sépul-
» ture, et se prolonge jusqu'à l'arrivée du convoi funèbre à
» l'église. Ils cessent durant les prières et les psalmodies des
» prêtres, pour recommencer au moment où le corps va être mis
» en terre.

» Quand quelqu'un est mort à l'étranger, on place sur le lit
» funèbre un simulacre de sa personne, et l'on adresse à cette
» image les mêmes lamentations que l'on adresserait au vrai
» cadavre. Les mères font aussi des myriologues sur les enfants
» en bas âge qu'elles perdent, et ils sont souvent du pathétique
» le plus gracieux. Le petit mort y est regretté sous l'emblème
» d'une plante délicate, d'une fleur, d'un oiseau, ou de tout
» autre objet naturel assez charmant pour que l'imagination
» d'une mère se complaise à y comparer son enfant.

» Les myriologues sont toujours chantés et composés par des
» femmes. Les adieux des hommes sont simples et laconiques. Je
» n'ai jamais entendu parler d'un myriologue prononcé par un
» homme. Dans la Grèce asiatique, il y a des femmes myriolo-
» gistes de profession, que l'on appelle au besoin, moyennant
» un salaire, pour faire et chanter les myriologues, ou, pour
» mieux dire, ce qui en tient lieu. »

(*Chants populaires de la Grèce moderne.*)

NOTE HUITIÈME

(Page 123)

Évoquant de ces lieux le génie exilé,
Il s'élance, il franchit les hauteurs de Phylé.....

Phylé, ville ruinée dont on voit encore les débris : elle fut prise par Thrasybule, avant l'expulsion des trente tyrans.

NOTE NEUVIÈME

(Page 124)

Le féroce Albanais, l'Épirote au front chauve.....

L'Albanie comprend une partie de la Macédoine, l'Illyrie et l'Épire. Ce pays, qu'on peut apercevoir des côtes d'Italie, est un des plus beaux de la Grèce. Lord Byron dit qu'il n'est point de plume ou de pinceau capable de rendre la beauté de ses sites; nous pourrions ajouter qu'il n'y a ni plume ni pinceau capables de rendre l'héroïque dévouement de ses habitants, dans les derniers temps de la lutte qu'ils ont soutenue, plus que tous les autres, pour l'affranchissement de la Grèce. Ils ressemblent, assure-t-on, aux montagnards d'Écosse; leurs vêtements, leur figure, leurs mœurs, sont les mêmes. Les montagnes de l'Albanie seraient tout à fait celles de la Calédonie, si le climat en était moins méridional. J'ai trouvé, ajoute lord Byron, en Albanie, les femmes les plus belles que j'aie jamais vues, pour la taille et pour la tournure. Elles étaient occupées à réparer un chemin dégradé par les torrents. Leur démarche est tout à fait théâtrale. cela vient sans doute de leur manteau qu'elles portent attaché sur une épaule. Leur longue chevelure fait penser aux Spartiates, et l'on ne peut se faire une idée du courage qu'elles déploient dans les guerres de partisans.

NOTE DIXIÈME

(Page 124)

Les dauphins de Parga, ces hardis matelots
Qui jamais de leur sang ne teignent que les flots.

Les Grecs appellent les Parganiotes *dauphins des mers*. Tout le monde connaît les infortunes de Parga, vendue à Ali-Pacha par les Anglais.

NOTE ONZIÈME

(Page 125)

De Leuctre à Marathon tout répond, tout vous crie :
« Vengeance ! liberté ! gloire ! vertu ! patrie ! »

Bataille de Leuctres, gagnée par Épaminondas, général des Thébains, 371 ans avant Jésus-Christ, où Cléombrote, roi de Sparte, perdit la vie. Bataille de Marathon, gagnée par Miltiade, le 6 *boédromion*, 15 septembre, 490 ans avant Jésus-Christ. L'année suivante, Miltiade, accusé par un peuple ingrat, mourut en prison.

NOTE DOUZIÈME

(Page 128)

Les noms d'Odysséus, de Marc, de Kanaris.....

ODYSSÉUS ou ODYSSÉE. — Fils d'Andriséus, né en Épire, il entra d'abord au service d'Ali-Pacha. Après la mort de ce tyran, il se met à la tête de ses compatriotes, descend du mont Parnasse, et proclame le règne de la Croix. Il défait Omer-Vrionne, successeur d'Ali. « Le récit de ses exploits, dit Pouqueville,
» volant de bouche en bouche, fait éclater l'insurrection jusque
» parmi les peuplades des plateaux supérieurs du mont Œta. Le
» même jour, sans aucune de ces hésitations qui décèlent la
» crainte de se compromettre, les habitants des cantons d'Hy-
» pati, ceux de Gravari, de Lidoriki, de Malendrino, de Vene-
» tico, qui formaient jadis la *Doride*, la Locride hespérienne et
» l'Étolie, secouent le joug de leurs oppresseurs. Des éphores,
» nom oublié dans la Grèce, remplacent les codjabachis; le
» bonnet de raja est foulé aux pieds, et le croissant renversé
» dans tous les lieux où il existait des mosquées : une nouvelle
» ère commence pour l'Étolie. Bientôt Odyssée est déclaré la
» terreur des musulmans : il les bat, les poursuit, s'empare
» d'Athènes, est nommé deux fois commandant général des
» troupes de l'insurrection grecque, remporte une seconde vic-
» toire de Platée; et le courage personnel d'Odyssée, ses mœurs
» sauvages, ses vêtements, tout rappelle un de ces héros d'Ho-
» mère, un de ces hommes primitifs qui ne se montrent qu'à la

» naissance des peuples, et dont l'histoire ressemble bientôt à
» la fable. Tout récemment encore, Odyssée, mécontent du
» gouvernement grec, vient de congédier ses derniers compa-
» gnons d'armes, et, seul avec sa femme et ses enfants, il s'est
» retiré dans une caverne du mont Parnasse, dont il a fortifié
» l'entrée avec des palissades et du canon. L'ostracisme, comme
» on le voit, est de tous les siècles : les peuples reprennent leur
» nom, mais les hommes ne perdent pas leur ingratitude. Il est
» à désirer que les Grecs n'imitent pas en tout leurs aïeux, et ne
» souillent pas leur terre régénérée du sang de leurs libéra-
» teurs. »

MARCO BOTZARIS. — Digne pendant d'Odyssée, mais plus civilisé que lui. Voici le portrait qu'en donne Pouqueville :

« Melpomène lui avait départi le don de la voix et de la ci-
» thare pour chanter le temps où, gardant les troupeaux du
» polémarque son père, aux bords du Selleïs, il abandonna sa
» patrie, conquise par Ali-Pacha, pour se réfugier sous les dra-
» peaux français, à l'ombre desquels il crût en sagesse et en va-
» leur. De la taille ordinaire des *Souliotes*, qui est de cinq pieds
» environ, sa légèreté était telle, qu'on le comparait au zéphyr.
» Nul ne l'égalait à la lutte, au jeu du disque ; et quand ses yeux
» bleus s'animaient, que sa longue chevelure flottait sur ses
» épaules, et que son front rasé, suivant l'usage antique, reflé-
» tait les rayons du soleil, il avait quelque chose de si extraor-
» dinaire, qu'on l'aurait pris pour un descendant de ces Pélasges,
» enfants de Phaéthon, qui civilisèrent l'Épire. Il avait laissé sa
» femme et deux enfants sur la terre étrangère, pour se livrer
» avec plus d'audace aux chances des combats. Poëte et guer-
» rier, dans les moments de repos il prenait sa lyre, et redisait
» aux enfants de la Selléide les noms des héros leurs aïeux,
» leurs exploits, leur gloire, et l'obligation où ils étaient de
» mourir comme eux pour les saintes lois du Christ et de la pa-
» trie, objets éternels de la vénération des Grecs. Sa femme
» Chrysé vint le rejoindre après l'insurrection de la Grèce, et
» voulut combattre à ses côtés. — Marc Botzaris, en avant de
» Missolunghi, soutint avec six cents pallikares les efforts de
» l'armée ottomane tout entière. Les Thermopyles pâliront un
» jour à ce récit. — Retranchés auprès de Crionero, fontaine

» située à l'angle occidental du mont Aracynthe, ces braves, après
» avoir peigné leurs belles chevelures, suivant l'usage immémo-
» rial des soldats de la Grèce, conservé jusqu'à nos jours, se
» lavent dans les eaux de l'antique Aréthuse, et, revêtus de leurs
» plus riches ornements, ils demandent à s'unir par les liens de
» la fraternité, en se déclarant *Ulamia*. Un ministre des autels
» s'avance aussitôt. Prosternés au pied de la croix, ils échangent
» leurs armes, ils se donnent ensuite la main en formant une
» chaîne mystérieuse; et, recueillis devant le Dieu rédempteur,
» ils prononcent les paroles sacramentelles : *Ma vie est ta vie, et
» mon âme est ton âme*. Le prêtre alors les bénit ; et ayant donné
» le baiser de paix à Marc Botzaris, qui le rend à son lieutenant,
» ses soldats, s'étant mutuellement embrassés, présentent un
» front menaçant à l'ennemi.

» C'était le 4 novembre 1822, au lever du soleil : on aperce-
» vait de Missolunghi et d'Anatolico le feu du bataillon immor-
» tel, qui s'assoupit à midi. Il reprit avec une nouvelle vivacité
» deux heures après, et diminua insensiblement jusqu'au soir. A
» l'apparition des premières étoiles, on aperçut dans le lointain
» les flammes des bivouacs ennemis dans la plaine ; la nuit fut
» calme ; et, le 5 au matin, Marc Botzaris rentra à Missolunghi,
» suivi de vingt-deux Souliotes ; le surplus de ses braves avait
» vécu.

» A la faveur de cette héroïque résistance, le président du
» gouvernement, Maurocordato, avait approvisionné Missolun-
» ghi, et fait embarquer pour le Péloponèse les vieillards, les
» femmes et les enfants. Marc Botzaris voulait pourvoir de la
» même manière à la sûreté de sa femme et de ses enfants ;
» mais Chrysé, son épouse, ne pouvait se résoudre à l'aban-
» donner : elle lui adresse les adieux les plus déchirants ; elle
» tombe à ses pieds avec les timides créatures qui le nom-
» maient leur seigneur et leur père. Marc Botzaris les bénit au
» nom du Dieu des batailles. Il les accompagne ensuite au port,
» il suit des yeux le vaisseau ; il tend les bras à sa femme. Hé-
» las ! il la quittait pour la dernière fois. Il périt, peu de temps
» après, dans une bataille nocturne contre les Turcs, et sa mort
» fut aussi glorieuse, aussi sainte que sa vie. »

KANARIS. — Le Thémistocle de l'insurrection grecque, né à Psara, âgé de trente à trente-deux ans, d'une petite taille, l'œil vif et perçant, l'air mélancolique : tel est le portrait qu'en fait le capitaine Clotz.

Il brûle trois fois la flotte ottomane.

« Les Hydriotes (dit Pouqueville) avaient à peine relâché à
» Psara, qu'on vota unanimement la destruction de la flotte ot-
» tomane qui était à Ténédos. Une division navale, composée
» de douze bricks de Psara, avait observé sa position. L'entre-
» prise était difficile : les Turcs, sans cesse aux aguets depuis la
» catastrophe de Chio, se gardaient avec soin et visitaient les
» moindres bâtiments. Cependant, comme l'amirauté avait une
» confiance extrême dans Kanaris, qui s'offrit encore pour cette
» périlleuse mission, on se décida à la hasarder.

» On ajouta un brûlot à celui que le plus intrépide des hommes
» de notre siècle devait monter; et, malgré le temps orageux qui
» régnait, les deux armements mirent en mer le 9 novembre, à
» sept heures du soir, accompagnés de deux bricks de guerre,
» fins voiliers. Arrivés, le jour suivant, à leur destination, les
» gardes-côtes de Ténédos les virent sans défiance doubler un
» des caps de l'île, sous pavillon turc. Ils paraissaient chassés par
» les bricks de leur escorte, qui battaient flamme et pavillon de
» la croix; et le costume ottoman que portaient les équipages
» des brûlots complétait l'illusion, lorsque deux frégates turques,
» placées en vedette à l'entrée du port, les signalèrent, comme
» pour les diriger vers le point qu'ils cherchaient.

» Le jour commençait à baisser, et il était impossible de dis-
» tinguer le vaisseau amiral au milieu d'une forêt de mâts, quand
» celui-ci répondit aux signaux des frégates d'avant-garde par
» trois coups de canon. *Il est à nous!* dit aussitôt Kanaris à
» son équipage; *courage, camarades! nous le tenons!* Manœuvrant
» directement vers le point d'où le canon s'était fait entendre,
» il aborde l'énorme citadelle flottante, en enfonçant son mât de
» beaupré dans un de ses sabords; et le vaisseau s'embrase avec
» une telle rapidité, que, de plus de deux mille individus qui le
» montaient, le capitan-pacha et une trentaine des siens par-
» viennent seuls à se dérober à la mort.

» Au même instant, un second vaisseau est mis en feu par le
» brûlot de Cyriaque, et la rade n'offre plus qu'une scène déplo-
» rable de carnage, de désordre et de confusion. Les canons,
» qui s'échauffent, tirent successivement ou par bordée, et

» quelques-uns chargés de boulets incendiaires propagent le feu,
» tandis que la forteresse de Ténédos, croyant les Grecs entrés
» au port, canonne ses propres vaisseaux. Ceux-ci coupent leurs
» câbles, se pressent, se heurtent, se démâtent, arrachent mu-
» tuellement leurs bordages, ou s'échouent; et la majeure partie
» ayant réussi à s'éloigner, malgré la confusion inséparable
» d'une semblable catastrophe, est à peine portée au large,
» qu'elle est assaillie par une de ces tempêtes qui rendent une
» mer étroite aussi terrible que dangereuse, pendant les longues
» nuits de novembre. Les vaisseaux voguent à l'aventure, s'a-
» bordent dans l'obscurité, et s'endommagent. Plusieurs péris-
» sent, corps et biens; douze bricks font côte sur les plages de
» la Troade; deux frégates et une corvette, abandonnées, on ne
» sait comment, de leurs équipages, sont emportées par les cou-
» rants jusqu'aux atterrages de Paros.

» Pendant que les Turcs se débattaient au milieu des flammes,
» et en luttant contre les flots, les équipages des brûlots, formant
» un total de dix-sept hommes, assistaient tranquillement à la
» destruction de la flotte du sultan. Ils virent successivement
» sauter le vaisseau amiral, et cette Altesse tremblante se sauver
» à terre dans un canot, lui qui montait, quelques minutes au-
» paravant, le plus beau navire des mers de l'Orient. Le second
» vaisseau s'abîma ensuite avec seize cents hommes, sans qu'il
» s'en sauvât que deux individus à demi brûlés, qui s'accrochè-
» rent à des débris que la vague mugissante porta vers la plage,
» sur laquelle gisaient deux superbes frégates.

» O Ténédos! Ténédos! ton nom, rendu célèbre par la lyre
» d'Homère et de Virgile, ne peut plus être oublié, quand on
» parlera de la gloire des enfants des Grecs! Le chantre des *Mes-*
» *séniennes*, Casimir Delavigne, a dit leurs douleurs et leur hé-
» roïsme; mais qui célébrera leur triomphe, en racontant com-
» ment les bricks des Hellènes, après avoir recueilli Constantin
» Kanaris, Cyriaque et leurs braves, présentant leurs voiles à la
» tempête et naviguant sur la cime des vagues, reparurent, le
» 12 novembre, au port de Psara? Les éphores, suivis d'une
» foule nombreuse de peuple, de soldats et de matelots, s'étaient
» portés à leur rencontre dès qu'on eut signalé leur approche.
» Mille cris de joie éclatent au moment qu'ils prennent terre.
» *Salut au vainqueur de Ténédos! honneur et gloire aux braves!*
» *La patrie reconnaissante*, dit le président des éphores en po-

» sant une couronne de laurier sur la tête de Kanaris, *honore*
» *en toi le vainqueur de deux amiraux ennemis.*

» Il dit, et remontant vers la ville, le cortége, précédé de Ka-
» naris, se rend à l'église. Là, le héros, déposant sa couronne
» aux pieds de l'image de la Vierge, mère du Christ, le front
» prosterné dans la poussière, confessant que toute victoire vient
» de Dieu, s'humilie devant le Seigneur. Il confesse les péchés
» de la faiblesse humaine aux pieds des ministres des autels, et,
» après avoir reçu le pain de vie, aussi modeste et aussi grand,
» le *vainqueur de deux amiraux ennemis* se retire au sein de sa
» famille.
» Mais il veut en vain se dérober aux hommages : son nom a
» retenti avec trop d'éclat pour rester ignoré. Le capitaine d'un
» vaisseau anglais qui arrivait à Psara le demande et l'interroge ;
» il veut savoir comment les Grecs préparent leurs brûlots, pour
» en obtenir de pareils résultats. — *Comme vous le faites*, com-
» *mandant. Mais nous avons un secret que nous tenons caché ici*,
» dit-il en montrant son cœur : *l'amour de la patrie nous l'a fait*
» *trouver.* »

(POUQUEVILLE, *Hist. de la Régén. de la Grèce.*)

Le lecteur lira sans doute avec intérêt ici le récit des derniers
moments de lord Byron, transmis par un homme de confiance
qui ne l'a pas quitté pendant vingt-cinq ans.

« Mon maître, dit Fletcher, montait à cheval tous les jours,
» lorsque le temps le permettait. Le 9 avril fut un jour fatal
» milord fut très-mouillé durant la promenade, et à son retour,
» quoiqu'il eût changé d'habits complétement, comme il était
» resté très-longtemps dans ses vêtements mouillés, il se sentit
» légèrement indisposé ; et le rhume dont il s'était plaint depuis
» que nous avions quitté Céphalonie rendit cet accident plus

» grave. Quoiqu'il eût peu de fièvre pendant la nuit du 10, il se
» plaignit de douleurs dans les membres et du mal de tête, ce qui
» ne l'empêcha pas néanmoins de monter à cheval dans l'après-
» midi. A son retour, mon maître dit que la selle n'était pas
» tout à fait sèche, et qu'il craignait que cela ne l'eût rendu plus
» malade. La fièvre revint, et je vis avec bien du chagrin, le
» lendemain matin, que l'indisposition devenait plus sérieuse.
» Milord était très-affaissé, et se plaignit de n'avoir point dormi
» de la nuit; il n'avait aucun appétit. Je lui préparai un peu
» d'*arrow-root;* il en prit deux ou trois cuillerées seulement,
» et me dit qu'il était fort bon, mais qu'il ne pouvait en prendre
» davantage. Ce ne fut que le troisième jour, le 12, que je com-
» mençai à concevoir des alarmes. Dans tous les rhumes que
» mon maître avait eus jusque-là, le sommeil ne l'avait pas aban-
» donné, et il n'avait point eu de fièvre. J'allai donc chez le doc-
» teur Bruno et chez M. Millingen, ses deux médecins, et leur
» fis plusieurs questions sur la maladie de mon maître : ils m'as-
» surèrent qu'il n'y avait aucun danger; que je pouvais être par-
» faitement tranquille; que dans peu de jours tout irait bien.
» C'était le 13. Le jour suivant, je ne pus m'empêcher de sup-
» plier milord d'envoyer chercher le docteur Thomas, de Zante.
» Mon maître me dit de consulter à ce sujet les docteurs : ils me
» dirent qu'il n'était pas nécessaire d'appeler aucun autre méde-
» cin, parce qu'ils espéraient que tout irait bien dans peu de
» jours. Je dois faire remarquer ici que milord répéta plusieurs
» fois, dans le cours de la journée, que les docteurs n'enten-
» daient rien à sa maladie. — En ce cas, milord, vous devriez
» consulter un autre médecin. — Il me disent, Fletcher, que ce
» n'est qu'un rhume ordinaire, comme tous ceux que j'ai déjà
» eus. — Je suis sûr, milord, que vous n'en avez jamais eu
» d'aussi sérieux. — Je le crois, dit-il. Je renouvelai mes in-
» stances le 15, pour qu'on appelât le docteur Thomas; on m'as-
» sura de nouveau que milord serait mieux dans deux ou trois
» jours. D'après ces assurances répétées, je ne fis plus aucune
» instance que lorsqu'il fut trop tard.

» Les médecines fortes qu'on lui faisait prendre ne me sem-
» blaient pas les plus convenables à sa maladie; car, n'ayant
» rien dans l'estomac, elles me paraissaient ne devoir lui procu-
» rer que des douleurs : c'eût été le cas, même avec une per-
» sonne en bonne santé. Mon maître n'avait pris, depuis huit

» jours, qu'une petite quantité de bouillon en deux ou trois fois,
» et deux cuillerées d'*arrow-root* le 18, la veille de sa mort. La
» première fois que l'on parla de le saigner fut le 15. Quand le
» docteur Bruno le proposa, mon maître s'y opposa d'abord, et
» demanda à M. Millingen s'il avait de fortes raisons pour lui
» tirer du sang. La réponse fut qu'une saignée pouvait être de
» quelque avantage, mais qu'on pouvait la différer jusqu'au len-
» demain. En conséquence, mon maître fut saigné au bras droit
» le 16 au soir, et on lui tira seize onces de sang. Je remarquai
» qu'il était très-enflammé. Alors le docteur Bruno dit qu'il avait
» souvent pressé mon maître de se faire saigner, mais qu'il n'a-
» vait pas voulu y consentir. Survint une longue dispute sur le
» temps que l'on avait perdu, et sur la nécessité d'envoyer à
» Zante; sur quoi l'on me dit, pour la première fois, que cela
» était inutile, parce que mon maître serait mieux ou n'existerait
» plus avant l'arrivée du docteur Thomas. L'état de mon maître
» empirait; mais le docteur Bruno pensait qu'une nouvelle sai-
» gnée lui sauverait la vie. Je ne perdis pas un moment pour
» aller dire à mon maître combien il était nécessaire qu'il
» consentît à être saigné; il me répondit : Je crains bien qu'ils
» n'entendent rien à ma maladie. Et, tendant son bras : Tenez,
» dit-il, voilà mon bras; faites ce que vous voudrez.

» Milord s'affaiblissait de plus en plus, et le 17 il fut saigné
» une fois dans la matinée, et une fois à deux heures de l'après-
» midi. Chacune de ces deux saignées fut suivie d'un évanouis-
» sement, et il serait tombé si je ne l'avais pas retenu dans mes
» bras. Afin de prévenir un semblable accident, j'avais soin de
» ne pas le laisser remuer sans le supporter.

» Ce jour-là mon maître me dit deux fois : Je ne peux pas
» dormir, et vous savez que depuis une semaine je n'ai pas
» dormi. Je sais, ajoutait-il, qu'un homme ne peut être sans
» dormir qu'un certain temps, après quoi il devient nécessaire-
» ment fou, sans que l'on puisse le sauver : et j'aimerais mieux
» dix fois me brûler la cervelle que d'être fou. Je ne crains pas
» la mort, je suis plus préparé à mourir que l'on ne pense.

» Je ne crois pas que milord ait eu l'idée que sa fin appro-
» chait, jusqu'au 18; il me dit alors : Je crains que Tita et vous
» ne tombiez malades, en me veillant ainsi nuit et jour. Je lui
» répondis que nous ne le quitterions point jusqu'à ce qu'il fût
» mieux. Comme il y avait eu un peu de délire dans la journée

» du 16, j'avais eu soin de retirer les pistolets et le stylet, qui,
» jusque-là, étaient restés à côté de son lit la nuit. Le 18, il
» m'adressa souvent la parole; il paraissait mécontent du traite-
» ment qu'avaient suivi les médecins. Je lui demandai alors de
» me permettre d'envoyer chercher le docteur Thomas. — En-
» voyez-le chercher; mais dépêchez-vous : je suis fâché de ne
» pas vous l'avoir laissé envoyer chercher plus tôt.

» Je ne perdis pas un moment à exécuter ses ordres et à en
» faire part au docteur Bruno et à M. Millingen, qui me dirent
» que j'avais très-bien fait, parce qu'ils commençaient eux-
» mêmes à être très-inquiets. Quand je rentrai dans la chambre
» de milord : Avez-vous envoyé? me dit-il. — Oui, milord. —
» Vous avez bien fait : je désire savoir ce que j'ai. Quoiqu'il ne
» parût pas se croire si près de sa fin, je m'aperçus qu'il s'affai-
» blissait d'heure en heure, et qu'il commençait à avoir des accès
» de délire. Il me dit à la fin d'un de ces accès : Je commence à
» croire que je suis sérieusement malade; et si je mourais subi-
» tement, je désire vous donner quelques instructions, que j'es-
» père que vous aurez soin de faire exécuter. Je l'assurai de ma
» fidélité à exécuter ses volontés, et ajoutai que j'espérais qu'il
» vivrait assez longtemps pour les faire exécuter lui-même. A quoi
» il répondit : Non, c'en est fait; il faut tout vous dire sans perdre
» un moment. — Irai-je, milord, chercher une plume, de l'encre
» et du papier? — Oh! mon Dieu! non, vous perdriez trop de
» temps, et je n'en ai point à perdre. Faites bien attention, me
» dit-il.

» Votre sort est assuré, Fletcher. — Je vous supplie, milord,
» de songer à des choses plus importantes. — O mon enfant!
» dit-il; ô ma chère fille, ma chère Adda! Oh! mon Dieu, si
» j'avais pu la voir! Donnez-lui ma bénédiction; donnez-la à ma
» chère sœur Augusta et à ses enfants. Vous irez chez lady Byron;
» dites-lui, dites-lui tout. Vous êtes bien dans son esprit.

» Milord paraissait profondément affecté en ce moment : la voix
» lui manqua; je ne pouvais attraper que des mots par inter-
» valles; mais il parlait entre ses dents, paraissait très-grave, et
» élevait souvent la voix pour dire : Fletcher, si vous n'exécutez
» pas les ordres que je vous ai donnés, je vous tourmenterai, s'il
» est possible. Je lui dis : Milord, je n'ai pas entendu un mot de
» ce que vous avez dit. — O Dieu! s'écria-t-il, tout est fini! Il
» est trop tard maintenant. Est-il possible que vous ne m'ayez

» pas entendu ? — Non, milord, mais essayez encore une fois de
» me faire connaître vos volontés. — Comment le puis-je ? Il est
» trop tard... Tout est fini ! — Ce n'est pas votre volonté, mais
» celle de Dieu, qui se fait. — Oui, dit-il, ce n'est pas la mienne;
» mais je vais essayer. En effet, il fit plusieurs efforts pour parler;
» mais il ne pouvait prononcer que deux ou trois mots de suite,
» comme : Ma femme! mon enfant! ma sœur! Vous savez tout,
» dites tout : vous connaissez mes intentions. Le reste était inin-
» telligible.

» Il était à peu près midi ; les médecins eurent une consulta-
» tion, et il fut décidé de donner à milord du quinquina dans du
» vin. Il y avait huit jours qu'il n'avait rien pris que ce que j'ai
» dit, et qui ne pouvait le soutenir. A l'exception de quelques
» mots que je répéterai à ceux auxquels ils étaient adressés, et
» que je suis prêt à leur communiquer s'ils le désirent, il fut
» impossible de rien entendre de ce que dit milord après avoir
» pris son quinquina. Il témoigna le désir de dormir; je lui
» demandai s'il voulait que j'allasse chercher M. Parry. — Oui,
» allez le chercher. M. Parry le pria de se tranquilliser ; il versa
» quelques larmes, et parut sommeiller. M. Parry sortit de la
» chambre avec l'espérance de le trouver plus calme à son retour.
» Hélas ! c'était le commencement de la léthargie qui précéda sa
» mort. Les derniers mots que je lui ai entendu prononcer furent
» ceux-ci, qu'il prononça dans la soirée du 18, à six heures envi-
» ron : Il faut que je dorme maintenant. Il laissa tomber sa tête
» pour ne plus la relever ; il ne fit pas un seul mouvement pen-
» dant vingt-quatre heures. Il avait, par intervalles, des suffoca-
» tions et une espèce de râle : alors j'appelais Tita pour m'aider
» à lui relever la tête, et il me paraissait qu'il était tout à fait
» engourdi. Le râle revenait toutes les demi-heures, et nous
» continuâmes à lui soulever la tête toutes les fois qu'il revenait,
» jusqu'à six heures du soir du lendemain 19, que je vis milord
» ouvrir les yeux et les refermer sans aucun symptôme de dou-
» leur, sans faire le moindre mouvement d'aucun de ses mem-
» bres. O mon Dieu! m'écriai-je, je crains que milord ne soit
» mort! Les médecins tâtèrent le pouls, et dirent : Vous avez
» raison, il n'est plus. ».

(*Westminster Review.*)

NOTE TREIZIÈME

(Page 150)

Mais taisons-nous : la tombe est le sceau du mystère !

Lord Byron exprime la même idée dans le troisième chant d'*Harold*, après un parallèle entre Voltaire et J.-J. Rousseau :

Ne troublons pas la paix de leurs cêndres ! S'ils ont mérité la vengeance du ciel, ils subissent leurs peines : ce n'est point à nous de les juger, encore moins de les condamner. L'heure viendra où les mystères de la mort nous seront révélés. L'espérance et la terreur reposent ensemble dans la poussière de la tombe ; et lorsque, selon notre croyance, la vie viendra nous y ranimer, la clémence divine pardonnera, ou sa justice viendra réclamer les coupables.

COMMENTAIRE

DU

DERNIER CHANT DE CHILD-HAROLD

SUIVI

DE L'INTERPRÉTATION DU PASSAGE

COMMENTAIRE

DU

DERNIER CHANT DE CHILD-HAROLD

SUIVI

DE L'INTERPRÉTATION DU PASSAGE

J'étais secrétaire d'ambassade à Naples. Je quittai Naples et Rome en 1822. Je vins passer un long congé à Paris. J'y fis paraître la *Mort de Socrate*, les *Secondes Méditations*. J'y composai, après la mort de lord Byron, le cinquième chant du poëme de *Child-Harold*.

Dans ce dernier poëme, je supposais que le poëte anglais, en partant pour aller combattre et mourir en Grèce, adressait une invective terrible à l'Italie pour lui reprocher sa mollesse, son sommeil, sa voluptueuse servitude. Cette apostrophe finissait par ces deux vers :

> Je vais chercher ailleurs (pardonne, ombre romaine!)
> Des hommes, et non pas de la poussière humaine!...

Les poëtes italiens eux-mêmes, *Dante*, *Alfieri*, avaient dit des choses aussi dures à leur patrie. Ces reproches, d'ailleurs, n'étaient pas dans ma bouche, mais dans la bouche de lord Byron : ils n'égalaient pas l'âpreté de ses interpellations à l'Italie. Ce poëme fit grand bruit : ce bruit alla jusqu'à Florence. J'y arrivai deux mois après, en qualité de premier secrétaire de légation.

A peine y fus-je arrivé, qu'une vive émotion patriotique s'éleva contre moi. On traduisit mes vers séparés du cadre, on les fit répandre à profusion dans les salons, au théâtre, dans le peuple; on s'indigna, dans des articles de journaux et dans des brochures, de l'insolence du gouvernement français, qui envoyait, pour représenter la France dans le centre de l'Italie littéraire et libérale, un homme dont les vers étaient un outrage à l'Italie. La rumeur fut grande, et je fus quelque temps proscrit par toutes les opinions. Il y avait alors à Florence des exilés de Rome, de Turin, de Naples, réfugiés sur le sol toscan, à la suite des trois révolutions qui venaient de s'allumer et de s'éteindre dans leur patrie. Au nombre de ces proscrits se trouvait le colonel *Pepe*. Le colonel Pepe était un des officiers les plus distingués de l'armée; il avait suivi Napoléon en Russie; il était, de plus, écrivain de talent. Il prit en main la cause de sa patrie; il fit imprimer contre moi une brochure dont l'honneur de mon pays et l'honneur de mon poste ne me permettaient pas d'accepter les termes. J'en demandai satisfaction. Nous nous battîmes dans une prairie au bord de l'Arno, à une demi-lieue de Florence. Nous étions tous les deux de première force en escrime. Le colonel avait plus de fougue, moi plus de sang-froid. Le combat dura dix minutes. J'eus cinq ou six fois la poitrine découverte du colonel sous la pointe de mon épée : j'évitai de l'atteindre. J'étais résolu de me laisser tuer, plutôt que d'ôter la vie à un brave soldat criblé de blessures, pour une cause qui n'était point personnelle, et qui, au fond, honorait son patriotisme. Je sentais aussi que si j'avais le malheur de le tuer, je serais forcé de quitter l'Italie à jamais. Après deux reprises, le colonel me perça le bras droit d'un coup d'épée. On me rapporta à Florence. Ma blessure fut guérie en un mois.

Les duels sont punis de mort en Toscane. Le nôtre avait eu trop d'éclat pour que le gouvernement pût feindre de l'ignorer. Ma qualité de représentant d'une puissance étrangère me couvrait; la qualité de réfugié politique aggravait la situation du colonel Pepe. On le recherchait. J'écrivis au grand-duc, prince d'une âme grande et noble, qui m'honorait de son amitié, pour obtenir de lui que le colonel Pepe ne fût ni proscrit de ses États, ni inquiété pour un fait dont j'avais été deux fois le provocateur. Le grand-duc ferma les yeux. Le public, touché de mon procédé et attendri par ma blessure, m'applaudit la première fois que je reparus au théâtre. Tout fut effacé par un peu de sang entre l'Italie et moi. Je restai l'ami de mon adversaire, qui rentra plus tard dans sa patrie, et devint général.

Un de mes amis avait relevé ma cause dès la première émotion de cette querelle, et il avait écrit, en quelques pages de sang-froid et d'analyse, une défense presque judiciaire de mes vers calomniés. Mais je ne voulus plaider de la plume qu'après le jugement de l'épée, et je ne consentis à publier cette défense que lorsque je pus la signer de la goutte de sang de ce duel d'honneur non personnel, mais national.

J'en donne ici quelques extraits, comme pièces justificatives de cet étrange procès littéraire.

« On a donné, dans quelques écrits récemment publiés en Italie, de fausses interprétations d'un passage du cinquième chant du poëme de *Child-Harold*, interprétations dont l'auteur a été profondément affligé, et auxquelles on croit convenable de répondre. Les esprits impartiaux apprécieront sans doute les motifs du silence que M. de Lamartine a gardé jusqu'ici, et la justesse de ces observations.

» Un auteur ne doit jamais défendre ses propres ouvrages, mais un homme qui se respecte doit venger ses sentiments méconnus. Fidèle à ce principe, M. de Lamartine n'a jamais répondu aux critiques littéraires que par le silence; mais il repousse avec raison des opinions et des sentiments que l'erreur seule peut lui imputer.

» Le passage inculpé est une imprécation poétique contre l'Italie en général ; imprécation que prononce Child-Harold au moment où, quittant pour jamais les contrées de l'Europe, contre lesquelles sa misanthropie s'exhalait souvent avec toutes les expressions de la haine, il s'élançait vers un pays où son imagination désenchantée lui promettait des émotions nouvelles. Cette imprécation renferme ce que renferme toute imprécation, c'est-à-dire tout ce que l'imagination d'un poëte, quand il rencontre un pareil sujet, peut lui fournir de plus fort, de plus général, de plus exagéré, de plus vague, contre la chose ou le pays sur lesquels s'exerce la fureur poétique de son héros. Si l'on veut avoir une idée juste d'une pareille figure, qu'on lise les diatribes d'Alfieri contre la France, son langage, ses mœurs, ses habitants; les imprécations de Corneille contre Rome, celles de Dante, de Pétrarque, et de presque tous les poëtes italiens contre leur propre patrie, celles même de lord Byron contre quelques-uns de ses compatriotes; qu'on lise enfin tous les satiriques de tous les siècles, depuis Juvénal jusqu'à Gilbert. De pareils morceaux n'ont jamais rien prouvé que le plus ou moins de talent de leurs auteurs à se pénétrer des couleurs de leur sujet, ou à exercer leur verve satirique sur des nations ou des époques, c'est-à-dire sur des abstractions inoffensives.

» Voilà cependant de quel fondement des critiques italiens et quelques personnes mal informées ont voulu conclure les opinions et les sentiments de M. de Lamartine sur l'Italie. Hâtons-nous d'ajouter cependant que la plupart des personnes qui sont tombées dans cette erreur ne connaissaient de l'ouvrage que ce seul passage, et que, le lisant séparé de l'ensemble qui l'explique, et le croyant placé dans la bouche du poëte lui-même, l'accusation pouvait leur paraître plus plausible.

» Rétablissons les faits : l'imprécation du cinquième chant de *Child-Harold* n'a jamais été l'expression des sentiments de M. de Lamartine sur l'Italie. Ces vers ne sont nullement dans sa bouche, ils sont dans la bouche de son héros; et si jamais il a été possible de confondre le héros et l'auteur, et de rendre l'un solidaire des opinions de l'autre, à coup sûr ce n'était pas ici le cas. Child-Harold, ou lord Byron, que ce nom désigne toujours, est non-seulement un personnage très-distinct de M. de Lamartine, il en est encore en toute chose l'opposé le plus absolu. Irréligieux jusqu'au scepticisme, fanatique de révolutions, misanthrope jusqu'au mépris le moins déguisé pour l'espèce humaine, paradoxal jusqu'à l'absurde, Child-Harold est partout et toujours, dans ce cinquième chant, le contraste le plus prononcé avec les idées, les opinions, les affections, les sentiments de l'auteur français; et peut-être M. de Lamartine pourrait-il affirmer avec vérité qu'il n'y a pas dans tout ce poëme quatre vers qui soient pour lui l'expression d'un sentiment personnel. Le genre même de l'ouvrage peut rendre raison d'une pareille dissemblance : ce cinquième chant est en effet une continuation de l'œuvre d'un autre poëte, œuvre où cet autre poëte célébrait son propre caractère et ses impressions les plus intimes ; sorte de composition où l'auteur doit, plus que dans toute autre, se dépouiller de lui-même et se perdre dans sa fiction. Ajoutons que ce cinquième chant était même destiné à paraître sous le nom de lord Byron, et comme la traduction d'un fragment posthume de cet illustre écrivain.

» Mais depuis quand un auteur serait-il solidaire des paroles de son héros? Quand lord Byron faisait parler Manfred, le Corsaire, ou Lara; quand il mettait dans leur bouche les imprécations les plus affreuses contre l'homme, contre les institutions sociales, contre la Divinité; quand ils riaient de la vertu et divinisaient le crime, a-t-on jamais confondu la pensée du poëte et celle du brigand? et un tribunal anglais s'est-il avisé de venir demander compte à l'illustre barde des opinions du Corsaire ou des sentiments de Lara? Milton, le Dante, le Tasse, sont dans le même cas : toute fiction a été de tout temps permise aux poëtes, et aucun siècle, aucune nation, ne leur ont imputé à crime un langage conforme à leur fiction.

> Pictoribus atque poetis
> Quidlibet audendi semper fuit æqua potestas.

« Mais si l'usage de tous les temps et le bon sens de tous les peuples ne suffisaient pas pour établir ici cette distinction entre le poëte et le héros, M. de Lamartine avait pris soin de l'établir d'avance dans la préface même de son ouvrage. « Il est inutile, » dit-il, de faire remarquer que la plupart des morceaux de ce » dernier chant de *Child-Harold* se trouvent uniquement dans la » bouche du héros, que, d'après ses opinions connues, l'auteur » français ne pouvait faire parler contre la vraisemblance de son » caractère. Satan, dans Milton, ne parle point comme les anges. » L'auteur et le héros ont deux langages très-opposés, etc... » (*Préface de la première édition* d'Harold.)

» Ce serait en dire assez; mais on dira plus : Lors même que M. de Lamartine aurait écrit en son propre nom, et comme l'expression de ses propres impressions, ce qu'il n'a écrit que sous le nom d'Harold ; lors même qu'il penserait de l'Italie et de ses peuples autant de mal que le supposent gratuitement ses adversaires, le fragment cité ne mériterait aucune des épithètes qu'on se plaît à lui donner. En effet, une chose qui, par sa nature, n'offense ni un individu ni une nation, n'est point une injure ; jamais une vague déclamation contre les vices d'un siècle ou d'un peuple n'a offensé réellement une nation ou une époque ; et jamais ces déclamations, quelque violentes, quelque injustes qu'on les suppose, n'ont été sérieusement reprochées à leurs auteurs : l'opinion, juste en ce point, a senti que ce qui frappait dans le vague était innocent, par là même que cela ne nuisait à personne...

» Plaçons ici une observation plus personnelle. Si le chant de *Child-Harold* était le début d'un auteur complètement inconnu, si la vie et les ouvrages de M. de Lamartine étaient totalement ignorés, on comprendrait plus aisément peut-être l'erreur qui lui fait attribuer aujourd'hui les sentiments qu'il désavoue. Mais s'il perce dans tous ses écrits précédents un goût de prédilection pour une contrée de l'Europe, à coup sûr c'est pour l'Italie : dans vingt passages de ses ouvrages il témoigne pour elle le plus vif enthousiasme, il ne cesse d'y exalter cette terre du soleil, du génie et de la beauté :

> Voluptueux vallon, qu'habita tour à tour
> Tout ce qui fut grand dans le monde !
> (Méditation XXIV.)

d'en appeler à ses immortels souvenirs :

> Mais dans ton sein l'âme agrandie
> Croit sur leurs monuments respirer leur génie !
> (Id.)

de célébrer sa gloire et même ses ruines : voyez le morceau intitulé *Rome*, dédié à la duchesse de Devonshire. Si du poëte nous passons à l'homme, nous voyons que M. de Lamartine a passé en Italie, et par choix, les premières années de sa jeunesse ; qu'il y est revenu sans cesse à différentes époques, qu'il y revient encore aujourd'hui. Qu'on rabaisse son talent poétique tant qu'on voudra, il n'y attache pas lui-même plus de prix qu'il n'en mérite : mais si on veut bien lui accorder au moins le bon sens le plus vulgaire et le plus usuel, comment supposera-t-on que si la haine qu'on lui impute était dans son cœur, que s'il avait prétendu exhaler ses propres sentiments en écrivant les imprécations d'Harold, il eût au même moment demandé à être renvoyé dans ce pays qu'il abhorrait, et qu'enfin il fût venu se jeter seul au milieu des ennemis de tout genre que la manifestation de ces sentiments aurait dû lui faire? Qui ne sent l'absurdité d'une pareille supposition? et quel homme de bonne foi, en comparant les paroles du poëte et ses actions, en opposant tous les vers où il exprime sous son propre nom ses propres impressions à ceux où il exprime les sentiments présumés de son personnage, quel homme de bonne foi, disons-nous, pourra suspendre son jugement?

» Quelle que soit, au reste, la peine que puisse éprouver M. de Lamartine de voir ses intentions si amèrement inculpées, il doit peut-être de la reconnaissance aux auteurs des différents articles où on l'accuse, puisqu'il le mettent dans la nécessité d'expliquer sa pensée méconnue, et de désavouer hautement les sentiments aussi absurdes qu'injurieux qu'on s'est plu à lui prêter. De ce qu'il y a quelques traits de vérité dans le fragment d'Harold, on veut conclure que ce ne sont point des sentiments feints, et qu'ils expriment la pensée de l'auteur plus que la passion du héros. Oui, sans doute, il y a quelques traits de vérité : et quel peuple n'a pas ses vices? quelle époque n'a pas ses misères? L'Italie seule voudrait-elle n'être peinte que des traits de l'adulation? Il y a quelques traits de vérité; mais l'ensemble du tableau est faux, outré, comme tout tableau qui n'est vu que sous un seul jour, comme toute peinture où l'imagination n'emploie que les couleurs de la prévention et de la haine : oui, le tableau est faux pour M. de Lamartine. Dans sa fiction, son héros et lui partent de principes trop opposés pour se rencontrer jamais dans un jugement semblable.

» Mais peut-on admettre d'ailleurs que le poëte qui a pu faire les vers de Child-Harold soit en même temps assez absurde et assez aveugle à toute évidence, pour ne pas rendre une éminente justice à ce que le monde entier reconnaît et admire? pour maudire une terre à laquelle la nature et le ciel ont prodigué tous leurs dons, dont l'histoire est encore un des trophées du genre humain? pour dédaigner une langue qu'ont chantée le Dante, le Pétrarque et le Tasse; une terre où, dans les temps modernes, toute civilisation et toute littérature ont pris naissance, et ont produit la splendeur de Rome sous les Léon X, la culture et l'éclat de Florence sous les Médicis, la puissance merveilleuse de Venise, et les plus imposants chefs-d'œuvre que nos âges puissent opposer au siècle de Périclès? comprendre enfin dans une exécration universelle le climat, le génie, la langue, le caractère de dix nations des plus heureusement douées par le ciel, et chez lesquelles tant de grands écrivains, tant de nobles caractères semblent renouvelés de siècle en siècle pour protester contre la décadence même de cet empire du monde, qu'aucun peuple n'a pu conserver?

» Mais c'est assez. Quelle que soit l'estime que l'on porte à un homme ou à un peuple, le moment de le louer n'est pas celui où l'on est injustement accusé par lui : la justice même en pareil cas ressemblerait à de la crainte. Quoique M. de Lamartine rejette à bon droit ce rôle d'insulteur public qu'on a voulu lui faire jouer malgré lui, il ne veut pour personne, pas même pour une nation, s'abaisser au rôle de suppliant ou à celui d'adulateur : l'un lui messied autant que l'autre. Satisfait d'avoir répondu aux injustes inculpations qu'un de ses écrits a pu malheureusement autoriser jusqu'à ce qu'il se fût expliqué lui-même, il se taira maintenant. Les esprits impartiaux rendront justice aux sentiments de convenances personnelles et politiques qui lui imposent désormais le devoir de ne répondre aux fausses interprétations que par le silence, aux injures littéraires que par l'oubli, aux insultes personnelles que par la mesure et la fermeté que tout homme doit retrouver en soi, quand on en appelle de son talent à son caractère.

« Florence, le 12 janvier 1826. »

FIN DE CHILD-HAROLD.

HARMONIES

POÉTIQUES ET RELIGIEUSES

AVERTISSEMENT

Voici quatre livres de poésies écrites comme elles ont été senties, sans liaison, sans suite, sans transition apparente : la nature en a, mais n'en montre pas; poésies réelles et non feintes, qui sentent moins le poëte que l'homme même; révélation intime et involontaire de ses impressions de chaque jour; pages de sa vie intérieure, inspirées tantôt par la tristesse, tantôt par la joie, par la solitude ou par le monde, par le désespoir ou l'espérance, dans ses heures de sécheresse ou d'enthousiasme, de prière ou d'aridité.

Ces Harmonies, prises séparément, semblent n'avoir aucun rapport l'une avec l'autre; considérées en masse, on pourrait y retrouver un principe d'unité dans leur diversité même; car elles étaient destinées, dans la pensée de l'auteur, à reproduire un grand nombre des impressions de la nature et de la vie sur l'âme humaine; impressions variées dans leur essence, uniformes dans leur objet, puisqu'elles auraient été toutes se perdre et se reposer dans la contemplation de Dieu : sujet infini comme la nature, grand et saint comme la Divinité, les forces humaines n'y atteignent pas. Je n'en publie aujourd'hui que quatre livres : cela me semble bien peu, peut-être trouvera-t-on que c'est trop encore. S'il en est autrement, j'en publierai, par la suite, plusieurs autres livres, à mesure que les années, les lieux, les sentiments, les vicissitudes de la vie et de la pensée, me les inspireront à moi-même. Je demande grâce pour les imperfections de style dont les esprits délicats seront souvent blessés. Ce que l'on sent fortement s'écrit vite. Il n'appartient qu'au génie d'unir deux qualités qui s'excluent : la correction et l'inspiration.

Ces vers ne s'adressent qu'à un petit nombre.

Il y a des âmes méditatives que la solitude et la contemplation élèvent invinciblement vers les idées infinies, c'est-à-dire vers la religion; toutes leurs pensées se convertissent en enthousiasme et en prière, toute leur existence est un hymne muet à la Divinité et à l'espérance. Elles cherchent en elles-mêmes, et dans la création qui les environne, des degrés pour monter à Dieu, des expressions et des images pour se révéler à elles-mêmes, pour se révéler à lui : puissé-je leur en prêter quelques-unes !

Il y a des cœurs brisés par la douleur, refoulés par le monde, qui se réfugient dans le monde de leurs pensées, dans la solitude de leur âme, pour pleurer, pour attendre ou pour adorer : puissent-ils se laisser visiter par une muse solitaire comme eux, trouver une sympathie dans ses accords, et dire quelquefois en l'écoutant : « Nous prions avec tes paroles, nous pleurons avec tes larmes, nous invoquons avec tes chants ! »

C'est à eux seuls que ces vers s'adressent. Le monde n'en a pas besoin : il a ses soins et ses pensées. Mais si quelques-uns de ces esprits qui ne sont plus au monde répondent en secret à mes faibles accents ; si quelques-uns de ces cœurs arides s'ouvrent, et retrouvent une larme ; si quelques âmes sensibles et pieuses me comprennent, me devinent, et achèvent en elles-mêmes les hymnes que je n'ai fait qu'ébaucher, c'est assez ; c'est tout ce que j'aurais voulu obtenir ; c'est plus que je n'ose espérer.

Paris, mai 1830.

LETTRE

A M. LE COMTE D'ESGRIGNY

———

Saint-Point, 4 octobre 1849.

MON CHER D'ESGRIGNY,

Ce matin, mon éditeur m'a écrit de Paris pour me demander un prologue aux *Harmonies poétiques et religieuses*. Ce prologue, je l'ai promis dans le prospectus de mes œuvres, revues, épurées, commentées et publiées par moi-même. Le laboureur retourne ainsi son champ aux premières brumes d'automne, et enterre, sur le revers du sillon, les herbes parasites qui ont poussé inutilement entre la dernière moisson et la prochaine semaille. Il faut tenir ma promesse; il faut que le prochain courrier emporte aux protes d'élite de M. Didot un certain nombre de pages dans lesquelles je dise à mes lecteurs comment, pourquoi, dans quelle disposition de l'âme, dans quel site de France, d'Italie, de Savoie ou d'Orient, j'ai chanté ces harmonies, et ce que c'est qu'une harmonie.

Hélas! mon ami, quel temps pour me demander une préface? Quel temps pour reporter ma pensée sur ces années de ma jeunesse qui sont aussi mortes et aussi balayées, dans les vallées et dans les torrents de mon passé, que les feuilles de l'été de 1829 dans les ravines de ces montagnes, et dans l'*humus* végétal des nouvelles floraisons que je foule sous mes pieds! Une préface? à moi? aujourd'hui? Lisez plutôt le récit de ma journée, et jugez vous-même si je suis en veine d'écrire, soit en vers, soit en prose, à propos de prose ou de vers; et si je pourrais distraire, par une diversion littéraire quelconque, mon âme, mon cœur, mon esprit, mes yeux, des impressions et des souvenirs qui me possèdent en ce moment pour des heures, mais qui me possèdent tout entier.

Vous savez que je suis venu dans le pays de ma naissance il y a quelques semaines pour rétablir ma santé atteinte jusqu'à la séve, et pour respirer le vieil air toujours jeune des coteaux où nous avons respiré notre première haleine, comme on renvoie à sa nourrice, bien qu'elle n'ait plus le même lait, l'enfant maladif que le régime des villes a énervé; vous savez que j'y suis venu aussi, et surtout, pour de pénibles déracinements domestiques de propriétés, de maisons paternelles, de séjours, d'affections, d'habitudes, comme on va une dernière fois dans la demeure vénérée de ses pères pour la démeubler avant de secouer la poussière de ses pieds sur le seuil chéri, et de lui dire un pieux adieu. Je suis sous ma tente, en un mot, pour enlever ma tente, pour la replier, et pour aller la replanter, déchirée et rétrécie, je ne sais où. C'est à cela que je suis occupé pendant le court loisir que m'ont donné par force la nature et les affaires politiques, d'accord pour me congédier de Paris. Je passe ce congé au centre de mes occupations de vendeur de terre, et à proximité des hommes de loi, des hommes de banque et des hommes de trafic rural, auprès de la petite ville de Mâcon. Je commence à reprendre des forces dans les membres, pas encore assez dans le cœur : cependant vous connaissez ce cœur; il est élastique, il fléchit, il ne rompt pas. « Le cœur est un muscle, » disent les physiologistes. Quel muscle ! leur dirai-je à mon tour; c'est lui qui porte la destinée !

Ce matin, je me sentais mieux ; j'avais à faire un voyage obligé à quelques lieues de ma demeure temporaire, une course dans cette vallée reculée de *Saint-Point*, dont vous connaissez la route. Quelques-uns de mes vers ont emporté ce nom sur leurs ailes, comme les colombes qui portent sur leur collier, au delà des bois, le nom ou le chiffre des amants qui les ont apprivoisées.

Je dis au vieux jardinier de rappeler ma jument noire qui paissait en liberté dans un verger voisin, et de la seller pour moi. La jument privée, depuis longtemps oisive, voyant la selle que le jardinier portait sur sa tête, secoua sa crinière, enfla ses naseaux, tendit le nerf de sa queue en panache, galopa un moment autour du verger, en faisant partir les alouettes et jaillir la rosée de l'herbe sous ses sabots; puis, s'approchant joyeusement de la barrière, elle tendit d'elle-même ses beaux flancs luisants à la selle, et ouvrit sa petite bouche au mors, comme si elle eût été aussi impatiente de me porter que j'étais impatient de la remonter moi-même. Nul ne sait, à moins d'avoir été bouvier, pasteur, soldat, chasseur ou solitaire comme moi, combien il y a d'amitié entre les animaux et leur maître. Ce monde est un océan de sympathies dont nous ne buvons qu'une goutte, quand nous pourrions en absorber des torrents. Depuis le cheval et le chien jusqu'à l'oiseau, et depuis l'oiseau jusqu'à l'insecte, nous négligeons des milliers d'amis. Vous savez que moi je ne néglige pas ces amitiés, et que de la loge du dogue de basse-cour à l'étable du chevrier, et de l'étable au mur du jardin où je m'assieds au soleil, connu des souris d'espalier, des belettes au museau flaireur, des rainettes à la voix d'argent, ces clochettes du troupeau souterrain, et des lézards, ces curieux aux fenêtres qui sortent la tête de toutes les fentes, j'ai des relations et des sentiments partout. Honni soit qui mal y pense! je suis comme le vicaire de Goldsmith, j'aime à aimer!

Je partis seul, suivi de mes trois chiens. Je franchis rapidement la plaine déjà ondulée qui sépare les bords de la Saône de la chaîne des hautes montagnes noires derrière lesquelles se creuse la vallée de *Saint-Point*.

Quand j'arrivai au pied de ces montagnes, je mis la jument au petit pas. La journée était une journée d'automne, indécise, comme la saison, entre la mélancolie et la splendeur, entre la brume et le soleil. Quelques brouillards sortaient, comme des fumées d'un feu de bûcherons, des gorges entre les troncs des sapins ; ils flottaient un moment sur les prés en pente au bord des bois ; puis, aussitôt roulés par le vent en ballots légers de vapeurs, ils s'enlevaient, m'enveloppaient un moment d'une draperie transparente, et s'évaporaient en montant toujours, et en laissant quelques gouttes d'eau sur les crins de mon cheval. Mais au-dessus des premières rampes, toute lutte entre la brume du matin et l'éclat du midi cessa. Le soleil avait bu toute l'humidité de la terre; les cimes nageaient dans l'été. Un vent du midi tiède, sonore, méditerranéen, prélude voluptueux d'équinoxe, soufflait de la vallée du Rhône, avec les murmures et les soubresauts alternatifs des lames bleues de la mer de Syrie, qui viennent de minute en minute heurter et laver d'écume les pieds du Liban. Je savais que ce vent venait en effet de là; il n'y avait que quelques heures qu'il avait soufflé dans les cèdres et gémi dans les palmiers; il me semblait entendre encore, et presque sans illusion d'oreille, dans ses rafales chaudes, les palpitations de la voile des grands mâts, le tangage des navires sur les hautes vagues, le bouillonnement de l'écume retombant de la proue, comme de l'eau qui frémit sur un fer chaud, quand la proue se relève du flot, les sifflements aigus quand on double un cap, les clapotements du bord, et les coups sourds et creux de la quille des chaloupes, quand le pêcheur les amarre contre les écueils de Sidon.

Un petit hameau, tout semblable à un village aride et pyramidal d'Espagne ou de Calabre, s'échelonnait au-dessus de moi avec ses toits étagés en gradins de tuiles rouges, et avec son clocher de pierre grise, bronzée du soleil. Sa cloche, dont on voyait le branle et la gueule à travers les ogives de la tour, et dont on entendait rugir et grincer le mécanisme de poutres et de solives, sonnait l'*Angelus* du milieu du jour, et l'heure du repas aux paysans dans le champ et aux bergers dans la montagne. Des fumées de sarments sortaient de deux ou trois cheminées, et fuyaient chassées sous le vent comme des volées de pigeons bleus. Ce village était le mien, le foyer de mon père après les orages de la première révolution, le berceau de nous tous, les enfants de ce nid maintenant désert. Je passai devant la porte de ma cour sans y entrer; je suivis, sans lever la tête, le pied du mur noir et bossué de pierres sèches qui borde le chemin et qui enclôt le jardin ; je n'osai pas m'arrêter même à l'ombre de sept ou huit platanes et de la tonnelle de charmille qui penchent leurs feuilles jaunes sur le chemin. J'entendais des voix dans l'enclos : je savais que c'étaient les voix d'étrangers venus de loin pour acheter le domaine, qui arpentaient les allées encore empreintes de nos pas, qui sondaient les murs encore chauds de nos tendresses de famille, et qui appréciaient les arbres nos contemporains et nos amis, dont l'ombre et les fruits allaient désormais verdir et mûrir pour d'autres que pour nous !...

Je baissai le front pour ne pas être aperçu par-dessus le mur, et je gravis sans me retourner la montagne de bruyères et de buis qui domine ce village. Je tournai un cap de roche grise où se plaisent les aigles, où se brise toujours le vent même en temps calme ; il me cacha Milly, et je m'enfonçai dans d'autres gorges où le son même de sa cloche ne venait plus me frapper au cœur.

Après avoir marché ou plutôt gravi environ une heure dans des ravins de sable rouge, à travers des bruyères et sous les racines d'immenses châtaigniers qui s'entrelacent comme des serpents endormis au soleil, j'arrivai au faîte de la chaîne de ces montagnes. Il y a là, au point étroit et culminant de ce col ou de ce pertuis, comme on dit dans le Valais et dans les Pyrénées, une arête de quelques pas d'étendue. On ne monte plus et l'on ne descend pas encore ; on plonge à son gré ses regards, selon qu'on se retourne au levant ou au couchant, sur l'immense plaine du Mâconnais, de la Bresse et de la Saône, ou sur les noires et profondes vallées de *Saint-Point*, sur les cimes entre-croisées, les pentes ardues et les défilés rocheux, arides ou boisés, qui s'amoncellent ou glissent vers le creux du pays.

Toutes les fois qu'il est arrivé à ce sommet, le passant essoufflé fait une courte halte, et ne peut retenir un cri d'admiration. L'âne, le mulet et le cheval eux-mêmes connaissent ce panorama de Dieu. Ils y ralentissent le pas sans qu'on retire la bride, et baissent la tête pour flairer la vallée, et pour brouter quelques touffes d'herbe brûlée par le vent sur le bord du ravin.

Ma jument se souvint de la place et de la halte; elle me laissa un moment regarder en arrière. Il y aurait de quoi regarder tout le jour. Les cônes aigus des montagnes pelées du Mâconnais et du Beaujolais, groupés à droite et à gauche comme des vagues de pierre sous un coup de vent du chaos; sur leurs flancs, de nombreux villages; à leurs pieds, une immense plaine de prairies semées d'innombrables troupeaux de vaches blanches, et traversées par une large ligne aussi bleue que le ciel, lit serpentant de la Saône sur lequel flotte, de distance en distance, la fumée des navires à vapeur; au delà, une terre fertile, la Bresse, semblable à une large forêt; plus loin, un premier cadre régulier de montagnes grises, muraille du Jura qui cache le lac Léman; enfin, derrière ce contre-fort des montagnes du Jura, qui ressemblent d'ici au premier degré d'un escalier dressé contre le ciel, toute la chaîne des Alpes depuis Nice jusqu'à Bâle, et au milieu le dôme blanc et rose du mont Blanc, cathédrale sublime au toit de neige qui semble rougir et se fondre dans l'éther, et devenir transparente comme du sable vitrifié sous le foyer du soleil, pour laisser entrevoir à travers ses flancs diaphanes les plaines, les villes, les fleuves, les mers et les îles d'Italie.

Après avoir effleuré et touché cela d'un long coup d'œil, envoyé du cœur une pensée, un souvenir, une adoration à chaque lieu et à chaque pan de ce firmament; je descendis par un sentier rapide et sombre, bordé d'un côté de forêts, de l'autre de prés ruisselants de sources, le revers de la chaîne que je venais de franchir. On n'a pendant longtemps devant les yeux d'autre horizon que des groupes de montagnes confuses, noires de sapins, ici ébréchées, là amoindries et comme usées par le frôlement des vents et des pluies. Ce sont les montagnes du Charollais, qui séparent l'Auvergne des Alpes. Ces collines, par leur engeancement, leur étagement, la mobilité des ombres qu'elles se renvoient les unes les autres sur leurs flancs, du jour qu'elles se reflètent, par leur transparence au sommet, et les couches d'or que les rayons glissants du soleil y mêlent à la fleur déjà dorée des genêts, m'ont toujours rappelé les montagnes de la *Sabine* près de Rome, qu'aimait tant *Horace*; depuis que j'ai vu la Grèce, elles me représentent davantage les cimes rondes et à grandes échancrures des montagnes de la *Laconie* et de l'*Arcadie*. Quelquefois je m'arrête pour écouter si les vagues de la mer d'Argos ne bruissent pas à leurs pieds.

A mesure que je descendais, la petite vallée dont je suivais le lit se creusait plus profondément devant moi, se cachait sous plus de hêtres et de châtaigniers, murmurait de plus de ruisseaux dans ses ravines, et, s'ouvrant davantage sur ses deux flancs, me laissait déjà apercevoir une plus large étendue et une plus creuse profondeur de la vallée de *Saint-Point*, dans laquelle elle vient aboutir. A l'endroit où ce ravin s'ouvre enfin tout à fait, et où on le quitte pour descendre en serpentant les flancs de la vallée principale, il y a un tournant du chemin qui serre le cœur, et qui fait toujours jeter un cri de joie ou d'admiration. A la droite, on compte neuf ou dix châtaigniers aussi vieux et aussi vénérés que ceux de Sicile; ils rampent plutôt qu'ils ne se dressent sur une pente de mousse et de gazon tellement rapide, que leurs feuilles et leurs fruits, en tombant, roulent loin de leurs racines au moindre vent jusqu'au fond d'un torrent. On ne voit pas ce torrent; on l'entend seulement à cinq ou six cents pas sous leur nuit de verdure. A la gauche, on descend du regard, de chalets en chalets et de bocage en chaume, jusqu'au fond d'une vallée un peu sinueuse, au milieu de laquelle on aperçoit sur un mamelon entouré de prés, voilées d'ombres, adossées à des bois, isolées des villages, baignées d'un ruisseau, deux tours jaunâtres, dorées du soleil : c'est mon toit.

Il y a entre l'homme et les murs qu'il a longtemps habités mille secrètes intimités à se dire, qui ne permettent jamais de se revoir, après de longues absences, sans qu'une conversation qui semble véritablement animée et réciproque ne s'établisse aussitôt entre eux. Les murs semblent reconnaître et appeler l'homme, comme l'homme reconnaît et embrasse les murs. Les anciens avaient senti et exprimé ce mystère. Ils disaient : *genius loci, l'âme du lieu;* ils avaient les *dieux lares,* la divinité du foyer. Cette divinité s'est réfugiée aujourd'hui dans le cœur; mais elle y est, elle y parle, elle y pleure, elle y chante, elle s'y réjouit, elle s'y plaint, elle s'y console. Je ne l'ai jamais mieux entendue et sentie que ce matin.

Cette divinité du foyer, les animaux eux-mêmes l'entendent et la sentent; car au moment où ma vieille jument aperçut, quoique de si haut et de si loin, les tours du château et les grands prés à droite où elle avait galopé et pâturé tant de fois dans sa jeunesse, un frisson courut en petits plis de soie sur son encolure; elle tourna ses naseaux à droite et à gauche en flairant le vent, elle rongea du pied le rocher de granit sur lequel je l'avais arrêtée, elle hennit à ses souvenirs d'enfance, et, lançant deux ou trois ruades de gaieté à mes chiens sans les atteindre, elle bondit sous moi, en essayant de me forcer la main pour s'élancer vers ses chères images.

Je descendis; je l'attachai par la bride lâche à une branche pliante de houx couverte de ses graines de pourpre, pour qu'elle pût brouter à l'aise au pied du buisson, et je m'assis un moment sur la racine du châtaignier, le visage tourné vers ma demeure vide.

Le vent du midi avait redoublé d'haleine à mesure que le soleil était monté sous le ciel; il avait pris les bouffées et les rafales d'une tempête sèche; depuis que le soleil avait commencé à redescendre vers le couchant, il avait balayé comme un cristal le firmament; il faisait rendre aux bois, aux rochers, et même aux herbes, des harmonies qui semblaient mêlées de notes joyeuses et de notes tristes, d'embrassements et d'adieux, de terreur et de volupté; il amoncelait en tourbillons les feuilles mortes, et puis il les laissait retomber et dormir en monceaux miroitants au soleil : ce vent avait dans les haleines des caresses, des tiédeurs, des amours, des mélancolies et des parfums qui dilataient la poitrine, qui enivraient les oreilles, qui faisaient boire par tous les pores la force, la vie, la jeunesse d'un incorruptible élément. On eût dit qu'il sortait du ciel, de la terre, des bois, des plantes, des fenêtres de la maison visible là-bas, du foyer d'enfance, des lèvres de mes sœurs, de la mâle poitrine de mon père, du cœur encore chaud de ma mère, pour m'accueillir à ce retour, et pour me toucher des lèvres sur la joue et au front. Il faisait battre les mèches humides de mes cheveux sur mes tempes, sous le rebord de mon chapeau, avec des frissons aussi délicieux qu'il avait jamais fouetté mes boucles blondes dans ces mêmes prés sur mes joues de seize ans! Je l'aspirais comme des lèvres qui se collent à l'embouchure d'une fontaine d'eau pure ; je lui tendais mes deux mains ouvertes, mes doigts élargis comme un mendiant qu'on a fait entrer au foyer d'hiver, et qui prend, comme on dit ici, un *air de feu.* J'ouvrais ma veste et ma chemise sur ma poitrine, pour qu'il pénétrât jusqu'à mon sang.

Mais, cette première impression toute sensuelle épuisée, je glissai bien vite dans les impressions plus intimes et plus pénétrantes de la mémoire et du cœur ; elles me poignirent, et je ne pus les supporter à visage découvert, bien qu'il n'y eût là, et bien loin tout alentour, que mes chiens, ma jument, les arbres, les herbes, le ciel, le soleil et le vent : c'était trop encore pour que je leur dévoilasse sans ombre l'abîme de pensées, de mémoires, d'images, de délices et de mélancolie, de vie et de mort dans lequel la vue de cette vallée et de cette demeure submergeait mon front. Je cachais mon visage dans mes deux mains ; je regardais furtivement entre mes doigts les tours, le balcon, le jardin, le verger, la fumée sur le toit, les bois derrière bordés de chaumières connues, la prairie, la rivière, les saules sur le bord de l'étang ; et, recevant de chacun de ces objets un souvenir, une image, un son de voix, une personne, une voix à l'oreille, une vision dans les yeux, un coup au cœur, je fondis en eau, et je m'abîmai dans l'impossible passion de ce qui n'est plus !... Vouloir ressusciter le passé, ce n'est pas d'un homme, c'est d'un Dieu ; l'homme ne peut que le revoir et le pleurer. Les imaginations puissantes sont les plus malheureuses, parce qu'elles ont la faculté de revoir, sans avoir le don de ranimer. Le génie n'est qu'une grande douleur !

Je jetai enfin, comme l'âme fait toujours quand elle est trop chargée, mon fardeau dans le sein de Dieu ; il reçoit tout, il porte tout, et il rend tout. Je me mis à genoux dans l'herbe, le visage tourné vers cette vallée principale de ma vie, non ma vallée de larmes, mais ma vallée de paix. Je priai longtemps, je crois, si j'en juge par l'innombrable revue de choses, de jours, d'heures douces ou amères, de visions apparues, embrassées et perdues qui passèrent devant mon esprit. Le soleil avait baissé sans que je m'en aperçusse pendant cette halte dans mes souvenirs : il touchait presque aux petites têtes du bois de sapins que vous connaissez, et qui dentellent le ciel au sommet de la montagne, en face de moi, en se découpant sur le bleu du ciel comme les mâts d'une flotte à l'ancre dans un golfe d'eau limpide de la mer d'Ionie.

Je fus réveillé comme en sursaut de ma contemplation par le galop d'un cheval, par le braiment d'un âne, et par les cris d'un homme effrayé. Tout ce bruit et tout ce mouvement s'entendaient à quelques pas de moi, derrière le buisson qui séparait le sentier battu de la montagne, du petit tertre de mousse enclos de pierres sèches où j'étais venu chercher le dossier du vieux châtaignier. Je m'élançai, je franchis le mur, et je me retrouvai dans le sentier ; mais je n'y retrouvai plus ma jument : elle avait été effrayée par les pierres qu'un âne paissant au-dessus du sentier, sur une pente de bruyère granitique, avait fait rouler sous ses pieds. Elle avait rompu d'une saccade de tête les tiges de houx auxquelles j'avais enroulé la bride ; elle galopait, allant et revenant sur elle-même dans le chemin creux, arrêtée par les cris et par les gestes épouvantés d'un vieillard qui levait et agitait comme à tâtons, d'une main tremblante, un grand bâton dont il semblait se couvrir contre le danger.

J'appelai *Saphir*, c'est le nom de la jument ; elle se calma à ma voix, et revint me lécher les mains et me remettre les rênes. Je criai au vieillard de se rassurer, et je me rapprochai de lui, la bride sous le bras.

Dans ce pauvre homme je venais de reconnaître un des plus vieux *coquetiers* de ces montagnes, qui louait à notre mère des ânesses au printemps pour donner leur lait à ses pauvres femmes malades, qui lui servait de guide, d'écuyer pour promener ses enfants avec elle sur ces solitudes élevées, où elle voyait la nature de plus haut, et où elle adorait Dieu de plus près.

On appelle ici *coquetier* un homme qui va de chaumière en chaumière et de verger en verger acheter des œufs, des prunes, des pommes, des petites poires sauvages, des châtaignes; qui en remplit les paniers de ses ânes, et qui va les revendre avec un petit bénéfice aux portes des églises, après vêpres, dans les villages voisins.

Ce coquetier des montagnes était déjà vieux et cassé dans mon enfance. Je le croyais couché depuis longues années sous une de ces pierres de granit couvertes de mousse, qui parsemaient comme des tombes son petit champ d'orge et de folle avoine autour de son haut chalet. Il avait dès ce temps-là les yeux chassieux; ma mère lui donnait, pour fortifier sa vue, de petites fioles où elle recueillait les pleurs de la vigne, sève du cep qui sue au printemps une sueur balsamique ayant, dit-on, la vertu sans avoir les vices du vin. Maintenant plus qu'octogénaire, il paraissait tout à fait aveugle, car il tenait une de ses mains en entonnoir sur ses yeux fixés vers le soleil, comme pour y concentrer quelque sentiment de ses rayons; de l'autre main il palpait une à une les pierres amoncelées du petit mur à hauteur d'appui qui bordait le sentier, comme pour reconnaître la place où il se trouvait sur le chemin.

« Rassurez-vous, père *Dutemps!* lui criai-je en me rap-
» prochant de lui ; j'ai repris le cheval, il ne fera ni peur à
» votre âne, ni mal à vous. » Et je m'arrêtai à l'ombre d'un
poirier sauvage, devant le pauvre homme.

« Vous me connaissez donc, puisque vous avez dit mon
» nom ? murmura l'aveugle. Mais moi, je ne vous connais
» pas. C'est qu'il y a bien longtemps, continua-t-il comme
» pour s'excuser, que je ne puis plus connaître les hommes
» qu'à leur voix. Les arbres et les murs, oui, cela ne change
» pas de place ; mais les hommes, non : cela va, cela vient,
» aujourd'hui ici, demain là ; cela court comme de l'eau,
» cela change comme le vent ; à moins de les voir, on ne
» sait pas à qui on parle, et je ne les vois plus. Par exemple,
» quand ils m'ont une fois parlé, je les reconnais toujours
» au son de leur voix : la voix, c'est comme une personne
» dans mon oreille. Mais je ne me souviens pas d'avoir
» jamais entendu la vôtre. Qui êtes-vous donc, si cela ne
» vous offense pas ?

» Hélas ! père Dutemps, lui dis-je, cela prouve que ma
» voix a bien changé, comme mon visage ; car vous l'avez
» entendue bien souvent sous le vieux *sorbier* de votre cour,
» quand nous ramassions au pied de l'arbre les *sorbes* que
» la Madeleine votre femme faisait mûrir sur la paille, ou
» quand je rappelais les chiens courants de mon père au bord
» du grand bois, au-dessus de votre champ de blé noir. »

Il renversa sa tête en arrière, ôta son bonnet, d'où roulèrent sur ses joues des écheveaux de cheveux blancs et fins
comme une toison, et il recula machinalement en arrière, à
deux pas.

« Vous êtes donc monsieur Alphonse ? s'écria-t-il (les

» paysans de ces contrées ne connaissent de mes noms que
» celui-là). Il n'y a que lui qui ait connu Madeleine, qui ait
» secoué le sorbier de la cour, qui ait rappelé les chiens des
» chasseurs pour leur rompre le pain de seigle devant la
» maison. Hélas! que Madeleine aurait donc de plaisir à le
» revoir, si elle vivait! ajouta-t-il avec un accent de regret
» attendri. — Oui, c'est moi, père Dutemps, lui dis-je;
» donnez-moi votre main, que je la serre encore en recon-
» naissance des bons services que vous nous avez rendus,
» des bons fagots que vous nous avez brûlés, des bonnes
» galettes de sarrasin que vous nous avez cuites à votre feu,
» et de l'amitié que Madeleine, ses filles et vous, vous aviez
» pour notre mère et pour ses enfants! Il y a bien longtemps
» de cela; mais, voyez-vous, la mémoire dans les cœurs
» d'enfants, c'est comme la braise du foyer éteint pendant
» le jour dans la maison : cela tient la cendre chaude, et
» quand la nuit vient, cela se rallume dès qu'on la remue!

» Est-ce possible? Quoi! c'est bien vous! reprit-il avec
» un étonnement qui commençait à s'apaiser. Ah! oui, il y
» a bien longtemps que vous n'étiez venu au pays, qu'on ne
» regardait plus fumer le château, qu'on n'entendait plus
» aboyer les chiens là-bas dans le grand jardin sous les
» tours, qu'on ne voyait plus passer les chevaux blancs qui
» portaient des dames et des messieurs dans les chemins à
» travers les prés! Ma fille me disait : « Le pays est mort; il
» semble que la cloche pleure au lieu de carillonner. ». On
» disait aussi que vous ne reviendriez jamais; qu'il y avait
» eu du bruit là-bas; qu'on vous avait nommé un des rois
» de la république; et puis, qu'on avait voulu vous mettre
» en prison ou en exil, comme sous la Terreur. Il est venu
» au printemps un colporteur qui vendait des images de
» vous dans le pays, comme celles d'un grand de la répu-
» blique; et puis il en est venu en automne qui vendaient

» des chansons contre vous, comme celles de Mandrin. J'ai
» bien pleuré quand ma fille m'a raconté cela un dimanche,
» en revenant de la messe. Est-ce bien possible, ai-je dit,
» que ce monsieur ait fait tous ces crimes? et que lui, qui
» n'aurait pas fait de mal à une bête quand il était petit, il
» ait fait couler le sang des hommes dans Paris, par ma-
» lice? Et puis, quelques mois plus tard, on dit que ce
» n'était pas vrai; et puis, on n'a plus rien dit du tout.

» Hélas! père Dutemps, lui ai-je répondu, il y a du vrai
» et du faux dans tous ces bruits de nos agitations lointaines
» qui sont montés jusqu'à ces déserts, comme le bruit du
» canon de Lyon y monte quand c'est le vent du midi, sans
» que l'on puisse savoir d'ici si c'est le canon d'alarme ou le
» canon de fête. On ne sait de même que longtemps après
» les révolutions si les hommes qui y ont été jetés sont
» dignes d'excuse ou de blâme. N'en parlons pas à présent.
» Je viens ici pour les oublier pendant quelques jours à ce
» beau soleil, que le sang et les larmes des peuples ne ter-
» nissent pas. Je ne serai que trop tôt obligé, par mon
» devoir, de retourner où s'agite le sort des empires, et de
» me faire encore des misères et des inimitiés ici-bas, pour
» me faire un juge indulgent et compatissant là-haut; car,
» voyez-vous, chacun a son travail dans ce monde, et il faut
» l'accomplir à tout prix. Je suis bien las, mais je n'ai pas
» encore le droit de m'asseoir, comme vous, tout le jour
» au soleil contre un mur. Et qui sait s'il y aura un mur?...
» Mais vous, père Dutemps, parlons de vous. Demeurez-
» vous toujours seul là-haut dans cette petite chaumière, à
» une lieue de tout voisin, dans la bruyère, au bord du bois
» des hêtres? Quel âge avez-vous? Qui est-ce qui pioche pour
» vous la colline de sable? Qui est-ce qui bat les châtaignes?
» Qui est-ce qui soigne vos ânesses et vos chèvres? Depuis
» quand avez-vous perdu tout à fait la vue? Et comment

» passez-vous le temps que Dieu vous a mesuré plus large
» qu'aux autres hommes? car je crois que vous êtes le plus
» vieux de la vallée.

» J'ai quatre-vingts ans, me répondit le vieillard; ma
» femme, la Madeleine, est morte il y a sept ans; elle était
» bien plus jeune que moi. Tous mes enfants sont morts,
» excepté la *Marguerite*, qui était la dernière de mes filles,
» et que vous appeliez la *Pervenche des bois*, parce qu'elle
» avait des yeux bleus comme ces fleurs qui croissent à
» l'ombre, vers la source; elle a été veuve à vingt-huit ans,
» et elle a refusé de se remarier pour venir me soigner et
» me nourrir dans la petite cabane là-haut, où elle est née
» et où elle restera jusqu'à ma mort; elle a une petite fille et
» un petit garçon qui mènent les bêtes au champ, et qui
» continuent à servir mes pratiques d'œufs et de pommes.
» Ce petit commerce, dont nous leur laissons les *sous* pour
» eux, servira pour leur acheter des habits, du linge et une
» armoire, quand ils seront en âge et en idée de se marier.
» Marguerite pioche le champ de pommes de terre et de
» sarrasin, ramasse le bois mort pour l'hiver; elle fait le
» pain de seigle; et moi je ne fais rien que ce que vous
» voyez, ajouta-t-il en laissant tomber ses deux mains sur
» ses genoux comme un homme oisif. Je garde l'âne ou
» plutôt l'âne me garde quand les enfants n'y sont pas; car
» il est vieux pour un animal presque autant que je suis
» vieux pour un homme; il sait que je n'y vois pas, il ne
» s'écarte jamais trop des chemins; et quand il veut s'en
» aller, il se met à braire, ou bien il vient frotter sa tête
» contre moi tout comme un chien, jusqu'à ce que nous
» revenions ensemble à la cabane.

» Mais le jour ne vous paraît-il pas bien long ainsi, tout
» seul dans les sentiers de la montagne? lui demandai-je.

» Oh! non, jamais, dit-il; jamais le temps ne me dure.
» Quand il fait beau, hors de la maison, je m'assois à une
» bonne place au soleil, contre un mur, contre une roche,
» contre un châtaignier; et je vois en idée la vallée, le châ-
» teau, le clocher, les maisons qui fument, les bœufs qui
» pâturent, les voyageurs qui passent et qui devisent en
» passant sur la route, comme je les voyais autrefois des
» yeux. Je connais les saisons tout comme dans le temps où
» je voyais verdir les avoines, faucher les prés, mûrir les
» froments, jaunir les feuilles du châtaignier, et rougir les
» prunes des oiseaux sur les buissons, J'ai des yeux dans
» les oreilles, continua-t-il en souriant; j'en ai sur les mains,
» j'en ai sous les pieds. Je passe des heures entières à écou-
» ter près des ruches les mouches à miel qui commencent à
» bourdonner sous la paille, et qui sortent une à une, en
» s'éveillant, par leur porte, pour savoir si le vent est
» doux et si le trèfle commence à fleurir. J'entends les
» lézards glisser dans les pierres sèches, je connais le vol
» de toutes les mouches et de tous les papillons dans l'air
» autour de moi, la marche de toutes les petites *bêtes du*
» *bon Dieu* sur les herbes ou sur les feuilles sèches au soleil.
» C'est mon horloge et mon almanach à moi, voyez-vous.
» Je me dis : Voilà le coucou qui chante? c'est le mois de
» mars, et nous allons avoir du chaud; voilà le merle qui
» siffle? c'est le mois d'avril; voilà le rossignol? c'est le
» mois de mai; voilà le hanneton? c'est la Saint-Jean; voilà
» la cigale? c'est le mois d'août; voilà la grive? c'est la
» vendange, le raisin est mûr; voilà la bergeronnette, voilà
» les corneilles? c'est l'hiver. Il en est de même pour les
» heures du jour. Je me dis parfaitement l'heure qu'il est à
» l'observation des chants d'oiseaux, du bourdonnement des
» insectes et des bruits de feuilles qui s'élèvent ou qui s'étei-
» gnent dans la campagne, selon que le soleil monte, s'ar-
» rête ou descend dans le ciel. Le matin, tout est vif et gai;

» à midi, tout baisse; au soir, tout recommence un moment,
» mais plus triste et plus court; puis tout tombe et tout finit.
» Oh! jamais je ne m'ennuie; et puis, quand je commence
» à m'ennuyer, n'ai-je pas cela? me dit-il en fouillant dans
» sa poche, et en tirant à moitié son chapelet. Je prie le bon
» Dieu jusqu'à ce que mes lèvres se fatiguent sur son saint
» nom et mes doigts sur les grains. Qui est-ce qui s'ennuie-
» rait en parlant tout le jour à son Roi, qui ne se lasse pas
» de l'écouter? dit-il avec une physionomie de saint enthou-
» siasme. Et puis la cloche de Saint-Point ne monte-t-elle
» pas cinq fois par jour jusqu'ici? Elle me dit que Dieu
» aussi pense à moi.

» Mais l'hiver! » lui dis-je, afin de m'instruire pour moi-même de tous ces mystères de la solitude, de la cécité et de la vieillesse.

« Oh! l'hiver, me répondit-il, il y a le feu dans le foyer,
» le bruit des sabots des enfants dans la maison, les châtai-
» gnes qu'on écorce, les pois qu'on écosse, le maïs qu'on
» égrène, le chanvre qu'on tille : tous ces travaux n'ont pas
» besoin des yeux. Je travaille tout l'hiver au coin du feu en
» jasant avec les enfants, ou avec les chèvres et les poules
» qui vivent avec nous, et je me repose tout l'été. Oh! non,
» le temps ne me dure pas : seulement, quelquefois je vou-
» drais bien, comme à présent, revoir le visage de ceux qui
» me rencontrent sur le chemin, et que j'ai connus dans les
» vieux temps. Par exemple, dites-moi donc, monsieur,
» poursuivit-il timidement, si vous avez toujours ces longs
» cheveux châtains qui sortaient de dessous votre chapeau,
» et qui balayaient vos joues fraîches comme les joues d'une
» jeune fille, quand vous accompagniez votre père à la
» chasse, et que vous buviez une goutte de lait en passant
» dans le cellier de sapin de ma fille?

» Hélas! père Dutemps, il a neigé sur ces cheveux-là
» depuis. Le visage de l'enfant, du jeune homme et de
» l'homme mûr se ressemblent comme l'arbre que vous
» avez planté il y trente ans ressemble à l'arbre qui vous
» donne aujourd'hui ses fruits en automne ; c'est le même
» bois, ce ne sont plus les mêmes feuilles.

» Et avez-vous toujours ces beaux chevaux blancs qui
» galopaient dans le grand pré, auprès du château, et qu'on
» disait que vous aviez ramenés, après vos voyages, du
» pays de notre père Abraham ?

» Ils sont morts de tristesse et de vieillesse, loin de leur
» soleil et loin de moi.

» Mais est-il bien vrai que vous allez vendre ces prés, ces
» vignes, ces bois, cette bonne maison que le soleil faisait
» reluire, comme les murs d'une église, au fond du pays ?

» Ne parlons pas de cela, père Dutemps ! Dieu est Dieu ;
» les prés, les terres et les maisons sont à lui, et il les
» change de maître quand il veut ! Je ne sais pas ce qu'il
» ordonnera de nous ; mais souvenez-vous toujours de mon
» père, de ma mère, de mes sœurs, de ma femme et de
» moi ; et quand vous direz vos prières sur votre chapelet,
» réservez toujours sept ou huit grains en mémoire d'eux. »

Je serrai de nouveau la main du coquetier, et je continuai mon chemin.

J'étais heureux d'avoir retrouvé ce vieillard comme un homme se réjouit, après un demi-siècle, de retrouver dans une bruyère les traces d'un sentier où il a passé dans ses beaux jours, et qu'il croyait effacés pour jamais. Chaque pas de mon cheval, en descendant des montagnes, me découvrait un pan de plus de la vallée, du village, des hameaux enfouis sous les noyers, de mes jardins, de mes vergers, de ma maison; mon œil s'éblouissait et s'humectait de reconnaissance en reconnaissance. De chaque site, de chaque toit, de chaque arbre, de chaque repli du sol, de chaque golfe de verdure, de chaque clairière illuminée par les rayons rasants du soleil couchant, un éclair, une mémoire, un bonheur, un regret, une figure, jaillissaient de mes yeux et de mon cœur comme s'ils eussent jailli du pays lui-même. Je me rappelais père, mère, sœurs, enfance, jeunesse, amis de la maison, contemporains de mes jours de joie et de fête, arbres d'affection, sources abritées, animaux chéris, tout ce qui avait jadis peuplé, animé, vivifié, enchanté pour moi ce vallon, ces prairies, ces bois, ces demeures. Je secouais comme un fardeau importun derrière moi les années intermédiaires entre le départ et le retour; je rejetais plus loin encore l'idée de m'en séparer pour jamais. J'avais douze ans, j'en avais vingt, j'en avais trente; regards de ma mère, voix de mon père, jeux de mes sœurs, entretiens de mes amis, premières ivresses de ma vie, aboiements de mes chiens, hennissements de mes chevaux, expansions ou recueillements de mon âme tour à tour répandue ou enfermée dans ses extases, matinées de printemps, journées à l'ombre, soirées d'automne au foyer de famille, premières lectures, bégayements poétiques, vagues mélodies, précoces amours; tout se levait de nouveau, tout rayonnait, tout murmurait, tout chantait en moi comme ce chant de résurrection, comme l'*Alleluia* trompeur qu'entend *Marguerite* à l'église, le jour de Pâques, dans le drame de Goethe. Mon âme n'était qu'un cantique d'illusions!

Je croyais retrouver, en entrant dans la cour et en passant le seuil, tout ce que le temps était venu en arracher. Si ce chant eût été noté dans des vers, il serait resté l'hymne de la félicité humaine, l'holocauste du bonheur terrestre rallumé dans le cœur de l'homme par la vue des lieux où il fut heureux !

Ce chant intérieur tombait peu à peu en approchant davantage. Ma vieille jument pressait le pas ; elle gravissait le chemin creux qui monte du ruisseau vers le tertre du château ; les jeunes étalons, les mères et les poulains qui paissaient dans les prés voisins accouraient au bruit de ses pas sur les pierres ; ils passaient leurs têtes au-dessus des haies qui bordent le sentier, ils la saluaient de leurs hennissements et la suivaient derrière les buissons en galopant, comme pour faire fête à leur ancienne compagne de prairies.

Hélas ! personne n'apparaissait au-devant de moi ! les feuilles mortes du jardin que le vent et les torrents balayaient seuls jonchaient les pelouses autrefois si vertes, et couvraient le seuil de la barrière entr'ouverte par laquelle on entre dans l'enclos. Un seul vieux chien invalide se traîna péniblement à ma rencontre, et poussa quelques tendres gémissements en léchant les mains de son maître. Une petite fille de douze ans, qui garde les vaches dans l'enclos, entr'ouvrit la porte au bruit des pas de mon cheval. Elle courut dire à la vieille servante, qui filait sa quenouille dans une chambre haute, que j'étais arrivé. La bonne fille descendit, en boitant, l'escalier en spirale, et m'accueillit avec une triste et tendre familiarité dans la cuisine basse, où la cendre froide recouvrait le foyer. J'ôtai la selle et la bride à la jument ; la petite bergère lui ouvrit la barrière et la lança dans le verger.

Après avoir commandé quelques herbages et quelques

fruits pour mon repas, je montai dans les appartements, et j'ouvris les volets, fermés depuis trois ans. Mais il n'y entra que plus de tristesse avec plus de jour, car la lumière, en les remplissant, ne faisait que m'en montrer davantage le vide. Il n'y eut que quelques oiseaux familiers, ces beaux paons nourris par nos mains, qui parurent se réjouir en voyant se rouvrir les fenêtres : ils regardèrent, ils volèrent lourdement un à un, comme en hésitant, du gazon sur le rebord de la galerie gothique, où nous avions l'habitude de leur égrener des miettes de pain ; ils me suivirent comme autrefois jusque dans les chambres, en cherchant de l'œil les femmes et en frappant du bec les parquets retentissants. La fidélité de ces pauvres oiseaux m'attendrit. Je me hâtai de descendre dans l'enclos, pour échapper à la solitude inanimée des murs. Mes chiens seuls me suivaient, et je pensais au jour où il faudrait aussi les congédier.

Pour un homme qui a longtemps habité en famille un site de prédilection, le jardin est une prolongation de l'habitation, c'est une maison sans toit ; il a les mêmes intimités, les mêmes empreintes, les mêmes souvenirs ; les arbres, les pelouses, les allées désertes, se souviennent, racontent, retracent, causent ou pleurent comme les murs. C'est un abrégé de notre passé. J'y retrouvais toutes les heures au soleil ou à l'ombre que j'y avais passées, toutes les poésies de mes livres et de mon cœur que j'y avais senties, écrites ou seulement rêvées, pendant les plus fécondes et les plus splendides années de mon été d'homme. Chaque source balbutiait comme autrefois sa note que j'avais reproduite, chaque rayon sur l'herbe son image que j'avais repeinte, chaque arbre son ombre, ses nids, ses brises dans ses feuilles vertes ou ses frissons dans ses feuilles mortes que j'avais goûtés, recueillis et répercutés dans mes propres harmonies ; tout y était encore, excepté l'écho mort et le miroir terni en moi.

J'arrivai ainsi, traînant mes pas sous les branches jaunies et sur les sables humides, jusqu'à une petite porte percée dans un vieux mur tapissé de lierre et de buis. Vous savez que le mur de l'église projette son ombre sur cette partie du jardin, et que l'on communique, par cette porte dérobée, de l'enclos dans le cimetière du village. Vous savez que j'ai ajouté à ce cimetière ombragé de vieux noyers un petit coin de terre retranché au jardin, afin que ce petit coin de terre, dont j'ai fait don à la commune, fût à la fois la propriété de la mort et la propriété de la famille, et que si la nécessité nous dépouillait un jour de l'habitation et du domaine de *Saint-Point*, cette nécessité ne fît pas du moins passer ce domaine des morts dans les mains d'une famille étrangère ou d'un propriétaire indifférent.

C'est sur cette frontière neutre entre le cimetière et le jardin que j'ai bâti (le seul édifice que j'aie bâti ici-bas) un petit monument funèbre, une chapelle d'architecture gothique, entourée d'un cloître surbaissé en pierres sculptées qui protégent quelques fleurs tristes, et qui s'élèvent sur un caveau. C'est là que j'ai recueilli et rapporté de loin, près de mon cœur, les cercueils de ma mère et de tout ce que j'ai perdu sur la route de plus aimé et de plus regretté ici-bas.

Toutes les fois que j'arrive à *Saint-Point* ou toutes les fois que j'en pars pour une longue absence, je vais seul, à la chute du jour, dire à genoux un salut ou un adieu à ces chers hôtes de l'éternelle paix, sur ce seuil intermédiaire entre leur exil et leur félicité. Je colle mon front contre la pierre qui me sépare seule de leurs cendres, je m'entretiens à voix basse avec elles, je leur demande de nous envelopper dans nos aridités d'un rayon de leur amour, dans nos troubles d'un rayon de leur paix, dans nos obscurités d'un rayon de leur vérité. J'y suis resté plus longtemps aujourd'hui et plus absorbé dans le passé et dans l'avenir, qu'à aucun autre de mes retours ici. J'ai relu pour ainsi dire ma vie tout entière sur ce livre de pierre de trois sépulcres : enfance, jeunesse, aubes de la pensée, années en fleurs, années en fruits, années en chaume ou en cendres, joies innocentes, piétés saintes, attachements naturels, études ardentes, égarements pardonnés d'adolescence, passions naissantes, attachements sérieux, voyages, fautes, repentirs, bonheurs ensevelis, chaînes brisées, chaînes renouées de la vie, peines, efforts, labeurs, agitations, périls, combats, victoires, élévations et écroulements de l'âge mûr sur les grandes vagues de l'océan des révolutions, pour faire avancer d'un degré de plus l'esprit humain dans sa navigation vers l'infini ! Puis les refroidissements de foi, les déchirements de destinée, les martyres d'esprit, les pertes de cœur, les dépouillements obligés des choses ou des lieux dans lesquels on s'était enraciné, les transplantations plus pénibles pour l'homme que pour l'arbre, les injustices, les ingratitudes, les persécutions, les exils, les lassitudes de corps avant celles de l'âme, la mort enfin, toujours à moitié chemin de quelque chose.

Tout cela a roulé en bruissant pendant je ne sais combien de temps dans ma tête, comme le torrent de ma vie qui serait redescendu tout à coup après une pluie d'orage de toutes les montagnes, et qui serait revenu prendre possession de son lit desséché. Le tombeau était pour moi la pierre de Moïse d'où coulaient toutes les eaux ; j'ouvris mon cœur comme une écluse, et la prière en sortit à grands flots avec la douleur, la résignation et l'espérance ; et mes larmes aussi coulaient ; et quand je retirai mes mains de mes yeux et que je les posai contre le seuil pour le bénir, elles firent une marque humide sur la pierre blanche...

Un bruit m'avait fait lever en sursaut.

C'était une sourde et monotone psalmodie qui sortait d'une petite fenêtre grillée au flanc de l'église, tout près de moi. Je m'essuyai le front et les genoux pour faire le tour de l'édifice, et pour y entrer par la petite porte qui ouvre au midi sur le côté opposé. Je fus arrêté sur la première marche par un petit cercueil recouvert d'un drap blanc et de deux bouquets de roses blanches aussi, que portaient quatre jeunes filles d'un hameau des montagnes. Le vieux curé les suivait en récitant quelques versets de liturgie latine sur la brièveté de la vie ; un père et une mère pleuraient, en chancelant, derrière lui. Je marchai vers la fosse avec eux, je jetai à mon tour les gouttes d'eau, image des gouttes de larmes, sur le cercueil de la jeune fille, et je rentrai sans avoir osé regarder le pauvre père !

J'ai passé la soirée à vous écrire : ce cœur a besoin de crier quand il est frappé. Je remercie Dieu de m'avoir laissé dans le vôtre un écho qui me renvoie jusqu'au bruit de mes larmes sur mon papier. Adieu !

P. S. Toute réflexion faite, j'avais à écrire demain un entretien pour expliquer à mes lecteurs ce que c'étaient que les *Harmonies*. Je vais copier cette lettre, en retranchant ce qui est trop intime. Rien ne peut mieux expliquer ce que c'est qu'une *harmonie* : la jeunesse qui s'éveille, l'amour qui rêve, l'œil qui contemple, l'âme qui s'élève, la prière qui invoque, le deuil qui pleure, le Dieu qui console, l'extase qui chante, la raison qui pense, la passion qui se brise, la tombe qui se ferme, tous les bruits de la vie dans un cœur sonore, ce sont ces harmonies. Il y en a autant qu'il y a de palpitations sur la fibre infinie de l'émotion humaine. J'en ai écrit quelques-unes en vers, d'autres en prose; des milliers d'autres n'ont jamais retenti que dans mon sein. Que le lecteur s'écoute lui-même sentir et vivre, il en notera de plus mélodieuses et de plus vraies que celles-ci : la vie est un cantique dont toute âme est une voix.

LAMARTINE.

HARMONIES

POÉTIQUES ET RELIGIEUSES

———

LIVRE PREMIER

INVOCATION

I

INVOCATION

―――

Toi qui donnas sa voix à l'oiseau de l'aurore,
Pour chanter dans le ciel l'hymne naissant du jour;
Toi qui donnas son âme et son gosier sonore
A l'oiseau que le soir entend gémir d'amour;

Toi qui dis aux forêts : Répondez au zéphire !
Aux ruisseaux : Murmurez d'harmonieux accords !
Aux torrents : Mugissez ! A la brise : Soupire !
A l'Océan : Gémis en mourant sur tes bords !

Et moi, Seigneur, aussi, pour chanter tes merveilles,
Tu m'as donné dans l'âme une seconde voix
Plus pure que la voix qui parle à nos oreilles,
Plus forte que les vents, les ondes et les bois !

Les cieux l'appellent Grâce, et les hommes Génie ;
C'est un souffle affaibli des bardes d'Israël,
Un écho dans mon sein, qui change en harmonie
Le retentissement de ce monde mortel.

Mais c'est surtout ton nom, ô roi de la nature,
Qui fait vibrer en moi cet instrument divin !
Quand j'invoque ce nom, mon cœur plein de murmure
Résonne comme un temple où l'on chante sans fin.

Comme un temple rempli de voix et de prières,
Où d'échos en échos le son roule aux autels !
Hé quoi ! Seigneur, ce bronze, et ce marbre, et ces pierres,
Retentiraient-ils mieux que le cœur des mortels ?

Non, mon Dieu, non, mon Dieu, grâce à mon saint partage,
Je n'ai point entendu monter jamais vers toi
D'accords plus pénétrants, de plus divin langage,
Que ces concerts muets qui s'élèvent en moi !

Mais la parole manque à ce brûlant délire ;
Pour contenir ce feu tous les mots sont glacés.
Eh ! qu'importe, Seigneur, la parole à ma lyre ?
Je l'entends, il suffit ; tu réponds, c'est assez.

Don sacré du Dieu qui m'enflamme,
Harpe qui fais trembler mes doigts,
Sois toujours le cri de mon âme ;
A Dieu seul rapporte ma voix.
Je frémis d'amour et de crainte
Quand, pour toucher ta corde sainte,
Son esprit daigna me choisir ;
Moi, devant lui moins que poussière,
Moi, dont jusqu'alors l'âme entière
N'était que silence et désir !

Hélas ! et j'en rougis encore,
Ingrat au plus beau de ses dons,
Harpe que l'ange même adore,
Je profanai tes premiers sons ;
Je fis ce que ferait l'impie,
Si ses mains, sur l'autel de vie,
Abusaient des vases divins,
Et s'il couronnait le calice,
Le calice du sacrifice,
Avec les roses des festins.

Mais j'en jure par cette honte
Dont rougit mon front confondu,
Et par cet hymne qui remonte
Au ciel dont il est descendu ;
J'en jure par ce nom sublime
Qui ferme et qui rouvre l'abîme,
Par l'œil qui lit au fond des cœurs,
Par ce feu sacré qui m'embrase,
Et par ces transports de l'extase
Qui trempent tes cordes de pleurs :

De tes accents mortels j'ai perdu la mémoire.
Nous ne chanterons plus qu'une éternelle gloire
Au seul digne, au seul saint, au seul grand, au seul bon ;
Mes jours ne seront plus qu'un éternel délire,
Mon âme qu'un cantique et mon cœur qu'une lyre ;
Et chaque souffle enfin que j'exhale ou j'aspire,
  Un accord à son nom !

  Élevez-vous, voix de mon âme,
  Avec l'aurore, avec la nuit !
  Élancez-vous comme la flamme,
  Répandez-vous comme le bruit !
  Flottez sur l'aile des nuages,
  Mêlez-vous aux vents, aux orages,
  Au tonnerre, au fracas des flots :
  L'homme en vain ferme sa paupière ;
  L'hymne éternel de la prière
  Trouvera partout des échos !

  Ne craignez pas que le murmure
  De tous ces astres à la fois,
  Ces mille voix de la nature
  Étouffent votre faible voix !
  Tandis que les sphères mugissent,
  Et que les sept cieux retentissent
  Des bruits roulant en son honneur,
  L'humble écho que l'âme réveille
  Porte en mourant à son oreille
  La moindre voix qui dit : Seigneur !

Élevez-vous dans le silence
A l'heure où dans l'ombre du soir
La lampe des nuits se balance,
Quand le prêtre éteint l'encensoir !
Élevez-vous aux bords des ondes,
Dans ces solitudes profondes
Où Dieu se révèle à la foi !
Chantez dans mes heures funèbres :
Amour, il n'est point de ténèbres,
Point de solitude avec toi !

Je ne suis plus qu'une pensée,
L'univers est mort dans mon cœur,
Et sous cette cendre glacée
Je n'ai trouvé que le Seigneur.
Qu'il éclaire ou trouble ma voie,
Mon cœur, dans les pleurs ou la joie,
Porte celui dont il est plein :
Ainsi le flot roule une image,
Et des nuits le dernier nuage
Porte l'aurore dans son sein.

Qu'il est doux de voir sa pensée,
Avant de chercher ses accents,
En mètres divins cadencée,
Monter soudain comme l'encens ;
De voir ses timides louanges,
Comme sur la harpe des anges,
Éclore en sons dignes des cieux,
Et jusqu'aux portes éternelles
S'élever sur leurs propres ailes
Avec un vol harmonieux !

Un jour cependant, ô ma lyre,
Un jour assoupira ta voix !
Tu regretteras ce délire
Dont tu t'enivrais sous mes doigts :
Les ans terniront cette glace
Où la nature te retrace
Les merveilles du Saint des saints ;
Le temps, qui flétrit ce qu'il touche,
Ravira les sons sur ma bouche,
Et les images sous mes mains.

Tu ne répandras plus mon âme
En flots d'harmonie et d'amour ;
Mais le sentiment qui m'enflamme
Survivra jusqu'au dernier jour,
Semblable à ces sommets arides
Dont l'âge a dépouillé les rides
De leur ombre et de leurs échos,
Mais qui dans leurs flancs sans verdure
Gardent une onde au doux murmure,
Et dont le ciel nourrit les flots.

Ah ! quand ma fragile mémoire,
Comme une urne dont l'onde a fui.
Aura perdu ces chants de gloire
Que ton Dieu t'inspire aujourd'hui,
De ta défaillante harmonie
Ne rougis pas, ô mon génie !
Quand ta corde n'aurait qu'un son,
Harpe fidèle, chante encore
Le Dieu que ma jeunesse adore ;
Car c'est un hymne que son nom !

COMMENTAIRE

DE LA PREMIÈRE HARMONIE

C'était en 1822.

J'avais passé le cap des tempêtes que tout homme doit passer dans sa jeunesse, avant d'arriver à ces espaces calmes et lumineux de la vie où l'on goûte quelques années de sérénité. J'étais marié, je venais d'être père; deux enfants balbutiaient en me souriant dans leur berceau aux pieds de leur jeune mère. J'avais dans la diplomatie un emploi régulier et actif de mes facultés, conforme à mes goûts. J'habitais l'Italie, cette seconde patrie de mes yeux et de mon cœur. Tout était repos d'esprit, silence des passions, hymne intérieur en moi et autour de moi. Mon père, ma mère, mes sœurs, mes amis d'enfance ou de jeunesse, vivaient encore tous, et multipliaient mon bonheur en s'y intéressant. J'avais retrouvé dans ce bonheur la première piété inspirée à ses enfants par notre mère. Je ne discutais plus avec moi-même la foi du berceau. J'éprouvais une grande douceur à croire, à adorer, à prier, à jouir, dans la langue à laquelle les vertus et les grâces de cette mère donnaient tant de charme, tant d'élévation. Je conçus la pensée d'écrire au hasard, dans mes heures de loisir et d'inspiration, quelques cantiques modernes, comme ceux que David avait écrits avec ses larmes. Les poésies pieuses manquent à l'humanité moderne : j'espérais en jeter quelques notes au vent. Mais mon heure n'était pas venue; je le sentis bientôt. Je me contentai de balbutier ces harmonies, espèce de retentissements poétiques, quelquefois pieux, des impressions que l'heure, le jour, le site, l'anniversaire, la mémoire me donnaient, et que le souffle perpétuellement religieux de mon âme renvoyait à Dieu. J'en écrivis une, puis deux, puis trois, puis deux volumes, avant de songer à les publier. C'étaient comme les annotations en vers de ma vie intérieure. La pensée que cela n'était pas destiné aux regards du public, ou du moins que cela ne serait lu qu'après moi, donnait plus de liberté, plus de sécurité, et, pour ainsi dire, plus d'onction à ces vers. C'était entre Dieu et moi.

Cette première Harmonie, dans laquelle j'essayais le ton et je tâtais la corde, fut écrite à Florence, dans l'église de Santa-Croce, où j'allais souvent me recueillir entre les tombeaux des grands poëtes toscans.

II

L'HYMNE DE LA NUIT

II

L'HYMNE DE LA NUIT

Le jour s'éteint sur tes collines,
O terre où languissent mes pas !
Quand pourrez-vous, mes yeux, quand pourrez-vous, hélas !
Saluer les splendeurs divines
Du jour qui ne s'éteindra pas ?

Sont-ils ouverts pour les ténèbres
Ces regards altérés du jour ?
De son éclat, ô Nuit, à tes ombres funèbres
Pourquoi passent-ils tour à tour ?

              Mon âme n'est point lasse encore
                D'admirer l'œuvre du Seigneur;
        Les élans enflammés de ce sein qui l'adore
                N'avaient pas épuisé mon cœur.

Dieu du jour! Dieu des nuits! Dieu de toutes les heures!
Laisse-moi m'envoler sur les feux du soleil!
Où va vers l'occident ce nuage vermeil?
Il va voiler le seuil de tes saintes demeures,
Où l'œil ne connaît plus la nuit ni le sommeil!
Cependant ils sont beaux à l'œil de l'espérance
Ces champs du firmament ombragés par la nuit.
Mon Dieu! dans ces déserts mon œil retrouve et suit
            Les miracles de ta présence!

Ces chœurs étincelants que ton doigt seul conduit,
Ces océans d'azur où leur foule s'élance,
Ces fanaux allumés de distance en distance,
Cet astre qui paraît, cet astre qui s'enfuit,
Je les comprends, Seigneur! Tout chante, tout m'instruit
Que l'abîme est comblé par ta magnificence,
Que les cieux sont vivants, et que ta providence
Remplit de sa vertu tout ce qu'elle a produit!
        Ces flots d'or, d'azur, de lumière,
Ces mondes nébuleux que l'œil ne compte pas,
            O mon Dieu, c'est la poussière
            Qui s'élève sous tes pas!

            O nuits, déroulez en silence
            Les pages du livre des cieux;
            Astres, gravitez en cadence
            Dans vos sentiers harmonieux;

Durant ces heures solennelles,
Aquilons, repliez vos ailes;
Terre, assoupissez vos échos;
Étends tes vagues sur les plages,
O mer! et berce les images
Du Dieu qui t'a donné tes flots.

Savez-vous son nom? La nature
Réunit en vain ses cent voix;
L'étoile à l'étoile murmure :
« Quel Dieu nous imposa nos lois? »
La vague à la vague demande :
« Quel est celui qui nous gourmande? »
La foudre dit à l'aquilon :
« Sais-tu comment ton Dieu se nomme? »
Mais les astres, la terre et l'homme
Ne peuvent achever son nom.

Que tes temples, Seigneur, sont étroits pour mon âme!
    Tombez, murs impuissants, tombez!
Laissez-moi voir ce ciel que vous me dérobez!
Architecte divin, tes dômes sont de flamme!
Que tes temples, Seigneur, sont étroits pour mon âme!
    Tombez, murs impuissants, tombez!

Voilà le temple où tu résides!
Sous la voûte du firmament
Tu ranimes ces feux rapides
Par leur éternel mouvement;
Tous ces enfants de ta parole,
Balancés sur leur double pôle,

Nagent au sein de tes clartés,
Et, des cieux où leurs feux pâlissent,
Sur notre globe ils réfléchissent
Des feux à toi-même empruntés.

  L'Océan se joue
  Aux pieds de son roi ;
  L'aquilon secoue
  Ses ailes d'effroi ;
  La foudre te loue,
  Et combat pour toi ;
  L'éclair, la tempête,
  Couronnent ta tête
  D'un triple rayon ;
  L'aurore t'admire,
  Le jour te respire,
  La nuit te soupire,
  Et la terre expire
  D'amour à ton nom !

Et moi, pour te louer, Dieu des soleils, qui suis-je ?
  Atome dans l'immensité,
  Minute dans l'éternité,
 Ombre qui passe et qui n'a plus été,
  Peux-tu m'entendre sans prodige ?
  Ah ! le prodige est ta bonté !
Je ne suis rien, Seigneur, mais ta soif me dévore ;
L'homme est néant, mon Dieu, mais ce néant t'adore,
  Il s'élève par son amour ;
Tu ne peux mépriser l'insecte qui t'honore ;
Tu ne peux repousser cette voix qui t'implore,
  Et qui vers ton divin séjour,

Quand l'ombre s'évapore,
S'élève avec l'aurore,
Le soir gémit encore,
Renaît avec le jour.

Oui, dans ces champs d'azur que ta splendeur inonde,
Où ton tonnerre gronde,
Où tu veilles sur moi,
Ces accents, ces soupirs animés par la foi,
Vont chercher, d'astre en astre, un Dieu qui me réponde,
Et d'échos en échos, comme des voix sur l'onde,
Roulant de monde en monde,
Retentir jusqu'à toi !

COMMENTAIRE

DE LA DEUXIÈME HARMONIE

Cette Harmonie fut inspirée et écrite pendant une nuit d'été de 1824. J'avais loué auprès de Livourne une villa magnifique, la *villa Palmieri,* sur la route de *Montenero.* J'avais à gauche les cimes boisées des montagnes de *Limone,* j'avais à droite la mer; le cap de *Montenero* s'élevait en face. Au sommet de ce cap, adossée au rocher et aux chênes verts, s'élève une église placée comme un temple grec en vue des flots; c'est un pèlerinage pour les naufragés sauvés des vagues par les vœux à l'Étoile des mers. J'aimais ce site, j'y montais souvent. Je trouvais sur la route une autre *villa*, splendide autrefois, maintenant déserte, que lord Byron avait habitée un ou deux étés, quelque temps avant mon séjour à Livourne. J'arrêtais toujours mon cheval devant la porte de son jardin, pour y chercher la figure absente du grand poëte qui avait consacré cette solitude. Un peu plus haut, je quittais la route, je renvoyais mes chevaux à la *locanda* de *Montenero,* et je m'enfonçais seul dans les bois d'où l'on voit la mer. J'y passais des journées entières avec un livre ou avec mes pensées. J'écrivais sur les marges du livre les poésies que m'envoyaient le ciel ou les flots. C'est ainsi que fut écrite un jour cette seconde harmonie. Les broussailles au pied des chênes verts de *Montenero* sont pleines encore de pages déchirées des livres ou des *albums*, sur lesquelles j'essayais ainsi de noter quelques chants que le sommeil, ou la rêverie, ou la chute du jour, interrompaient, que je laissais en lambeaux sur l'herbe ou sur le sable, et que le vent de mer emportait aux vagues.

III

HYMNE DU MATIN

III

HYMNE DU MATIN

―

Pourquoi bondissez-vous sur la plage écumante,
Vagues dont aucun vent n'a creusé les sillons?
Pourquoi secouez-vous votre écume fumante
    En légers tourbillons?

Pourquoi balancez-vous vos fronts que l'aube essuie,
Forêts, qui tressaillez avant l'heure du bruit?
Pourquoi de vos rameaux répandez-vous en pluie
Ces pleurs silencieux dont vous baigna la nuit?

Pourquoi relevez-vous, ô fleurs, vos pleins calices,
Comme un front incliné que relève l'amour?
Pourquoi dans l'ombre humide exhaler ces prémices
    Des parfums qu'aspire le jour?

    Ah! renfermez-les encore,
    Gardez-les, fleurs que j'adore,
    Pour l'haleine de l'aurore,
    Pour l'ornement du saint lieu!
    Le ciel de pleurs vous inonde,
    L'œil du matin vous féconde;
    Vous êtes l'encens du monde,
    Qu'il fait remonter à Dieu.

Vous qui des ouragans laissiez flotter l'empire,
Et dont l'ombre des nuits endormait le courroux
Sur l'onde qui gémit, sous l'herbe qui soupire,
    Aquilons, autans, zéphire,
    Pourquoi vous éveillez-vous?

Et vous qui reposez sous la feuillée obscure,
Qui vous a réveillés dans vos nids de verdure?
    Oiseaux des ondes ou des bois,
    Hôtes des sillons ou des toits,
    Pourquoi confondez-vous vos voix
    Dans ce vague et confus murmure
    Qui meurt et renaît à la fois,
    Comme un soupir de la nature?

    Voix qui nagez dans le bleu firmament,
    Voix qui roulez sur le flot écumant,

Voix qui volez sur les ailes du vent,
Chantres des airs que l'instinct seul éveille,
Joyeux concerts, léger gazouillement,
Plaintes, accords, tendre roucoulement,
Qui chantez-vous pendant que tout sommeille?
    La nuit a-t-elle une oreille
    Digne de cè chœur charmant?
    Attendez que l'ombre meure,
    Oiseaux; ne chantez qu'à l'heure
    Où l'aube naissante effleure
    Les neiges du mont lointain.
    Dans l'hymne de la nature,
    Seigneur, chaque créature
    Forme à son heure, en mesure,
    Un son du concert divin;
    Oiseaux, voix céleste et pure,
    Soyez le premier murmure
    Que Dieu reçoit du matin!

Et moi, sur qui la nuit verse un divin dictame,
Qui sous le poids des jours courbe un front abattu,
Quel instinct de bonheur me réveille? O mon âme,
    Pourquoi me réjouis-tu?

C'est que le ciel s'entr'ouvre ainsi qu'une paupière,
Quand des vapeurs des nuits les regards sont couverts;
Dans les sentiers de pourpre aux pas du jour ouverts,
    Les monts, les flots, les déserts
    Ont pressenti la lumière,
Et son astre de flamme, aux bords de sa carrière,
Tourne, et creuse déjà son éclatante ornière
    Sur l'horizon roulant des mers.

Chaque être s'écrie :
« C'est lui, c'est le jour !
C'est lui, c'est la vie !
C'est lui, c'est l'amour ! »
Dans l'ombre assouplie,
Le ciel se replie
Comme un pavillon ;
Roulant son image,
Le léger nuage
Monte, flotte et nage
Dans son tourbillon ;
La nue orageuse
Se fend, et lui creuse
Sa pourpre écumeuse
En brillant sillon ;
Il avance, il foule
Ce chaos qui roule
Ses flots égarés ;
L'espace étincelle,
La flamme ruisselle
Sous ses pieds sacrés ;
La terre encor sombre
Lui tourne dans l'ombre
Ses flancs altérés ;
L'ombre est adoucie,
Les flots éclairés ;
Des monts colorés
La cime est jaunie ;
Des rayons dorés
Tout reçoit la pluie,
Tout vit, tout s'écrie :
« C'est lui, c'est le jour !
C'est lui, c'est la vie !
C'est lui, c'est l'amour ! »

O Dieu, vois dans les airs! l'aigle éperdu s'élance
      Dans l'abîme éclatant des cieux ;
Sous les vagues de feu que bat son aile immense,
Il lutte avec les vents, il plane, il se balance ;
L'écume du soleil l'enveloppe à nos yeux :
Est-il allé porter jusques en ta présence
Des airs dont il est roi le sublime silence,
      Ou l'hommage mystérieux?

O Dieu, vois sur les mers! le regard de l'aurore
Enfle le sein dormant de l'Océan sonore,
Qui, comme un cœur d'amour ou de joie oppressé,
Presse le mouvement de son flot cadencé,
      Et dans ses lames garde encore
Le sombre azur du ciel que la nuit a laissé.

Comme un léger sillon qui se creuse et frissonne
Dans un champ où la brise a balancé l'épi,
Un flot naît d'une ride ; il murmure, il sillonne
L'azur muet encor de l'abîme assoupi ;
Il roule sur lui-même, il s'allonge, il s'abîme ;
      Le regard le perd un moment :
Où va-t-il? Il revient, revomi par l'abîme ;
Il dresse en mugissant sa bouillonnante cime ;
Le jour semble rouler sur son dos écumant ;
Il entraîne en passant les vagues qu'il écrase,
S'enfle de leur débris et bondit sur sa base ;
Puis enfin, chancelant comme une vaste tour,
Ou comme un char fumant brisé dans la carrière,
      Il croule ; et sa poussière
      En flocons de lumière
Roule, et disperse au loin tous ces fragments du jour.

La barque du pêcheur tend son aile sonore,
Où le vent du matin vient déjà palpiter,
Et bondit sur les flots que l'ancre va quitter,
      Pareille au coursier qui dévore
      Le frein qui semble l'irriter.

      Le navire, enfant des étoiles,
Luit comme une colline aux bords de l'horizon,
Et réfléchit déjà dans ses plus hautes voiles
La blancheur de l'aurore et son premier rayon.

Léviathan bondit sur ses traces profondes ;
Et, des flots par ses jeux saluant le réveil,
De ses naseaux fumants il lance au ciel les ondes,
Pour les voir retomber en rayons du soleil.

      L'eau berce, le mât secoue
      La tente des matelots ;
      L'air siffle, le ciel se joue
      Dans la crinière des flots ;
      Partout l'écume brillante
      D'une frange étincelante
      Ceint le bord des flots amers :
      Tout est bruit, lumière et joie ;
      C'est l'astre que Dieu renvoie,
      C'est l'aurore sur les mers.

O Dieu, vois sur la terre ! un pâle crépuscule
Teint son voile flottant par la brise essuyé ;
Sur les pas de la nuit l'aube pose son pié ;

L'ombre des monts lointains se déroule et recule,
Comme un vêtement replié.
Ses lambeaux, déchirés par l'aile de l'aurore,
Flottent livrés aux vents dans l'orient vermeil ;
La pourpre les enflamme, et l'iris les colore ;
Ils pendent en désordre aux tentes du soleil,
Comme des pavillons quand une flotte arbore
Les couleurs de son roi dans les jours d'appareil.

Sous des nuages de fumée,
Le rayon va pâlir sur les tours des cités,
Et sous l'ombre des bois les hameaux abrités,
Ces toits par l'innocence et la paix habités,
Sur la colline embaumée,
De jour et d'ombre semée,
Font rejaillir au loin leurs flottantes clartés.

Le laboureur répond au taureau qui l'appelle,
L'aurore les ramène au sillon commencé ;
Il conduit en chantant le couple qu'il attelle,
Le vallon retentit sous le soc renversé ;
Au gémissement de la roue
Il mesure ses pas et son chant cadencé ;
Sur sa trace en glanant le passereau se joue,
Et le chêne à sa voix secoue
Le baume des sillons que la nuit a versé.

L'oiseau chante, l'agneau bêle ;
L'enfant gazouille au berceau ;
La voix de l'homme se mêle
Au bruit des vents et de l'eau ;

L'air frémit, l'épi frissonne,
L'insecte au soleil bourdonne ;
L'airain pieux qui résonne
Rappelle au Dieu qui le donne
Ce premier soupir du jour :
Tout vit, tout luit, tout remue ;
C'est l'aurore dans la nue,
C'est la terre qui salue
L'astre de vie et d'amour !

Mais tandis, ô mon Dieu, qu'aux yeux de ton aurore
Un nouvel univers chaque jour semble éclore,
Et qu'un soleil flottant dans l'abîme lointain
Fait remonter vers toi les parfums du matin,
D'autres soleils cachés par la nuit des distances,
Qu'à chaque instant là-haut tu produis et tu lances,
Vont porter dans l'espace, à leurs planètes d'or,
Des matins plus brillants et plus sereins encor.
Oui, l'heure où l'on t'adore est ton heure éternelle ;
Oui, chaque point des cieux pour toi la renouvelle ;
Et ces astres sans nombre épars au sein des nuits
N'ont été par ton souffle allumés et conduits
Qu'afin d'aller, Seigneur, autour de tes demeures,
L'un l'autre se porter la plus belle des heures,
Et te faire bénir par l'aurore des jours,
Ici, là-haut, sans cesse, à jamais et toujours.

Oui, sans cesse un monde se noie
Dans les feux d'un nouveau soleil ;
Les cieux sont toujours dans la joie,
Toujours un astre a son réveil ;

Partout où s'abaisse ta vue,
Un soleil levant te salue ;
Les cieux sont un hymne sans fin !
Et des temps que tu fais éclore,
Chaque heure, ô Dieu, n'est qu'une aurore,
Et l'éternité qu'un matin !

Montez donc, flottez donc, roulez, volez, vents, flamme,
Oiseaux, vagues, rayons, vapeurs, parfums et voix !
Terre, exhale ton souffle ! homme, élève ton âme !
Montez, flottez, roulez, accomplissez vos lois !

Montez, volez à Dieu ! plus haut, plus haut encore !
Dans les feux du soleil sa splendeur vous a lui ;
Reportez dans les cieux l'hommage de l'aurore,
Montez, il est là-haut ; descendez, tout est lui !

Et toi, jour, dont son nom a commencé la course,
Jour qui dois rendre compte au Dieu qui t'a compté,
La nuit qui t'enfanta te rappelle à ta source ;
  Tu finis dans l'éternité.

Tu n'es qu'un pas du temps, mais ton Dieu te mesure ;
Tu dois de son auteur rapprocher la nature ;
Il ne t'a point créé comme un vain ornement,
Pour semer de tes feux la nuit du firmament,
Mais pour lui rapporter aux célestes demeures
La gloire et la vertu sur les ailes des heures,
  Et la louange à tout moment !

COMMENTAIRE

DE LA TROISIÈME HARMONIE

Cette Harmonie fut écrite à *Montenero*, comme la précédente, pendant une halte de toute une journée sous les chênes verts de ce beau cap. Elle fut notée sur les feuilles blanches d'une belle édition in-quarto de *Pétrarque* que je portais souvent avec moi. Au moment où je détachais ces feuilles, elles me furent enlevées par le vent violent du soir qui s'élève de Limone, et qui souffle par rafale à la mer. Elles tourbillonnèrent un moment au-dessus de moi, et retombèrent à mille piéds sous la concavité du cap. Je les crus englouties par les lames. Je les regrettai un moment, puis je retournai prendre mon cheval à la *locanda*, et je n'y pensai plus.

Le surlendemain, une jolie enfant à demi nue, fille d'un pauvre ramasseur de coquillages des faubourgs de Livourne, me les rapporta, toutes trempées de l'eau salée. Elle me dit que son père les avait trouvées surnageant sur l'écume au bas du cap de *Montenero;* qu'il les avait fait lire aux capucins du couvent; que les capucins, ne comprenant pas cette langue, avaient dit qu'il fallait reporter ces papiers au Français, à la villa Palmieri. Je remerciai la petite fille; je lui donnai pour son père autant d'écus italiens qu'il y avait de pages, et pour elle une robe de cotonnade rayée de rouge, une chemise et des souliers. Elle s'en alla joyeuse et les mains pleines de figues, croyant sans doute qu'elle m'avait rapporté un trésor. Hélas! ce n'était que des feuilles arrachées au vent de mer, et rejetées au vent du temps!

IV

LA LAMPE DU TEMPLE

ou

L'AME PRÉSENTE A DIEU

IV

LA LAMPE DU TEMPLE

ou

L'AME PRÉSENTE A DIEU

Pâle lampe du sanctuaire,
Pourquoi dans l'ombre du saint lieu,
Inaperçue et solitaire,
Te consumes-tu devant Dieu ?

Ce n'est pas pour diriger l'aile
De la prière ou de l'amour,
Pour éclairer, faible étincelle,
L'œil de Celui qui fit le jour.

Ce n'est pas pour écarter l'ombre
Des pas de ses adorateurs :
La vaste nef n'est que plus sombre
Devant tes lointaines lueurs.

Ce n'est pas pour lui faire hommage
Des feux qui sous ses pas ont lui ;
Les cieux lui rendent témoignage,
Les soleils brûlent devant lui.

Et pourtant, lampes symboliques,
Vous gardez vos feux immortels,
Et la brise des basiliques
Vous berce sur tous les autels ;

Et mon œil aime à se suspendre
A ce foyer aérien,
Et je leur dis, sans les comprendre :
Flambeaux pieux, vous faites bien.

Peut-être, brillantes parcelles
De l'immense création,
Devant son trône imitent-elles
L'éternelle adoration.

Et c'est ainsi, dis-je à mon âme,
Que, de l'ombre de ce bas lieu,
Tu brûles, invisible flamme,
En la présence de ton Dieu.

Et jamais, jamais tu n'oublies
De diriger vers lui mon cœur,
Pas plus que ces lampes remplies
De flotter devant le Seigneur.

Quel que soit le vent, tu regardes
Ce pôle, objet de tous tes vœux ;
Et, comme un nuage, tu gardes
Toujours ton côté lumineux.

Dans la nuit du monde sensible,
Je sens avec sérénité
Qu'il est un point inaccessible
A la terrestre obscurité ;

Une lueur sur la colline,
Qui veillera toute la nuit ;
Une étoile qui s'illumine
Au seul astre qui toujours luit ;

Un feu qui dans l'urne demeure
Sans s'éteindre et se consumer,
Où l'on peut jeter à toute heure
Un grain d'encens pour l'allumer.

Et quand sous l'œil qui te contemple,
O mon âme, tu t'éteindras,
Sur le pavé fumant du temple
Son pied ne te foulera pas.

Mais, vivante au foyer suprême,
Au disque du jour sans sommeil,
Il te réunira lui-même
Comme un rayon à son soleil ;

Et tu luiras de sa lumière,
De la lumière de Celui
Dont les astres sont la poussière
Qui monte et tombe devant lui.

COMMENTAIRE

DE LA QUATRIÈME HARMONIE

J'ai toujours aimé, non pas les ténèbres de l'homme, mais les ténèbres de Dieu : elles redoublent en nous le sentiment de la solitude. Or, la solitude avec Dieu, c'est la jouissance sans distraction de l'infini, c'est la conversation sans témoin avec ce qu'on adore. Aussi toutes les fois qu'un édifice marqué du signe de la Divinité, un temple en ruines au Parthénon, une colonne en tronçons au cap *Sunium*, un fronton de marbre jaune doré du soleil sur la croupe des montagnes d'*Égine*, une avenue de piliers dans le désert de *Balbek*, un ermitage de caloyer grec sur un rocher du Péloponèse, une abbaye démantelée dans les forêts de sapins du Jura ou du Bugey, une croix sur un chemin, frappent mes yeux, mon âme salue la seule grande pensée, la pensée de Dieu.

C'est sous l'impression de ce sentiment habituel chez moi que j'écrivis un soir ces vers. Il y avait dans les bois de *Limone*, près de Livourne, deux ou trois petits sanctuaires abandonnés par les ermites, mais où la piété des villageois voisins entretenaît toujours une de ces lampes votives que les Italiennes allument jusque dans les maisons. Surpris un soir par la nuit en cherchant ma route, j'aperçus une de ces lueurs : je crus que c'était un foyer où je trouverais un asile ou un guide ; ce n'était qu'une de ces chapelles désertes. J'y entrai pour attendre la lune, qui ne devait pas tarder à se lever. Le feu a la vie et la parole comme l'eau, comme tous les éléments doués de mouvement ; voilà pourquoi les paysans disent que le feu tient compagnie. Il tient compagnie non-seulement à l'homme, mais à Dieu qui l'a créé : c'est pour cela sans doute qu'il fait partie de tous les cultes. Pendant que cette petite clarté vacillait au vent sur son huile d'or, dans son vase suspendu de cristal, je composai deux ou trois de ces strophes, et je bénis du cœur la main qui l'avait allumée.

La lune se leva, je repris mon sentier, où j'achevai ces strophes à la clarté de la mer, en traversant la plaine qui s'étend entre les montagnes de *Limone* et la villa Palmieri.

V

BÉNÉDICTION DE DIEU

DANS LA SOLITUDE

V

BÉNÉDICTION DE DIEU

DANS LA SOLITUDE

D'où me vient, ô mon Dieu, cette paix qui m'inonde ?
D'où me vient cette foi dont mon cœur surabonde ?
A moi qui tout à l'heure, incertain, agité,
Et sur les flots du doute à tout vent ballotté,
Cherchais le bien, le vrai, dans les rêves des sages,
Et la paix dans des cœurs retentissant d'orages ?
A peine sur mon front quelques jours ont glissé,
Il me semble qu'un siècle et qu'un monde ont passé,
Et que, séparé d'eux par un abîme immense,
Un nouvel homme en moi renaît et recommence.

Ah! c'est que j'ai quitté, pour la paix du désert,
La foule où toute paix se corrompt ou se perd ;
C'est que j'ai retrouvé dans mon vallon champêtre
Les soupirs de ma source et l'ombre de mon hêtre,
Et ces monts, bleus piliers d'un cintre éblouissant,
Et mon ciel étoilé d'où l'extase descend ;
C'est que l'âme de l'homme est une onde limpide
Dont l'azur se ternit à tout vent qui la ride,
Mais qui, dès qu'un moment le vent s'est endormi,
Repolit la surface où le ciel a frémi ;
C'est que d'un toit de chaume une faible fumée,
Un peu d'herbe le soir par le pâtre allumée,
Suffit pour obscurcir tout le ciel d'un vallon,
Et dérober le jour au plus pur horizon !
Qu'un vent vienne à souffler du soir ou de l'aurore,
Le nuage flottant s'entr'ouvre et s'évapore ;
L'ombre sur les gazons, se séparant du jour,
Rend à tous les objets leur teinte et leur contour :
Le rayon du soleil, comme une onde éthérée,
Rejaillit de la terre à sa source azurée ;
L'horizon resplendit de joie et de clarté,
Et ne se souvient plus d'un peu d'obscurité.

Ah ! loin de ces cités où les bruits de la terre
Étouffent les échos de l'âme solitaire,
Que faut-il, ô mon Dieu, pour nous rendre ta foi ?
Un jour dans le silence écoulé devant toi,
Regarder et sentir, et respirer, et vivre ;
Vivre, non de ce bruit dont l'orgueil nous enivre,
Mais de ce pain du jour qui nourrit sobrement,
De travail, de prière et de contentement ;
Se laisser emporter par le flux des journées
Vers cette grande mer où roulent nos années,

Comme sur l'Océan la vague au doux roulis,
Berçant du jour au soir une algue dans ses plis,
Porte et couche à la fin au sable de la rive
Ce qui n'a point de rame, et qui pourtant arrive.
Notre âme ainsi vers Dieu gravite dans son cours.
Pour le cœur plein de lui, que manque-t-il aux jours?
Voici le gai matin qui sort humide et pâle
Des flottantes vapeurs de l'aube orientale,
Le jour s'éveille avec les zéphyrs assoupis,
La brise qui s'élève et couche les épis,
Avec les pleurs sereins de la tiède rosée
Remontant perle à perle où la nuit l'a puisée,
Avec le cri du coq et le chant des oiseaux,
Avec les bêlements prolongés des troupeaux,
Avec le bruit des eaux dans le moulin rustique,
Les accords de l'airain dans la chapelle antique,
La voix du laboureur ou de l'enfant joyeux
Sollicitant le pas du bœuf laborieux.

Mon cœur, à ce réveil du jour que Dieu renvoie,
Vers un ciel qui sourit s'élève sur sa joie,
Et, de ces dons nouveaux rendant grâce au Seigneur,
Murmure, en s'éveillant, son hymne intérieur;
Demande un jour de paix, de bonheur, d'innocence,
Un jour qui pèse entier dans la sainte balance,
Quand la main qui les pèse à ses poids infinis
Retranchera du temps ceux qu'il n'a pas bénis!
Puis viennent à leur tour les soins de la journée,
L'herbe à tondre du pré, la gerbe moissonnée
A coucher sur les chars, avant que, descendu,
Le nuage encor loin que l'éclair a fendu
Ne vienne enfler l'épi des gouttes de sa pluie,
Ou de ses blonds tuyaux ternir l'or qui s'essuie;

Les fruits tombés de l'arbre à relever ; l'essaim
Débordant de la ruche à rappeler soudain,
La branche à soulager du fardeau qui l'accable,
Ou la source égarée à chercher sous le sable ;
Puis le pauvre qui vient tendre à vide sa main,
Où tombe au nom de Dieu son obole ou son pain ;
La veuve qui demande, aux cœurs exempts d'alarmes,
Cette aumône du cœur, une larme à ses larmes ;
L'ignorant, un conseil que l'espoir embellit ;
L'orphelin, du travail, et le malade, un lit ;
Puis sous l'arbre, à midi, dont l'ombre les rassemble,
Maîtres et serviteurs qui consultent ensemble
Sur le ciel qui se couvre ou le vent qui fraîchit,
Sur le nuage épais que la grêle blanchit,
Les rameaux tout noircis par la dent des chenilles,
Ou la ronce aux cent bras qui trompe les faucilles ;
Puis montent des enfants à qui, seule au milieu,
La mère de famille apprend le nom de Dieu,
Enseigne à murmurer les mots dans son symbole,
A fixer sous leurs doigts le nombre et la parole,
A filer les toisons du lin ou des brebis,
Et du fil de leur veille à tisser leurs habits.

De labeur en labeur l'heure à l'heure enchaînée
Vous porte sans secousse au bout de la journée ;
Le jour plein et léger tombe, et voilà le soir :
Sur le tronc d'un vieux orme au seuil on vient s'asseoir ;
On voit passer des chars d'herbe verte et traînante,
Dont la main des glaneurs suit la route odorante ;
On voit le chevrier qui ramène des bois
Ses chèvres dont les pis s'allongent sous leur poids,
Le mendiant, chargé des dons de la vallée,
Rentrer le col pliant sous sa besace enflée ;

On regarde descendre avec un œil d'amour,
Sous les monts, dans les mers, l'astre poudreux du jour;
Et selon que son disque, en se noyant dans l'ombre,
Creuse une ornière d'or ou laisse un sillon sombre,
On sait si dans le ciel l'aurore de demain
Doit ramener un jour nébuleux ou serein,
Comme à l'œil du chrétien le soir pur d'une vie
Présage un jour plus beau dont la mort est suivie;
On entend l'Angélus tinter, et d'un saint bruit
Convoquer les esprits qui bénissent la nuit.
Tout avec l'horizon s'obscurcit : l'âme est noire,
Le souvenir des morts revient dans la mémoire;
On songe à ses amis dont l'œil ne doit plus voir,
Dans le jour éternel, de matin ni de soir;
On sonde avec tristesse au fond de sa pensée
La place, vide encor, que leur mort a laissée;
Et, pour combler un peu l'abîme douloureux,
On y jette un soupir, une larme pour eux!

Enfin quand sur nos fronts l'étoile des nuits tremble,
On remonte au foyer, on cause, on lit ensemble
Un de ces testaments sublimes, immortels,
Que des morts vertueux ont légués aux mortels,
Sur les âges lointains phares qu'on aime à suivre,
Homère, Fénelon, et surtout ce grand livre
Où les secrets du ciel et de l'humanité
Sont écrits en deux mots : Espoir et Charité!
Et quelquefois enfin, pour enchanter nos veilles,
D'une chaste harmonie enivrant nos oreilles,
Nous répétons les vers de ces hommes divins
Qui, dérobant des sons aux luths des séraphins,
Ornent la vérité de nombre et de mesure,
Et parlent par image ainsi que la nature.

Mais le sommeil, doux fruit des jours laborieux,
Avant l'heure tardive appesantit nos yeux ;
Comme aux jours de Rachel, la prière rustique
Rassemble devant Dieu la tribu domestique,
Et pour que son encens soit plus pur et plus doux,
C'est la voix d'un enfant qui l'élève pour tous.
Cette voix virginale, et qu'attendrit encore
La présence du Dieu qu'à genoux elle implore,
Invoque sur les nuits sa bénédiction,
Ou murmure un des chants des harpes de Sion ;
On y répond en chœur ; et la voix de la mère,
Douce et tendre, et l'accent mâle et grave du père,
Et celui des vieillards que les ans ont baissé,
Et celui des pasteurs que les champs ont cassé,
Bourdonnant sourdement la parole divine,
Forment avec les sons de la voix enfantine
Un contraste de trouble et de sérénité,
Comme une heure de paix dans un jour agité ;
Et l'on croirait, au son de cette voix qui change,
Entendre des mortels interroger un ange.

Ainsi coule la vie en paisibles soleils :
Quelle foi peut manquer à des moments pareils ?
Qu'importe ce vain flux d'opinions mortelles
Se brisant l'une l'autre en vagues éternelles,
Et ne répandant rien, sur l'écueil de la nuit,
Que leur brillante écume, et de l'air et du bruit ?
La vie est courte et pleine, et suffit à la vie ;
De ces soins innocents l'âme heureuse et remplie
Ne doute pas du Dieu qu'elle porte avec soi ;
C'est sous d'humbles vertus qu'il a caché sa foi :
Un regard en sait plus que les veilles des sages.
Un beau soir qui s'endort dans son lit de nuages,

Une nuit découvrant dans son immensité
L'infini qui rayonne et l'espace habité,
Un matin qui s'éveille étincelant de joie,
Ce poids léger du temps que le travail emploie,
Ce doux repos du cœur qui suit un saint soupir,
Ces troubles que d'un mot ton nom vient assoupir,
Mon Dieu, donnent à l'âme ignorante et docile
Plus de foi dans un jour qu'il n'est besoin pour mille;
Plus de miel qu'il n'en tient dans la coupe du sort,
Plus d'espoir qu'il n'en faut pour embellir la mort.

Conserve-nous, mon Dieu, ces jours de ta promesse,
Ces labeurs, ces doux soins, cette innocente ivresse
D'un cœur qui flotte en paix sur les vagues du temps
Comme l'aigle endormi sur l'aile des autans,
Comme un navire en mer qui ne voit qu'une étoile,
Mais où le nautonier chante en paix sous sa voile!
Conserve-nous ces cœurs et ces heures de miel,
Et nous croirons en toi comme l'oiseau du ciel,
Sans emprunter aux mots leur stérile évidence,
En sentant le printemps croit à ta providence;
Comme le soir doré d'un jour pur et serein
S'endort dans l'espérance, et croit au lendemain;
Comme un juste mourant, et fier de son supplice,
Espère dans la mort, et croit à ta justice;
Comme la vertu croit à l'immortalité,
Comme l'œil croit au jour, l'âme à la vérité.

COMMENTAIRE

DE LA CINQUIÈME HARMONIE.

Qui n'a pas senti les voluptés du retour dans le site où l'on a passé son enfance, et dans les habitudes de sa première vie?

Je venais de vivre plusieurs années à l'étranger, dans d'autres lieux, dans d'autres mœurs, dans d'autres pensées. J'eus un congé en 1829, je revins pendant l'été à Saint-Point. Ma mère vivait, et venait souvent habiter avec moi. Son âme, comme une journée d'été, s'embellissait des teintes du soir; sa piété sereine et toute composée de bénédiction, de reconnaissance et d'espérance, était involontairement communicative; sa présence éclairait, vivifiait, sanctifiait la maison.

Un jour, elle était assise sous un grand cerisier dans le verger en pente, en face du petit balcon de bois que j'avais construit pour descendre de ma tour dans le jardin. C'était un dimanche après vêpres. Mon enfant jouait à ses pieds avec des fleurs et des oiseaux que les petites filles du village lui avaient apportés; ma femme lisait à côté; sa mère, excellente femme, plus âgée que la mienne, tenait à la main sa Bible reliée en maroquin noir, que les Anglaises pieuses lisent pour toute distraction les jours saints; à quelque distance, un groupe de deux ou trois petites filles du village regardaient avec timidité les dames étrangères; les chiens couraient après les paons, la cloche de l'église carillonnait; le soleil, qui baissait vers la montagne, jetait sur la pelouse les ombres dentelées des noisetiers. Cette scène de famille, de campagne, de quiétude dans le bonheur, à l'ombre des murs du clocher, me pénétra profondément. Moi-même j'étais heureux : ma jeunesse avait passé ses amertumes; mon cœur était plein sans déborder; des perspectives douces s'entr'ouvraient devant moi; ma famille paraissait avoir de longues années à vivre; la renommée m'avait accueilli à mes premiers pas dans la poésie; la diplomatie et la politique me promettaient, pour mon âge mûr, des occupations, des voyages, les exercices d'esprit nécessaires à mon activité; ma fortune, modeste alors, me suffisait et au delà; j'entrevoyais, après les emplois publics et les lettres, des années de paix, de contemplation, de moissons de cœur dans cette vie rurale, commencement et fin de toute heureuse vie. De ce sentiment de bonheur au sentiment de reconnaissance qui en reporte au ciel la bénédiction, il n'y a que le cri de l'âme. Ce cri sortit dans cet instant de la mienne, et je commençai ces vers devant ce groupe de ma mère, de ma femme, et au doux gazouillement de mon enfant.

VI

AUX CHRÉTIENS

DANS LES TEMPS D'ÉPREUVE

VI

AUX CHRÉTIENS

DANS LES TEMPS D'ÉPREUVE

Août 1826.

Pourquoi vous troublez-vous, enfants de l'Évangile ?
« A quoi sert dans les cieux ton tonnerre inutile,
Disent-ils au Seigneur, quand ton Christ insulté,
Comme au jour où sa mort fit trembler les collines,
Un roseau dans les mains et le front ceint d'épines,
  Au siècle est présenté ?

» Ainsi qu'un astre éteint sur un horizon vide,
La foi, de nos aïeux la lumière et le guide,
De ce monde attiédi retire ses rayons;
L'obscurité, le doute, ont brisé sa boussole,
Et laissent diverger, au vent de la parole,
   L'encens des nations.

» Et tu dors? et les mains qui portent ta justice,
Les chefs des nations, les rois du sacrifice,
N'ont pas saisi le glaive et purgé le saint lieu?
Levons-nous, et lançons les derniers anathèmes;
Prenons les droits du ciel, et chargeons-nous nous-mêmes
   Des justices de Dieu.

Arrêtez, insensés, et rentrez dans votre âme!
Ce zèle dévorant dont mon nom vous enflamme
Vient-il, dit le Seigneur, ou de vous ou de moi?
Répondez. Est-ce moi que la vengeance honore?
Ou n'est-ce pas plutôt l'homme que l'homme abhorre,
   Sous cette ombre de foi? »

Et qui vous a chargés du soin de sa vengeance?
A-t-il besoin de vous pour prendre sa défense?
La foudre, l'ouragan, la mort, sont-ils à nous?
Ne peut-il dans sa main prendre et juger la terre,
Ou sous son pied jaloux la briser comme un verre
   Avec l'impie et vous?

Quoi! nous a-t-il promis un éternel empire,
Nous, disciples d'un Dieu qui sur la croix expire;
Nous à qui notre Christ n'a légué que son nom,
Son nom et le mépris, son nom et les injures,
L'indigence et l'exil, la mort et les tortures,
   Et surtout le pardon?

Serions-nous donc pareils au peuple déicide,
Qui, dans l'aveuglement de son orgueil stupide,
Du sang de son Sauveur teignit Jérusalem,
Prit l'empire du ciel pour l'empire du monde,
Et dit en blasphémant : « Que ton sang nous inonde,
　　　O roi de Bethléem ! »

Ah ! nous n'avons que trop affecté cet empire,
Depuis qu'humbles proscrits échappés du martyre,
Nous avons des pouvoirs confondu tous les droits,
Entouré de faisceaux les chefs de la prière,
Mis la main sur l'épée, et jeté la poussière
　　　Sur la tête des rois.

Ah ! nous n'avons que trop aux maîtres de la terre
Emprunté, pour régner, leur puissance adultère,
Et, dans la cause enfin du Dieu saint et jaloux,
Mêlé la voix divine avec la voix humaine,
Jusqu'à ce que Juda confondît dans sa haine
　　　La tyrannie et nous.

Voilà de tous nos maux la fatale origine ;
C'est de là qu'ont coulé la honte et la ruine,
La haine, le scandale et les dissensions ;
C'est de là que l'enfer a vomi l'hérésie,
Et que du corps divin tant de membres sans vie
　　　Jonchent les nations.

« Mais du Dieu trois fois saint notre injure est l'injure.
Faut-il l'abandonner au mépris du parjure,
Aux langues du sceptique ou du blasphémateur ?
Faut-il, lâches enfants d'un père qu'on offense,
Tout souffrir sans réponse et tout voir sans vengeance ? »
　　　Et que fait le Seigneur ?

Sa terre les nourrit, son soleil les éclaire,
Sa grâce les attend, sa bonté les tolère ;
Ils ont part à ses dons qu'il nous daigne épancher ;
Pour eux le ciel répand sa rosée et son ombre,
Et de leurs jours mortels il leur compte le nombre
      Sans en rien retrancher.

Il prête sa parole à la voix qui le nie ;
Il compatit d'en haut à l'erreur qui le prie ;
A défaut des clartés, il nous compte un désir.
La voix qui crie : Allah ! la voix qui dit : Mon Père,
Lui portent l'encens pur et l'encens adultère :
      A lui seul de choisir.

Ah ! pour la vérité n'affectons pas de craindre :
Le souffle d'un enfant, là-haut, peut-il éteindre
L'astre dont l'Éternel a mesuré les pas ?
Elle était avant nous, elle survit aux âges ;
Elle n'est point à l'homme, et ses propres nuages
      Ne l'obscurciront pas.

Elle est, elle est à Dieu qui la dispense au monde,
Qui prodigue la grâce où la misère abonde.
Rendons grâce à lui seul du rayon qui nous luit,
Sans nous épouvanter de nos heures funèbres,
Sans nous enfler d'orgueil, et sans crier ténèbres
      Aux enfants de la nuit.

Esprits dégénérés ! ces jours sont une épreuve,
Non pour la vérité, toujours vivante et neuve,
Mais pour nous que la peine invite au repentir.
Témoignons pour le Christ, mais surtout par nos vies ;
Notre moindre vertu confondra plus d'impies
      Que le sang d'un martyr.

Chrétiens, souvenons-nous que le Chrétien suprême
N'a légué qu'un seul mot pour prix d'un long blasphème
A cette arche vivante où dorment ses leçons ;
Et que l'homme, outrageant ce que notre âme adore,
Dans notre cœur brisé ne doit trouver encore
      Que ce seul mot : Aimons !

VII

HYMNE DE L'ENFANT

A SON RÉVEIL

VII

HYMNE DE L'ENFANT

A SON RÉVEIL

O Père qu'adore mon père !
Toi qu'on ne nomme qu'à genoux ;
Toi dont le nom terrible et doux
Fait courber le front de ma mère ;

On dit que ce brillant soleil
N'est qu'un jouet de ta puissance ;
Que sous tes pieds il se balance
Comme une lampe de vermeil.

On dit que c'est toi qui fais naître
Les petits oiseaux dans les champs,
Et qui donne aux petits enfants
Une âme aussi pour te connaître.

On dit que c'est toi qui produis
Les fleurs dont le jardin se pare,
Et que sans toi, toujours avare,
Le verger n'aurait point de fruits.

Aux dons que ta bonté mesure
Tout l'univers est convié ;
Nul insecte n'est oublié
A ce festin de la nature.

L'agneau broute le serpolet,
La chèvre s'attache au cytise,
La mouche au bord du vase puise
Les blanches gouttes de mon lait ;

L'alouette a la graine amère
Que laisse envoler le glaneur,
Le passereau suit le vanneur,
Et l'enfant s'attache à sa mère.

Et, pour obtenir chaque don
Que chaque jour tu fais éclore,
A midi, le soir, à l'aurore,
Que faut-il ? Prononcer ton nom !

O Dieu ! ma bouche balbutie
Ce nom des anges redouté :
Un enfant même est écouté
Dans le chœur qui te glorifie.

On dit qu'il aime à recevoir
Les vœux présentés par l'enfance,
A cause de cette innocence
Que nous avons sans le savoir.

On dit que leurs humbles louanges
A son oreille montent mieux ;
Que les anges peuplent les cieux,
Et que nous ressemblons aux anges.

Ah ! puisqu'il entend de si loin
Les vœux que notre bouche adresse,
Je veux lui demander sans cesse
Ce dont les autres ont besoin.

Mon Dieu, donne l'onde aux fontaines,
Donne la plume aux passereaux,
Et la laine aux petits agneaux,
Et l'ombre et la rosée aux plaines.

Donne au malade la santé,
Au mendiant le pain qu'il pleure,
A l'orphelin une demeure,
Au prisonnier la liberté.

Donne une famille nombreuse
Au père qui craint le Seigneur ;
Donne à moi sagesse et bonheur,
Pour que ma mère soit heureuse !

Que je sois bon, quoique petit,
Comme cet enfant dans le temple,
Que chaque matin je contemple,
Souriant au pied de mon lit !

Mets dans mon âme la justice,
Sur mes lèvres la vérité ;
Qu'avec crainte et docilité
Ta parole en mon cœur mûrisse ;

Et que ma voix s'élève à toi
Comme cette douce fumée
Que balance l'urne embaumée
Dans la main d'enfants comme moi !

COMMENTAIRE

DE LA SEPTIÈME HARMONIE

Ces strophes sont du même printemps que la Bénédiction (cinquième Harmonie).

On pourrait dans ce genre en faire de bien diverses et de bien meilleures. La poésie de l'enfance n'est pas trouvée : La Fontaine lui aigrit un peu l'esprit; ses fables lui inspirent plus de malice que de bonté, aucune piété. Celui qui ferait le livre de cantiques des enfants aurait fait un bon et beau livre. Les éléments de ce chant, naïf sans afféterie et enfantin sans puérilité, se rencontrent dans Fénelon, dans Bernardin de Saint-Pierre, dans Pluche, dans quelques écrivains anglais. Il faut leur épeler les pages de la nature, et leur chanter en notes simples leurs propres impressions. C'est un livre qu'une femme de génie devrait tenter; nous y échouerions.

VIII

HYMNE DU SOIR

DANS LES TEMPLES

VIII

HYMNE DU SOIR

DANS LES TEMPLES

———

A Mme LA PRINCESSE ALDOBRANDINI BORGHÈSE

Salut, ô sacrés tabernacles
Où tu descends, Seigneur, à la voix d'un mortel !
Salut, mystérieux autel
Où la foi vient chercher et son pain immortel
Et tes silencieux oracles !

Quand la dernière heure des jours
A gémi dans tes vastes tours,

Quand son dernier rayon fuit et meurt dans le dôme ;
Quand la veuve, tenant son enfant par la main,
A pleuré sur la pierre, et repris son chemin
    Comme un silencieux fantôme ;
Quand de l'orgue lointain l'insensible soupir
Avec le jour aussi semble enfin s'assoupir,
    Pour s'éveiller avec l'aurore ;
Que la nef est déserte, et que, d'un pas tardif,
Aux lampes du saint lieu le lévite attentif
    A peine la traverse encore,
Voici l'heure où je viens, à la chute des jours,
    Me glisser sous ta voûte obscure,
Et chercher, au moment où s'endort la nature,
    Celui qui veille toujours !

    Vous qui voilez les saints asiles
    Où mes yeux n'osent pénétrer,
    Au pied de vos troncs immobiles,
    Colonnes, je viens soupirer.
    Versez sur moi, versez vos ombres ;
    Rendez les ténèbres plus sombres
    Et le silence plus épais !
    Forêts de marbre et de porphyre,
    L'air qu'à vos pieds l'âme respire
    Est plein de mystère et de paix.

    Que l'amour et l'inquiétude,
    Égarant leurs ennuis secrets,
    Cherchent l'ombre et la solitude
    Sous les verts abris des forêts !
    O ténèbres du sanctuaire,
    L'œil religieux vous préfère

Au bois par la brise agité ;
Rien ne change votre feuillage :
Votre ombre immobile est l'image
De l'immobile éternité !

Le cœur brisé par la souffrance,
Las des promesses des mortels,
S'obstine, et poursuit l'espérance
Jusqu'au pied des sacrés autels,
Le flot du temps mugit et passe ;
L'homme passager vous embrasse
Comme un pilote anéanti,
Battu par la vague écumante,
Embrasse au sein de la tourmente
Le mât du navire englouti !

Où sont, colonnes éternelles,
Les mains qui taillèrent vos flancs ?
Caveaux, répondez : où sont-elles ?
Poussière abandonnée aux vents,
Nos mains qui façonnent la pierre
Tombent avant elle en poussière,
Et l'homme n'en est point jaloux ;
Il meurt, mais sa sainte pensée
Anime la pierre glacée,
Et s'élève au ciel avec vous.

Les forum, les palais s'écroulent ;
Le temps les ronge avec mépris,
Le pied des passants qui les foulent
Écarte au hasard leurs débris ;

Mais sitôt que le bloc de pierre
Sorti des flancs de la carrière,
Seigneur, pour ton temple est sculpté,
Il est à toi! Ton ombre imprime
A nos œuvres le sceau sublime
De ta propre immortalité!

Le bruit de la foudre qui gronde
Et s'éloigne en baissant la voix,
Le sifflement des vents sur l'onde,
Les sourds gémissements des bois,
La bouche qui vomit la bombe,
Le bruit du fleuve entier qui tombe
Dans un abîme avec ses eaux,
Sont moins majestueux encore
Qu'un peuple qui chante et t'adore
Sous tes mélodieux arceaux!

Quand l'hymne enflammé, qui s'élance
De mille bouches à la fois,
De ton majestueux silence
Jaillit comme une seule voix ;
Plus fort que le char des tempêtes,
Quand le chant divin des prophètes
Roule avec les flots de l'encens,
N'entends-tu pas les vieux portiques,
Les tombeaux, les siècles antiques,
Mêler une âme à nos accents?

Seigneur, j'aimais jadis à répandre mon âme
Sur les cimes des monts, dans la nuit des déserts,
Sur l'écueil où mugit la voix des vastes mers,
En présence du ciel, et des globes de flamme
Dont les feux pâlissants semaient les champs des airs !

Il me semblait, mon Dieu, que mon âme, oppressée
Devant l'immensité, s'agrandissait en moi,
Et sur les vents, les flots ou les feux élancée,
      De pensée en pensée,
    Allait se perdre en toi !

Je cherchais à monter, mais tu daignais descendre.
    Ah ! ton ouvrage a-t-il besoin
De s'élever si haut, de te chercher si loin !
    Où n'es-tu pas pour nous entendre ?
De ton temple aujourd'hui j'aime l'obscurité ;
C'est une île de paix sur l'océan du monde,
    Un phare d'immortalité
Par la mort et par toi seulement habité :
On entend de plus loin le flot du temps qui gronde
    Sur ce seuil de l'éternité.

Il semble que la voix dans les airs égarée,
Par cet espace étroit dans ces murs concentrée,
    A notre âme retentit mieux,
Et que les saints échos de la voûte sonore
Te portent plus brûlant, avant qu'il s'évapore,
Le soupir qui te cherche en montant vers les cieux !

Comme la vague orageuse
S'apaise en touchant le bord ;
Comme la nef voyageuse
S'abrite à l'ombre du port ;
Comme l'errante hirondelle
Fuit sous l'aile maternelle
L'œil dévorant du vautour,
A tes pieds quand elle arrive,
L'âme errante et fugitive
Se recueille en ton amour.

Tu parles, mon cœur écoute ;
Je soupire, tu m'entends ;
Ton œil compte goutte à goutte
Les larmes que je répands ;
Dans un sublime murmure,
Je suis, comme la nature,
Sans voix sous ta majesté ;
Mais je sens, en ta présence,
L'heure pleine d'espérance
Tomber dans l'éternité !

Qu'importe en quels mots s'exhale
L'âme devant son auteur ?
Est-il une langue égale
A l'extase de mon cœur ?
Quoi que ma bouche articule,
Ce sang pressé qui circule,
Ce sein qui respire en toi,
Ce cœur qui bat et s'élance,
Ces yeux baignés, ce silence,
Tout parle, tout prie en moi.

Ainsi les vagues palpitent
Au lever du roi du jour;
Ainsi les astres gravitent,
Muets de crainte et d'amour;
Ainsi les flammes s'élancent,
Ainsi les airs se balancent,
Ainsi se meuvent les cieux,
Ainsi ton tonnerre vole,
Et tu comprends sans parole
Leur hymne silencieux.

Ah! Seigneur, comprends-moi de même,
Entends ce que je n'ai pas dit!
Le silence est la voix suprême
D'un cœur de ta gloire interdit.
C'est toi! c'est moi! je suis! j'adore!
Le temps, l'espace s'évapore;
J'oublie et l'univers et moi!
Mais cette ivresse de l'extase,
Mais ce feu sacré qui m'embrase,
Mais ce poids divin qui m'écrase,
C'est toi, mon Dieu, c'est encor toi!

Pourquoi vous fermez-vous, maison de la prière?
Est-il une heure, ô Dieu, dans la nature entière,
    Où le cœur soit las de prier;
Où l'homme, qu'en ces lieux ta bonté daigne attendre,
N'ait devant tes autels un parfum à répandre,
    Une larme à te confier?

Mais c'en est fait : d'un pas que le respect mesure
  Je sors du parvis qui murmure ;
  Je sors, et ton ombre me suit !
Mon pied silencieux se fait entendre à peine,
  Mon cœur se tait, et mon haleine
  Sur mes lèvres passe sans bruit.

  Jusqu'au retour de l'aurore,
  Sur mon front je garde encore
  La majesté du saint lieu ;
Et comme après Sina, de toi l'âme encor pleine,
Ton prophète n'osait descendre dans la plaine,
Je crains de profaner par la parole humaine
Mes sens, encor frappés du souffle de mon Dieu !

COMMENTAIRE

DE LA HUITIÈME HARMONIE

J'ai dédié celle-ci à la princesse Borghèse, née la Rochefoucauld, parce que cette charmante femme, qui habitait alors Florence, fut la première personne à qui je lus cette Harmonie. Elle avait l'imagination grandiose de l'Italienne, et la tendresse religieuse d'une jeune mère qui prie pour ses enfants. Elle comprit ces vers, et elle les adopta. Elle possède maintenant à Rome ces jardins, ces villas, ces palais, ces galeries admirables qui font de cette famille la famille hospitalière de tous les arts et de tous les étrangers.

Les grands temples de l'Italie et les grandes cathédrales de la France, de l'Angleterre, de l'Allemagne, les grandes mosquées même de l'Orient, m'ont toujours attiré sous leurs voûtes, sous leurs dômes, sous leurs coupoles. Je ne m'étonne pas qu'un seul de ces édifices bien senti, bien analysé, bien étudié et bien vivifié (Notre-Dame de Paris), ait inspiré à Victor Hugo une véritable épopée monumentale. Élevé sous un autre ciel que lui, les cathédrales gothiques ont moins d'attrait pour moi; j'aime mieux les églises d'Italie, peuplées de tombes, de statues, de tableaux ; véritables musées religieux, où l'on sent à la fois la hauteur, la grandeur et la sérénité lumineuse d'un culte plus moderne. La cathédrale n'est qu'un vaste sépulcre, tout y est sombre, tout y gémit, rien n'y chante ; les voûtes sonores des églises d'Italie chantent d'elles-mêmes, ce sont les temples de la résurrection.

J'allais souvent, aux heures brûlantes du milieu du jour, à Florence, errer dans ces belles nefs de *San-Spirito*, de *Santa-Maria Novella* ou du *Duomo ;* ce furent ces églises qui m'inspirèrent cet hymne. Après les mers, après les Alpes, après les forêts et leurs murmures, ce qui contient le plus de poésie, c'est un temple ; car l'âme de l'homme les moule, pour ainsi dire, sur elle-même : ses mystères, ses ténèbres, ses demi-clartés, ses illuminations soudaines, ses regrets sur des tombes, ses transfigurations des êtres aimés et divinisés par elle, ses larmes, ses soupirs, ses gémissements, ses extases et ses joies, tout est là. Un temple bien compris, c'est l'abrégé de l'humanité.

IX

UNE LARME

ou

CONSOLATION

IX

UNE LARME

ou

CONSOLATION

Tombez, larmes silencieuses,
Sur une terre sans pitié ;
Non plus entre des mains pieuses,
Ni sur le sein de l'amitié !

Tombez comme une aride pluie
Qui rejaillit sur le rocher,
Que nul rayon du ciel n'essuie,
Que nul souffle ne vient sécher.

Qu'importe à ces hommes mes frères
Le cœur brisé d'un malheureux ?
Trop au-dessus de mes misères,
Mon infortune est si loin d'eux !

Jamais sans doute aucunes larmes
N'obscurciront pour eux le ciel ;
Leur avenir n'a point d'alarmes,
Leur coupe n'aura point de fiel.

Jamais cette foule frivole,
Qui passe en riant devant moi,
N'aura besoin qu'une parole
Lui dise : « Je pleure avec toi ! »

Eh bien ! ne cherchons plus sans cesse
La vaine pitié des humains ;
Nourrissons-nous de ma tristesse,
Et cachons mon front dans mes mains.

A l'heure où l'âme solitaire
S'enveloppe d'un crêpe noir,
Et n'attend plus rien de la terre,
Veuve de son dernier espoir ;

Lorsque l'amitié qui, l'oublie,
Se détourne de son chemin,
Que son dernier bâton, qui plie,
Se brise, et déchire sa main ;

Quand l'homme faible, et qui redoute
La contagion du malheur,
Nous laisse seuls sur notre route,
Face à face avec la douleur;

Quand l'avenir n'a plus de charmes
Qui fassent désirer demain,
Et que l'amertume des larmes
Est le seul goût de notre pain;

C'est alors que ta voix s'élève
Dans le silence de mon cœur,
Et que ta main, mon Dieu, soulève
Le poids glacé de ma douleur.

On sent que ta tendre parole
A d'autres ne peut se mêler,
Seigneur! et qu'elle ne console
Que ceux qu'on n'a pu consoler.

Ton bras céleste nous attire
Comme un ami contre son cœur;
Le monde, qui nous voit sourire,
Se dit : « D'où leur vient ce bonheur? »

Et l'âme se fond en prière
Et s'entretient avec les cieux,
Et les larmes de la paupière
Sèchent d'elles-même à nos yeux,

Comme un rayon d'hiver essuie,
Sur la branche ou sur le rocher,
La dernière goutte de pluie
Qu'aucune ombre n'a pu sécher.

X

POÉSIE

ou

PAYSAGE DANS LE GOLFE DE GÊNES

X

POÉSIE

ou

PAYSAGE DANS LE GOLFE DE GÊNES

―――

La lune est dans le ciel, et le ciel est sans voiles :
Comme un phare avancé sur le rivage obscur,
Elle éclaire de loin la route des étoiles,
Et leur sillage blanc dans l'océan d'azur.

A sa clarté tremblante et tendre,
L'œil qu'elle attire aime à descendre

Les molles pentes des coteaux,
A longer ces golfes sans nombre
Où la terre embrasse dans l'ombre
Les replis sinueux des eaux.

Il aime à parcourir la voûte
Où son disque trace la route
Des astres noyés dans les airs,
A compter la foule azurée
Des étoiles dans l'empyrée,
Et des vagues au bord des mers.

A travers l'ombre opaque et noire
Des hauts cyprès du promontoire,
Il voit, sur l'humide élément,
Chaque flot où sa lueur nage
Rouler, en mourant sur la plage,
Une écume, un gémissement.

Couverte de sa voile blanche,
La barque, sous son mât qui penche,
Glisse et creuse un sillon mouvant ;
De la rive on entend encore
Palpiter la toile sonore
Sous l'aile orageuse du vent.

Astre aux rayons muets, que ta splendeur est douce
Quand tu cours sur les monts, quand tu dors sur la mousse,
Que tu trembles sur l'herbe ou sur les blancs rameaux,
Ou qu'avec l'alcyon tu flottes sur les eaux !

Mais pourquoi t'éveiller quand tout dort sur la terre?
Astre inutile à l'homme, en toi tout est mystère;
Tu n'es pas son fanal, et tes molles lueurs
Ne savent pas mûrir les fruits de ses sueurs;
Il ne mesure rien aux clartés que tu prêtes,
Il ne t'appelle pas pour éclairer ses fêtes;
Mais, fermant sa demeure aux célestes clartés,
Il s'éclaire de feux à la terre empruntés.
Quand la nuit vient t'ouvrir ta modeste carrière,
Tu trouves tous les yeux fermés à ta lumière,
Et le monde, insensible à ton morne retour,
Froid comme ces tombeaux objets de ton amour!
A peine, sous ce ciel où la nuit suit tes traces,
Un œil s'aperçoit-il seulement que tu passes,
Hors un pauvre pêcheur soupirant vers le bord,
Qui, tandis que le vent le berce loin du port,
Demande à tes rayons de blanchir la demeure
Où de son long retard ses enfants comptent l'heure;
Ou quelque malheureux qui, l'œil fixé sur toi,
Pense au monde invisible, et rêve ainsi que moi!

Ah! si j'en crois mon cœur et ta sainte influence,
Astre ami du repos, des songes, du silence,
Tu ne te lèves pas seulement pour nos yeux;
Mais, du monde moral flambeau mystérieux,
A l'heure où le sommeil tient la terre oppressée,
Dieu fit de tes rayons le jour de la pensée!
Ce jour inspirateur, et qui la fait rêver,
Vers les choses d'en haut l'invite à s'élever;
Tu lui montres de loin, dans l'azur sans limite,
Cet espace infini que sans cesse elle habite;
Tu luis entre elle et Dieu comme un phare éternel,
Comme ce feu marchant que suivait Israël;

Et tu guides ses yeux, de miracle en miracle,
Jusqu'au seuil éclatant du divin tabernacle
Où Celui dont le nom n'est pas encor trouvé,
Quoique en lettres de feu sur les sphères gravé,
Autour de sa splendeur multipliant les voiles,
Sema derrière lui ses portiques d'étoiles !

Luis donc, astre pieux, devant ton Créateur !
Et si tu vois Celui d'où coule ta splendeur,
Dis-lui que, sur un point de ces globes funèbres
Dont tes rayons lointains consolaient les ténèbres,
Un atome perdu dans son immensité
Murmurait dans la nuit son nom à ta clarté !

   Où vont ces rapides nuages,
Que roule à flocons d'or l'haleine des autans ?
    Ils semblent, d'instants en instants,
De la terre et des flots retracer les images
Dans leurs groupes épars et leurs miroirs flottants.

    Tantôt leurs couches allongées
    S'étendent en vastes niveaux,
    Comme des côtes qu'ont rongées
    Le temps, la tempête et les eaux ;
    Des rochers pendent en ruine
    Sur ces océans, que domine
    Leur flanc, tant sillonné d'éclairs :
    L'œil qui mesure ces rivages
    Voit étinceler sur leurs plages
    L'écume flottante des mers.

Tantôt en montagnes sublimes
Ils dressent leurs sommets brûlants ;
La lumière éblouit leurs cimes,
Les ténèbres couvrent leurs flancs,
Des torrents jaunis les sillonnent,
De brillants glaciers les couronnent ;
Et, de leur sommet qui fléchit,
Un flocon que le vent assiége,
Comme une avalanche de neige,
S'écroule à leurs pieds, qu'il blanchit.

Là leurs gigantesques fantômes
Imitent les murs des cités,
Les palais, les tours et les dômes
Qu'ils ont tour à tour visités ;
Là s'élèvent des colonnades ;
Ici, sous de longues arcades
Où l'aurore enfonce ses traits,
Un rayon qui perce la nue
Semble illuminer l'avenue
De quelque céleste palais.

Mais, sous l'aquilon qui les roule
En mille plis capricieux,
Tours, palais, temples, tout s'écroule,
Tout fond dans le vide des cieux ;
Ce n'est plus qu'un troupeau candide,
Qu'un pasteur invisible guide
Dans les plaines de l'horizon ;
Sous ses pas l'azur se dévoile,
Et le vent, d'étoile en étoile,
Disperse leur blanche toison.

Redescendez, mes yeux, des célestes campagnes !
Voyez, sur ces rochers que l'écume a polis,
Voyez étinceler aux flancs de ces montagnes
Tous ces torrents sans source et ces fleuves sans lits.

La cascade qui pleut dans le gouffre qui tonne
Frappe l'air assourdi de son bruit monotone ;
L'œil fasciné la cherche à travers les rameaux ;
L'oreille attend en vain que son urne tarisse :
   De précipice en précipice
Débordant, débordant à flots toujours nouveaux,
Elle tombe, et se brise, et bondit, et tournoie,
Et, du fond de l'abîme où l'écume se noie,
Se remonte elle-même en liquides réseaux,
Comme un cygne argenté qui s'élève, et déploie
   Ses blanches ailes sur les eaux !

Que j'aime à contempler dans cette anse écartée
La mer qui vient dormir sur la grève argentée,
   Sans soupir et sans mouvement !
Le soir retient ici son haleine expirante,
De crainte de ternir la glace transparente
   Où se mire le firmament.

De deux bras arrondis, la terre qui l'embrasse
A la vague orageuse interdit cet espace,
   Que borde un cercle de roseaux ;
Et d'un sable brillant une frange plus vive
Y serpente partout entre l'onde et la rive,
   Pour amollir le lit des eaux.

Là tremblent dans l'azur les muettes étoiles ;
Là dort le mât penché dépouillé de ses voiles ;
    Là quelques pauvres matelots,
Sur le pont d'un esquif qu'a fatigué la lame,
De leur foyers flottants ont rallumé la flamme,
    Et vont se reposer des flots.

De colline en colline et d'étage en étage,
Les monts, dont ce miroir fait onduler l'image,
    Descendent jusqu'au lit des mers ;
Et leurs flancs, hérissés d'une sombre verdure,
Par le contraste heureux de leur noire ceinture,
    Y font briller des flots plus clairs.

Le chêne aux bras tendus penche son tronc sur l'onde ;
Le tortueux figuier dans la mer qui l'inonde
    Baigne, en pliant, ses lourds rameaux ;
Et la vigne, y jetant ses guirlandes trempées,
Laisse pendre et flotter ses feuilles découpées,
    Où tremblent les reflets des eaux.

La lune, qui se penche au bord de la vallée,
Distille un jour égal, une aurore voilée,
    Sur ce golfe silencieux ;
La mer n'a plus de flots, les bois plus de murmure :
Et la brise incertaine y flotte à l'aventure,
    Ivre des parfums de ces lieux !

Sur ce site enchanté, mon âme qu'il attire
S'abat comme le cygne, et s'apaise et soupire

A cette image du repos.
Que ne peut-elle, ô mer, sur tes bords qu'elle envie,
Trouver comme ta vague un golfe dans la vie,
Pour s'endormir avec tes flots!

Mais quel bruit m'arrache à ce songe?
C'est l'airain frémissant dans les tours des cités,
Le roulement des chars qu'un sourd écho prolonge,
Le marteau qui retombe à coups précipités,
L'enclume qui gémit, les coursiers qui hennissent,
Les instruments guerriers qui tonnent ou frémissent,
Des pas, des cris, des chants, des murmures confus,
Et des vaisseaux partants les roulantes volées,
Et des clameurs entremêlées
De silences interrompus!

L'air, chargé de ces sons qu'il emporte sur l'onde,
Et que chaque minute étouffe et reproduit,
Semble, comme une mer où la tempête gronde,
Rouler des flots de voix et des vagues de bruit!

Voilà donc le séjour d'un peuple, et le murmure
De ces innombrables essaims
Que la terre produit et dévore à mesure,
De leur vaine existence, hélas! encor si vains!
Tandis que la nature et les astres sommeillent
Dans un repos silencieux,
Aux lueurs des flambeaux ces insectes qui veillent
Troublent seuls de leur bruit les mystères des cieux.
Ils veillent; et pourquoi? Pour que je les entende,
Pour que le bruit qu'ils font revienne les frapper,

Pour que leur pas résonne et leur nom se répande,
Pour se tromper eux-même, ô mort! et te tromper!
Oui, du haut de ce tertre où mon pied les domine,
Je les entends encor! Mais si je fais un pas,
Si je double le cap ou franchis la colline,
Ce grand bruit, expirant sur la plage voisine,
      Sera comme s'il n'était pas!....

Avant que du zéphyr la printanière haleine
Ait cessé de verdir les feuilles de ce chêne,
      Qui compte déjà cent hivers;
Avant que cette pierre aux bords des flots roulée,
Et qui tremble déjà sur sa base ébranlée,
      Ait croulé sous le choc des mers;

Ces pas, ces voix, ces cris, cette rumeur immense,
Seront déjà rentrés dans l'éternel silence;
Les générations rouleront d'autres flots;
Et ce bruit insensé, que l'homme croit sublime,
Se sera pour jamais étouffé dans l'abîme,
      L'abîme qui n'a plus d'échos!

« Mais où donc est ton Dieu? » me demandent les sages.
Mais où donc est mon Dieu? Dans toutes ces images,
      Dans ces ondes, dans ces nuages,
Dans ces sons, ces parfums, ces silences des cieux,
Dans ces ombres du soir qui des hauts lieux descendent,
Dans ce vide sans astre, et dans ces champs de feux,
Et dans ces horizons sans bornes, qui s'étendent
Plus haut que la pensée et plus loin que les yeux!

Il est une langue inconnue
Que parlent les vents dans les airs,
La foudre et l'éclair dans la nue,
La vague aux bords grondants des mers,
L'étoile de ses feux voilée,
L'astre endormi sur la vallée,
Le chant lointain des matelots,
L'horizon fuyant dans l'espace,
Et ce firmament que retrace
Le cristal ondulant des flots;

Les mers d'où s'élance l'aurore,
Les montagnes où meurt le jour,
La neige que le matin dore,
Le soir qui s'éteint sur la tour,
Le bruit qui tombe et recommence,
Le cygne qui nage ou s'élance,
Le frémissement des cyprès,
Les vieux temples sur les collines,
Les souvenirs dans les ruines,
Le silence au fond des forêts,

Les grandes ombres que déroulent
Les sommets que l'astre a quittés,
Les bruits majestueux qui roulent
Du sein orageux des cités,
Les reflets tremblants des étoiles,
Les soupirs du vent dans les voiles,
La foudre et son sublime effroi,
La nuit, les déserts, les orages;
Et, dans tous ces accents sauvages,
Cette langue parle de toi,

De toi, Seigneur, être de l'être !
Vérité, vie, espoir, amour !
De toi que la nuit veut connaître,
De toi que demande le jour,
De toi que chaque son murmure,
De toi que l'immense nature
Dévoile et n'a pas défini,
De toi que ce néant proclame,
Source, abîme, océan de l'âme,
Et qui n'as qu'un nom : l'Infini !

Ici-bas, toute créature
Entend tes sublimes accents,
O langue ! et, selon sa mesure,
En pénètre plus loin le sens !
Mais plus notre esprit, qu'elle atterre,
En dévoile le saint mystère,
Plus du monde il est dégoûté ;
Un poids accable sa faiblesse,
Une solitaire tristesse
Devient sa seule volupté.

Ainsi, quand notre humble paupière,
Contemplant l'occident vermeil,
Fixe au terme de sa carrière
Le lit enflammé du soleil,
Le regard qu'éblouit sa face
Retombe soudain dans l'espace,
Comme frappé d'aveuglement ;
Il ne voit que des points funèbres,
Vide, solitude et ténèbres
Dans le reste du firmament !

O Dieu! tu m'as donné d'entendre
Ce verbe, ou plutôt cet accord,
Tantôt majestueux et tendre,
Tantôt triste comme la mort!
Depuis ce jour, Seigneur, mon âme
Converse avec l'onde et la flamme,
Avec la tempête et la nuit :
Là chaque mot est une image,
Et je rougis de ce langage,
Dont la parole n'est qu'un bruit!

———

O terre, ô mer, ô nuit, que vous avez de charmes!
Miroir éblouissant d'éternelle beauté,
Pourquoi, pourquoi mes yeux se voilent-ils de larmes
    Devant ce spectacle enchanté?
Pourquoi devant ce ciel, devant ces flots qu'elle aime,
Mon âme sans chagrin gémit-elle en moi-même,
    Jéhovah, beauté suprême?
C'est qu'à travers ton œuvre elle a cru te saisir;
C'est que de tes grandeurs l'ineffable harmonie
N'est qu'un premier degré de l'échelle infinie
Qu'elle s'élève à toi de désir en désir,
Et que plus elle monte, et plus elle mesure
L'abîme qui sépare et l'homme et la nature
    De toi, mon Dieu, son seul soupir!

Noyez-vous donc, mes yeux, dans ces flots de tristesse;
Soulève-toi, mon cœur, sous ce poids qui t'oppresse;

Élance-toi, mon âme, et, d'essor en essor,
Remonte de ce monde aux beautés éternelles,
Et demande à la mort de te prêter ses ailes;
Et, toujours aspirant à des splendeurs nouvelles,
    Crie au Seigneur : « Encore, encor! »

COMMENTAIRE

DE LA DIXIÈME HARMONIE

C'était en 1824. Je voyageais entre Gênes et la Spezia pendant une magnifique nuit d'été. Une lune splendide éclairait la mer. Les pins-parasols, les oliviers, les châtaigniers, les rochers de la côte, obscurcissaient la terre. A chaque tournant de cap, à chaque échancrure de la rive, à chaque embouchure des montagnes de Gênes, la scène changeait. Le vertige de la course fougueuse des chevaux s'ajoutait au vertige de l'admiration pour ce sublime et mystérieux spectacle : les parfums qui s'exhalaient des champs de fleurs cultivées pour ces bouquets dont les Génois ont fait un art, une tapisserie végétale, achevaient de m'enivrer. Ce fut une ivresse de la terre, de la mer et de la nuit, une fièvre d'enthousiasme pour ce beau pays; je ne songeais pas à rien écrire, j'avais le cœur plein d'autres pensées. Mais, quelques mois après, étant à Livourne, rivage terne et sans poésie, je me souvins de cette nuit sur la corniche, et j'essayai de la reproduire ici.

Hélas! en lisant un jour ces vers à *Chiavari*, par une soirée d'été aussi splendide que la première, je m'aperçus que j'avais défiguré mon modèle. La poésie pleure bien, chante bien ; mais elle décrit mal. Le moindre coup de crayon d'un dessinateur ou d'un peintre vaut pour les yeux tout Homère, tout Virgile, tout Théocrite. J'aime mieux le balancement d'une seule voile de pêcheur sur les lames bordées d'écume de ce golfe ; j'aime mieux l'ombre d'un pin d'Italie transpercée d'une pluie de rayons de lune sur cette grève ; j'aime mieux les grands bras d'un châtaignier de ces montagnes penchés sous le vent tiède, sonore et embaumé de l'Apennin, que les deux ou trois cents vers dans lesquels j'ai tenté de me réfléchir à moi-même cette nuit. Impuissance de l'art, impuissance surtout de l'artiste devant la toute-puissance de la nature. « Dieu est le grand architecte, » disent les philosophes ; et le grand poëte, donc! Demandons-lui pardon d'avoir barbouillé son poëme et défiguré sa création.

XI

LE MOULIN DE MILLY

XI

LE MOULIN DE MILLY

STROPHES A CHANTER

Le chaume et la mousse
Verdissent le toit;
La colombe y glousse,
L'hirondelle y boit;
Le bras d'un platane
Et le lierre épais
Couvrent la cabane
D'une ombre de paix.

Ma sœur, que de charmes !...
Et devant cela
Tu n'as que des larmes ?
— Ah ! s'il était là !...

Une verte pente
Trace les sentiers
Du flot qui serpente
Sous les noisetiers ;
L'écluse champêtre
L'arrête au niveau,
Et de la fenêtre
La main touche l'eau.

Ma sœur, que de charmes !...
Et devant cela
Tu n'as que des larmes ?
— Ah ! s'il était là !

Le soir, qui s'épanche
D'en haut sur les prés,
Du coteau qui penche
Descend par degrés ;
Sur le vert plus sombre,
Chaque arbre à son tour
Couche sa grande ombre
A la fin du jour.

Ma sœur, que de charmes !...
Et devant cela
Tu n'as que des larmes ?
— Ah ! s'il était là !

De sa sombre base
Le blanc peuplier
Élève son vase
Au ciel sans plier.
De sa flèche il plonge
Dans l'éther bruni,
Comme un divin songe
Monte à l'Infini.

Ma sœur, que de charmes!...
Et devant cela
Tu n'as que des larmes?
— Ah! s'il était là!

La rosée en pluie
Brille à tout rameau;
Le rayon essuie
La poussière d'eau;
Le vent, qui secoue
Les vergers flottants,
Fait sur notre joue
Neiger le printemps.

Ma sœur, que de charmes!...
Et devant cela
Tu n'as que des larmes?
— Ah! s'il était là!

Sous la feuille morte
Le brun rossignol
Niche vers la porte,
Au niveau du sol;

L'enfant qui se penche
Voit dans le jasmin
Ses œufs sur la branche,
Et retient sa main.

Ma sœur, que de charmes!...
Et devant cela
Tu n'as que des larmes?
— Ah! s'il était là!

L'onde qui s'élance,
Égale et sans fin,
Fait battre en cadence
Le pont du moulin;
A chaque mesure,
On croit écouter
Sous cette nature
Un cœur palpiter.

Ma sœur, que de charmes!...
Et devant cela
Tu n'as que des larmes?
— Ah! s'il était là!

Monceau, 1ᵉʳ juin 1845.

XII

L'ABBAYE DE VALLOMBREUSE

DANS LES APENNINS

XII

L'ABBAYE DE VALLOMBREUSE

DANS LES APENNINS

Esprit de l'homme, un jour sur ces cimes glacées
Loin d'un monde odieux quel souffle t'emporta?
Tu fus jusqu'au sommet chassé par tes pensées :
Quel charme ou quelle horreur à la fin t'arrêta?

Ce furent ces forêts, ces ténèbres, cette onde,
Et ces arbres sans date, et ces rocs immortels,
Et cet instinct sacré qui cherche un nouveau monde
Loin des sentiers battus que foulent les mortels.

Tu n'y vécus pas seul : sous des formes divines,
Tes apparitions peuplèrent ce beau lieu ;
Tu voyais tour à tour passer sur ces collines
L'esprit de la tempête et le souffle de Dieu.

Sans doute ils t'enseignaient ce sublime langage
Que parle la nature au cœur des malheureux :
Tu comprenais les vents, le tonnerre et l'orage,
Comme les éléments se comprennent entre eux.

L'esprit de la prière et de la solitude,
Qui plane sur les monts, les torrents et les bois,
Dans ce qu'aux yeux mortels la terre a de plus rude
Appela de tout temps des âmes de son choix.

« Venez, venez, » dit-il à l'amour qui regrette,
Au génie opprimé sous un ingrat oubli,
Au proscrit que son toit redemande et rejette,
Au cœur qui goûta tout et que rien n'a rempli ;

« Venez, enfants du ciel, orphelins sur la terre !
Il est encor pour vous un asile ici-bas.
Mes trésors sont cachés, ma joie est un mystère :
Le vulgaire l'admire et ne la comprend pas.

» Mais si votre œil pensif au ciel s'élève encore
Pour contempler la nuit qui se fond dans les airs ;
Si vous aimez à voir les étoiles éclore,
Ou la lune onduler dans la lame des mers ;

» Si la voix du torrent, qui gémit dans l'abîme
Et se brise en sanglots de rocher en rocher,
A votre lèvre encore arrache un cri sublime,
Et force malgré vous vos pas à s'approcher;

» Couché sous ces sapins aux feuilles dentelées,
Si votre oreille écoute avec ravissement
Glisser dans les rameaux ces brises modulées
Comme les sons plaintifs d'un céleste instrument;

» Si ce germe arraché d'une plante divine,
L'espérance, en vos cœurs malgré vous refleurit
Et croît dans le désert, pareille à la racine
Que sans terre et sans eau le rocher seul nourrit;

» Si la prière enfin de ses pleurs vous inonde,
Et devant l'Infini fait fléchir vos genoux,
Ah! venez! C'est trop peu pour vivre avec ce monde;
Mais c'est assez pour vivre avec le ciel et vous! »

COMMENTAIRE

DE LA DOUZIÈME HARMONIE

———

Il y avait dans ce temps-là à Florence un Français, ancien proscrit de Toulon, que l'incendie de sa patrie et la crainte de l'échafaud révolutionnaire avaient jeté tout enfant avec sa famille en Toscane. C'était un homme d'une beauté noble et calme, une pensée douce incarnée dans une forme mâle et gracieuse à la fois. Ses yeux bleus et ses cheveux blonds, déjà légèrement teints de neige, rappelaient l'homme du Nord. Sa taille était élevée, ses membres souples, son costume soigné, quoique simple et révélant presque la gêne. Son accent était timbré, sonore, argentin, comme ces mots de métal dont la langue toscane est composée. Il n'avait jamais revu sa patrie depuis 1793.

Lorsque la restauration des Bourbons fut accomplie, on lui fit une petite pension d'émigré, dont il vécut. Il avait mangé jusque-là le pain de l'exil, que le Dante trouvait si amer. Quelques petits secours du gouvernement toscan lui étaient venus en aide. A l'époque où je le connus, il avait environ cinquante ans; mais l'apparence était d'un homme de trente. La candeur de l'âme conserve le corps. Son esprit était d'un enfant.

Le marquis de la Maisonfort l'avait attaché en qualité de chancelier à la légation de France. Après la mort du marquis de la Maisonfort, je l'élevai de quelques degrés dans la hiérarchie; il avait tous les détails de l'ambassade. Nous ne tardâmes pas à nous lier d'une véritable amitié : il était botaniste, j'étais poëte; nous nous touchions de près par cette nature qu'il étudiait et que je chantais, mais que nous aimions d'une même passion tous les deux. Il connaissait Florence bien mieux qu'un Florentin, car il n'avait pas eu autre chose à faire, pendant les trente plus belles années de sa vie, qu'à étudier cette ville de l'art. Il n'y avait pas dans la ville et dans les campagnes environnantes un site, une villa historique, un couvent, une chapelle, une statue, un tableau, qu'il n'eût visité, noté, enregistré. C'était le *cicerone* du siècle des *Médicis*, de *Boccace* et de *Dante*. Jusqu'à *Alfieri* et à *Nicolini*, il savait tout; il était pour moi l'histoire vivante. La poussière de ces siècles et de ces galeries m'entrait ainsi par tous les pores. Il jouissait de me communiquer son patriotisme artistique pour Florence et pour les Toscans.

C'est avec lui que je visitai *Vallombreuse*, abbaye monumentale, *grande Chartreuse* de l'Italie, bâtie au sommet des Apennins, derrière un rempart de rochers, de précipices, de torrents, et de noires forêts de sapins. Cependant la beauté du ciel italien et la douceur du climat laissent à ce séjour de l'ascétisme abrité du monde un caractère habitable et même délicieux : c'est la retraite, ce n'est pas la torture des sens; c'est la solitude, et ce n'est pas la mort. Des façades majestueuses, des portiques retentissants, des corridors hauts, larges, sonores, pavés de marbre; des chapelles tapissées de bronze et d'or; des appartements décents pour les étrangers; des cellules recueillies, mais à grandes ouvertures et à grands horizons sur le ciel et sur les montagnes, pour les moines; des pelouses peuplées de génisses et de chèvres blanches; des colonnades végétales d'arbres à la verdure permanente; des eaux dormantes ou jaillissantes dans les jardins; des souffles doux et harmonieux des deux mers, qui viennent se rencontrer et se fondre sur ces hauteurs intermédiaires entre l'Adriatique et la Méditerranée, font de Vallombreuse une habitation d'ermites que le monde peut leur envier. Aussi tous les grands poëtes et tous les grands artistes de l'Italie y sont-ils venus tour à tour chercher un asile temporaire contre les misères, contre les désespoirs ou contre les proscriptions dont la vie des hommes mémorables est presque toujours travaillée. On y montre la cellule de *Boccace*, celle de *Dante*, celle de *Michel-Ange*, celles des différents proscrits des maisons rivales qui se disputèrent la liberté ou la tyrannie pendant les luttes des républiques du moyen âge.

Grâce au nom de M. Antoir et à sa familiarité avec les moines, qui reconnaissaient en lui un visiteur de tous les étés, nous fûmes bien reçus à Vallombreuse; on nous donna une gracieuse hospitalité : une cellule au midi, un pain savoureux, le miel et le beurre des montagnes, le poisson des viviers, et surtout les sentiers libres de ces solitudes. Ces journées passées avec la mémoire de tant de grands hommes malheureux, au-dessus de l'horizon des agitations terrestres, en compagnie d'un homme né philosophe, dans la confidence de ces arbres, de ces murs, de ces eaux, de ces déserts bourdonnants de végétation, de source, de vol d'insectes, de rayons et d'ombres, me laissèrent une longue et forte impression de recueillement et de rafraîchissement dans l'âme. Je m'en suis souvenu en écrivant, dix ans après, les sites de *Valneige*, dans le petit poëme de *Jocelyn;* la figure de M. Antoir se retrouve aussi dans celle de ce pauvre prêtre.

Nous redescendîmes en laissant là-haut des regrets. Les moines, sachant par mon compagnon que j'étais un poëte français, me prièrent d'écrire mon nom sur leur registre d'étrangers : j'y écrivis ces vers.

La solitude à deux ouvre l'âme. M. Antoir avait un secret dans sa vie. Le secret de tout Italien, c'est un amour. Il aimait depuis vingt ans une Florentine de la bourgeoisie, sans fortune comme lui. Ainsi que tous les soupirants de ce pays de la constance, où le sentiment se change en culte, il portait chaque matin un bouquet de fleurs à la fenêtre grillée de la maison qu'habitait sa *Béatrice*. Il passait toutes les soirées avec elle et avec ses sœurs, en famille, et les conduisait à la promenade dans ces beaux bois routés qui bordent l'Arno. Ils s'étaient interdit le mariage, de peur de laisser après eux des enfants dénués de biens et de patrie. Leur amour n'était qu'une amitié passionnée, une habitude douce, une résignation à deux dans la douleur. La pureté de ce sentiment en avait conservé la fraîcheur : ils se voyaient toujours à vingt ans.

Quelques années après, je fus assez heureux pour fixer le sort d'Antoir et pour le rassurer sur son avenir. Il épousa celle qu'il aimait. Je fus le témoin de son bonheur tardif. Il acheta une petite maison et un petit jardin sur la poétique colline de *Fiesole*, le *Tibur* de Florence. Il y transporta ses herbiers, ses tableaux, ses recueils de dessins des grands maîtres florentins, qu'il avait amassés pendant quarante ans avec une patience et une ponctualité de cénobite. Il y cultiva ses légumes et ses fleurs, content de peu, dans le sein de la nature, de l'amour, de la prière. La solitude à deux était sa vocation; il l'avait atteinte à la fin. Sa nature était trop timide, trop délicate, trop facile à froisser, pour supporter le rude contact des événements, des choses, des hommes. On sentait en lui l'exilé condamné à baisser le front et à chercher en vain sa place, dès son enfance, parmi les étrangers; dépaysé partout, et portant sa seule patrie dans son cœur.

Dieu le laissa jouir quelques années de son bonheur et de son jardin de *Fiesole;* puis il mourut, laissant un souvenir doux à tout le monde. Sa femme m'écrivit pour me dire l'adieu qu'il m'avait adressé par elle en partant, et pour me renvoyer ces vers. Si je revois jamais les collines de *Fiesole*, que j'ai si souvent montées avec lui en récitant des vers de Dante, en écoutant les aventures de *Bianca Capella*, j'irai chercher son nom sous quelque dalle du *campo santo* de ce village, et m'entretenir de lui avec celle qu'il a tant aimée.

LIVRE DEUXIÈME

I

PENSÉE DES MORTS

I

PENSÉE DES MORTS

———

  Voilà les feuilles sans séve
  Qui tombent sur le gazon;
  Voilà le vent qui s'élève
  Et gémit dans le vallon;
  Voilà l'errante hirondelle
  Qui rase du bout de l'aile
  L'eau dormante des marais;
  Voilà l'enfant des chaumières
  Qui glane sur les bruyères
  Le bois tombé des forêts.

HARMONIES POETIQUES

L'onde n'a plus le murmure
Dont elle enchantait les bois;
Sous des rameaux sans verdure
Les oiseaux n'ont plus de voix;
Le soir est près de l'aurore;
L'astre à peine vient d'éclore,
Qu'il va terminer son tour;
Il jette par intervalle
Une lueur, clarté pâle
Qu'on appelle encore un jour.

L'aube n'a plus de zéphire
Sous ses nuages dorés;
La pourpre du soir expire
Sous les flots décolorés;
La mer solitaire et vide
N'est plus qu'un désert aride
Où l'œil cherche en vain l'esquif;
Et sur la grève plus sourde
La vague orageuse et lourde
N'a qu'un murmure plaintif.

La brebis sur les collines
Ne trouve plus le gazon,
Son agneau laisse aux épines
Les débris de sa toison;
La flûte aux accords champêtres
Ne réjouit plus les hêtres
Des airs de joie ou d'amours,
Toute herbe aux champs est glanée :
Ainsi finit une année,
Ainsi finissent nos jours!

C'est la saison où tout tombe
Aux coups redoublés des vents ;
Un vent qui vient de la tombe
Moissonne aussi les vivants :
Ils tombent alors par mille,
Comme la plume inutile
Que l'aigle abandonne aux airs,
Lorsque des plumes nouvelles
Viennent réchauffer ses ailes
A l'approche des hivers.

C'est alors que ma paupière
Vous vit pâlir et mourir,
Tendres fruits qu'à la lumière
Dieu n'a pas laissés mûrir !
Quoique jeune sur la terre,
Je suis déjà solitaire
Parmi ceux de ma saison ;
Et quand je dis en moi-même :
Où sont ceux que ton cœur aime ?
Je regarde le gazon.

Leur tombe est sur la colline,
Mon pied le sait : la voilà !
Mais leur essence divine,
Mais eux, Seigneur, sont-ils là ?
Jusqu'à l'indien rivage
Le ramier porte un message
Qu'il rapporte à nos climats ;
La voile passe et repasse :
Mais de son étroit espace
Leur âme ne revient pas.

Ah! quand les vents de l'automne
Sifflent dans les rameaux morts,
Quand le brin d'herbe frissonne,
Quand le pin rend ses accords,
Quand la cloche des ténèbres
Balance ses glas funèbres,
La nuit, à travers les bois,
A chaque vent qui s'élève,
A chaque flot sur la grève,
Je dis : N'es-tu pas leur voix ?

Du moins si leur voix si pure
Est trop vague pour nos sens,
Leur âme en secret murmure
De plus intimes accents ;
Au fond des cœurs qui sommeillent,
Leurs souvenirs qui s'éveillent
Se pressent de tous côtés,
Comme d'arides feuillages
Que rapportent les orages
Au tronc qui les a portés.

C'est une mère ravie
A ses enfants dispersés,
Qui leur tend, de l'autre vie,
Ces bras qui les ont bercés ;
Des baisers sont sur sa bouche ;
Sur ce sein qui fut leur couche
Son cœur les rappelle à soi ;
Des pleurs voilent son sourire,
Et son regard semble dire :
« Vous aime-t-on comme moi ? »

C'est une jeune fiancée
Qui, le front ceint du bandeau,
N'emporta qu'une pensée
De sa jeunesse au tombeau :
Triste, hélas! dans le ciel même,
Pour revoir celui qu'elle aime
Elle revient sur ses pas,
Et lui dit : « Ma tombe est verte!
Sur cette terre déserte
Qu'attends-tu? Je n'y suis pas! »

C'est un ami de l'enfance
Qu'aux jours sombres du malheur
Nous prêta la Providence
Pour appuyer notre cœur.
Il n'est plus; notre âme est veuve,
Il nous suit dans notre épreuve,
Et nous dit avec pitié :
« Ami, si ton âme est pleine,
De ta joie ou de ta peine
Qui portera la moitié? »

C'est l'ombre pâle d'un père
Qui mourut en nous nommant;
C'est une sœur, c'est un frère
Qui nous devance un moment.
Sous notre heureuse demeure,
Avec celui qui les pleure,
Hélas! ils dormaient hier!
Et notre cœur doute encore,
Que le ver déjà dévore
Cette chair de notre chair!

L'enfant dont la mort cruelle
Vient de vider le berceau,
Qui tomba de la mamelle
Au lit glacé du tombeau;
Tous ceux enfin dont la vie,
Un jour ou l'autre ravie,
Emporte une part de nous,
Murmurent sous la poussière :
« Vous qui voyez la lumière,
De nous vous souvenez-vous? »

Ah! vous pleurer est le bonheur suprême,
Mânes chéris, de quiconque a des pleurs!
Vous oublier, c'est s'oublier soi-même :
N'êtes-vous pas un débris de nos cœurs?

En avançant dans notre obscur voyage,
Du doux passé l'horizon est plus beau;
En deux moitiés notre âme se partage,
Et la meilleure appartient au tombeau!

Dieu de pardon! leur Dieu! Dieu de leurs pères!
Toi que leur bouche a si souvent nommé,
Entends pour eux les larmes de leurs frères!
Prions pour eux, nous qu'ils ont tant aimé!

Ils t'ont prié pendant leur courte vie,
Ils ont souri quand tu les as frappés!
Ils ont crié : « Que ta main soit bénie! »
Dieu, tout espoir, les aurais-tu trompés?

Et cependant pourquoi ce long silence?
Nous auraient-ils oubliés sans retour?
N'aiment-ils plus? Ah! ce doute t'offense!
Et toi, mon Dieu, n'es-tu pas tout amour?

Mais s'ils parlaient à l'ami qui les pleure,
S'ils nous disaient comment ils sont heureux,
De tes desseins nous devancerions l'heure;
Avant ton jour nous volerions vers eux.

Où vivent-ils? Quel astre à leur paupière
Répand un jour plus durable et plus doux?
Vont-ils peupler ces îles de lumière?
Ou planent-ils entre le ciel et nous?

Sont-ils noyés dans l'éternelle flamme?
Ont-ils perdu ces doux noms d'ici-bas,
Ces noms de sœur, et d'amante, et de femme?
A ces appels ne répondront-ils pas?

Non, non, mon Dieu! si la céleste gloire
Leur eût ravi tout souvenir humain,
Tu nous aurais enlevé leur mémoire:
Nos pleurs sur eux couleraient-ils en vain?

Ah! dans ton sein que leur âme se noie!
Mais garde-nous nos places dans leur cœur.
Ils ont jadis partagé notre joie,
Pouvons-nous être heureux sans leur bonheur?

Étends sur eux la main de ta clémence !
Ils ont péché ; mais le ciel est un don !
Ils ont souffert ; c'est une autre innocence !
Ils ont aimé ; c'est le sceau du pardon !

Ils furent ce que nous sommes,
Poussière, jouet du vent ;
Fragiles comme des hommes,
Faibles comme le néant !
Si leurs pieds souvent glissèrent,
Si leurs lèvres transgressèrent
Quelque lettre de ta loi,
O Père, ô Juge suprême,
Ne vois pas l'homme lui-même,
Ne regarde en lui que toi !

Si tu scrutes la poussière,
Elle s'enfuit à ta voix ;
Si tu touches la lumière,
Elle ternira tes doigts ;
Si ton œil divin les sonde,
Les colonnes de ce monde
Et des cieux chancelleront ;
Si tu dis à l'innocence,
« Monte et plaide en ma présence ! »
Tes vertus se voileront.

Mais toi, Seigneur, tu possèdes
Ta propre immortalité ;
Tout le bonheur que tu cèdes
Accroît ta félicité.

Tu dis au soleil d'éclore,
Et le jour ruisselle encore !
Tu dis au temps d'enfanter,
Et l'éternité docile,
Jetant les siècles par mille,
Les répand sans les compter !

Les mondes que tu répares
Devant toi vont rajeunir,
Et jamais tu ne sépares
Le passé de l'avenir.
Tu vis ! et tu vis ! Les âges,
Inégaux pour tes ouvrages,
Sont tous égaux sous ta main ;
Et jamais ta voix ne nomme,
Hélas ! ces trois mots de l'homme :
Hier, aujourd'hui, demain !

O père de la nature,
Source, abîme de tout bien,
Rien à toi ne se mesure :
Ah ! ne te mesure à rien !
Mets, ô divine clémence,
Mets ton poids dans la balance,
Si tu pèses le néant !
Triomphe, ô vertu suprême,
En te contemplant toi-même !
Triomphe en nous pardonnant !

COMMENTAIRE

DE LA PREMIÈRE HARMONIE

Cela fut écrit à la villa *Luchesini*, dans la campagne de Lucques, pendant l'automne de 1825. La campagne de Lucques est l'Arcadie de l'Italie. En quittant Pise et ses monuments de marbre blanc étincelant sous son ciel bleu, qui font de cette ville un musée en plein soleil, on s'enfonce dans des gorges fertiles, où l'olivier, le figuier, le grenadier, le maïs oriental, le peuplier, l'if poudreux, la vigne grimpante, inondent la campagne de végétation. Bientôt ces vallées s'élargissent et deviennent un bassin de quelques lieues de circonférence, dont la ville de Lucques occupe le centre. Ses remparts, ses clochers, ses tours, les toits crénelés de ses palais, jaillissent du sein des arbres, c'est une Florence en miniature. Mais aussitôt qu'on a traversé la capitale, on découvre sur le penchant des montagnes une nature infiniment plus accidentée, plus ombragée, plus arrosée, plus creusée, plus étagée, plus alpestre, plus apennine que la nature en Toscane : les cimes, voilées de châtaigniers et dentelées de roches, se perdent en une hauteur immense dans le ciel. Des ermitages, des couvents, des hameaux, des maisons de chevriers isolées, éclatent de blancheur, au milieu des figuiers et des caroubiers presque noirs, sur chaque piédestal de rocher, au bord écumant de chaque cascade. Au-dessous, cinq ou six *villas* majestueuses sont assises sur des pelouses entourées de cyprès, précédées de colonnades de marbre entrevues derrière la fumée des jets d'eau; elles dominent la plaine de Lucques d'un côté, et de l'autre elles s'adossent aux flancs ombragés des montagnes. Des chemins étroits, encaissés par les murs des *poderi* et par le lit des torrents, mènent en serpentant à ces villas, où les grands seigneurs de Florence, de Pise, de Lucques, et les ambassadeurs étrangers, passent dans les plaisirs les mois d'automne. J'habitais un de ces magiques séjours; je gravissais souvent le matin les sentiers rocailleux qui mènent au sommet de ces montagnes, d'où l'on aperçoit les maremmes de Toscane et la mer de Pise. Rien n'était triste alors dans ma vie, rien vide dans mon cœur, un soleil répercuté par les cimes dorées des rochers m'enveloppait; les ombres des cyprès et des vignes me rafraîchissaient; l'écume des eaux courantes et leurs murmures m'entretenaient; l'horizon des mers m'élargissait le ciel et ajoutait le sentiment de l'infini à la voluptueuse sensation des scènes rapprochées que j'avais sous les pieds; l'amitié, l'amour, le loisir, le bonheur, m'attendaient au retour à la villa Luchesini. Je ne rencontrais sur les bords des sentiers que des spectacles de vie pastorale, de félicité rustique, de sécurité et de paix. Des paysages de *Léopold Robert*, des moissonneurs, des vendangeurs, des bœufs accouplés ruminant à l'ombre, pendant que des enfants chassaient les mouches de leurs flancs avec des rameaux de myrte; des muletiers ramenant aux villages lointains leurs femmes, qui allaitaient leurs enfants, assises dans un des paniers; de jeunes filles dignes de servir de type à *Raphaël*, s'il eût voulu diviniser la vie et l'amour, au lieu de diviniser le mystère et la virginité; des fiancés précédés des *pifferari* (joueurs de cornemuse), allant à l'église pour faire bénir leur félicité; des moines, le rosaire à la main, bourdonnant leurs psaumes comme l'abeille bourdonne en rentrant à la ruche avec son butin; des frères quêteurs, le visage coloré de soleil et de santé, le dos plié sous le fardeau de pain, de fruits, d'œufs, de fiasques d'huile et de vin, qu'ils rapportaient au couvent; des ermites assis sur leurs nattes au seuil de leur ermitage ou de leur grotte de rocher au soleil, et souriant aux jeunes femmes et aux enfants qui leur demandaient de les bénir, voilà les spectacles de cette nature; il n'y avait là rien pour la tristesse et la mort. Qu'est-ce qui me ramena donc à cette pensée? Je n'en sais rien; je m'imagine que ce fut précisément le contraste, l'étreinte de la volupté sur le cœur qui le presse trop fort, et qui en exprime trop complétement la puissance de jouir et d'aimer, et qui lui fait sentir que tout va finir promptement, et que la dernière goutte de cette éponge du cœur qui boit et qui rend la vie est une larme. Peut-être cela fut-il simplement la vue d'un de ces beaux cyprès immobiles se détachant en noir sur le lapis éclatant du ciel, et rappelant le tombeau.

Quoi qu'il en soit, j'écrivis les premières strophes de cette Harmonie aux sons de la cornemuse d'un pifferaro aveugle qui faisait danser une noce de paysans de la plus haute montagne sur un rocher aplani pour battre le blé, derrière la chaumière isolée qu'habitait la fiancée; elle épousait un cordonnier d'un hameau voisin, dont on apercevait le clocher un peu plus bas, derrière une colline de châtaigniers. C'était la plus belle de ces jeunes filles des Alpes du midi qui eût jamais ravi mes yeux; je n'ai retrouvé cette beauté accomplie de jeune fille, à la fois idéal et incarné, qu'une fois dans la race grecque ionienne, sur la côte de Syrie. Elle m'apporta des raisins, des châtaignes et de l'eau glacée, pour ma part de son bonheur; je remportai, moi, son image. Encore une fois, qu'y avait-il là de triste et de funèbre? Eh bien! la pensée des morts sortit de là. N'est-ce pas parce que la mort est le fond de tout tableau terrestre, et que la couronne blanche sur ces cheveux noirs me rappela la couronne blanche sur son linceul? J'espère qu'elle vit toujours dans son chalet adossé à son rocher, et qu'elle tresse encore les nattes de paille dorée en regardant jouer ses enfants sous le caroubier, pendant que son mari chante, en cousant le cuir à sa fenêtre, la chanson du cordonnier des Abruzzes : « Pour qui fais-tu cette chaussure?
» Est-ce une sandale pour le moine? est-ce une guêtre pour le
» bandit? est-ce un soulier pour le chasseur? — C'est une semelle
» pour ma fiancée, qui dansera la tarentelle sous la treille, au
» son du tambour orné de grelots. Mais, avant de la lui porter
» chez son père, j'y mettrai un clou plus fort que les autres, un
» baiser sous la semelle de ma fiancée! J'y mettrai une paillette
» plus brillante que toutes les autres, un baiser sous le soulier
» de mon amour! Travaille! travaille, calzolaïo! »

II

L'OCCIDENT

L'OCCIDENT

Et la mer s'apaisait, comme une urne écumante
Qui s'abaisse au moment où le foyer pâlit,
Et, retirant du bord sa vague encor fumante,
Comme pour s'endormir rentrait dans son grand lit;

Et l'astre qui tombait de nuage en nuage
Suspendait sur les flots son orbe sans rayon,
Puis plongeait la moitié de sa sanglante image,
Comme un navire en feu qui sombre à l'horizon;

Et la moitié du ciel pâlissait, et la brise
Défaillait dans la voile, immobile et sans voix,
Et les ombres couraient, et sous leur teinte grise
Tout sur le ciel et l'eau s'effaçait à la fois;

Et dans mon âme, aussi pâlissant à mesure,
Tous les bruits d'ici-bas tombaient avec le jour,
Et quelque chose en moi, comme dans la nature,
Pleurait, priait, souffrait, bénissait tour à tour!

Et, vers l'occident seul, une porte éclatante
Laissait voir la lumière à flots d'or ondoyer,
Et la nue empourprée imitait une tente
Qui voile sans l'éteindre un immense foyer;

Et les ombres, les vents, et les flots de l'abîme,
Vers cette arche de feu tout paraissait courir,
Comme si la nature et tout ce qui l'anime
En perdant la lumière avait craint de mourir!

La poussière du soir y volait de la terre,
L'écume à blancs flocons sur la vague y flottait;
Et mon regard long, triste, errant, involontaire,
Les suivait, et de pleurs sans chagrin s'humectait.

Et tout disparaissait; et mon âme oppressée
Restait vide, et pareille à l'horizon couvert;
Et puis il s'élevait une seule pensée,
Comme une pyramide au milieu du désert.

O lumière! où vas-tu? Globe épuisé de flamme,
Nuages, aquilons, vagues, où courez-vous?
Poussière, écume, nuit; vous, mes yeux, toi, mon âme,
Dites, si vous savez, où donc allons-nous tous?

A toi, grand Tout, dont l'astre est la pâle étincelle,
En qui la nuit, le jour, l'esprit, vont aboutir!
Flux et reflux divin de vie universelle,
Vaste océan de l'Être où tout va s'engloutir!...

III

LA PERTE DE L'ANIO

III

LA PERTE DE L'ANIO

A M. LE MARQUIS TANCRÈDE DE BAROL

J'avais rêvé, jadis, au bruit de ses cascades,
Couché sur le gazon qu'Horace avait foulé,
    A l'ombre des vieilles arcades
Où la Sibylle dort sous son temple écroulé ;
Je l'avais vu tomber dans les grottes profondes,
Et la flottante Iris se jouait dans ses ondes,
Comme avec les crins blancs d'un coursier des déserts
Le vent aime à jouer pendant qu'il fend les airs ;
Je l'avais vu plus loin sur la mousse écumante
Diviser en ruisseaux sa nappe encor fumante,

Étendre, resserrer ses ondoyants réseaux,
Jeter sur le gazon le voile errant des eaux,
Et, comblant le vallon de bruit et de poussière,
Poursuivre au loin sa course en vagues de lumière !

Mes regards, à ses flots suspendus tout le jour,
Les cherchaient, les suivaient, les perdaient tour à tour,
Comme un esprit flottant de pensée en pensée,
Qui les perd, et revient sur leur trace effacée.
Je le voyais monter, rouler, s'évanouir,
Et de ses flots brillants j'aimais à m'éblouir :
Il me semblait y voir ces longs rayons de gloire,
Dont la ville éternelle avait ceint sa mémoire,
Remonter vers leur source à travers l'âge obscur,
Et couronner encor les sommets de Tibur ;
Et quand des flots hurlant dans leurs larges abîmes
Mon oreille écoutait les murmures sublimes,
Dans ces convulsions, ces voix, ces cris des flots,
Multipliés cent fois par de roulants échos,
Il me semblait entendre à travers la distance
Les secousses, les pas, les voix d'un peuple immense,
Qui, pareil à ses eaux, mais plus prompt dans son cours,
Fit du bruit sur ses bords, et s'est tu pour toujours...

O fleuve, lui disais-je, ô toi qui vis les âges
Prêter et retirer l'empire à tes rivages !
Toi dont le nom chanté par un humble affranchi
Vient braver, grâce à lui, le temps qu'il a franchi !
Toi qui vis sur tes bords les oppresseurs du monde
Errer, et demander du sommeil à ton onde [1] ;

---

[1] Mécène, dans les derniers temps de sa vie, ne pouvait dormir qu'à Tibur, au bruit des cascatelles. (*Historique.*)

Tibulle soupirer les délices du cœur,
Scipion dédaigner les faisceaux du licteur,
César fuir son triomphe au fond de tes retraites,
Mécène y mendier de la gloire aux poëtes,
Brutus rêver le crime, et Caton la vertu :
Dans tes cent mille voix, fleuve, que me dis-tu?
M'apportes-tu des sons de la lyre d'Horace?
Ou la voix de César qui flatte et qui menace?
Ou l'orageux forum d'un peuple de héros,
Dont la voix des tribuns précipitait les flots,
Et qui, dans sa fureur montant comme ton onde,
Trop vaste pour son lit, débordait sur le monde?

Hélas! ces bruits divers ont passé sans retour!
Plus d'armes, de forum, de lyre, ni d'amour!
Ce n'est qu'une eau qui pleut sur le rocher sonore,
C'est le fleuve qui tombe, et qui murmure encore!
Que dis-je? il murmurait; il ne murmure plus!
De leur lit desséché ses flots sont disparus!
Et ces rochers pendants, et ces cavernes vides,
Et ces arbres privés de leurs perles liquides,
Et la génisse errante, et la biche, et l'oiseau
Qui vient sur le rocher chercher sa goutte d'eau,
Attendent vainement que l'onde évanouie
Rende au vallon muet le murmure et la vie,
Et, dans leur solitude et dans leur nudité,
Semblent prendre une voix, et dire : Vanité!...

Ah! faut-il s'étonner que les empires tombent,
Que de nos faibles mains les ouvrages succombent,
Quand ce que la nature avait fait éternel
S'altère par degrés, et meurt comme un mortel;

Quand un fleuve écumant qu'ont vu couler les âges,
Disparu tout à coup, laisse à nu ses rivages?
Un fleuve a disparu! mais ces trônes du jour,
Ces gigantesques monts crouleront à leur tour;
Mais dans ces cieux, semés de leur sable splendide,
Tous ces astres éteints laisseront la nuit vide;
Mais cet espace même à la fin périra,
Et de tout ce qui fut, un jour, rien ne sera.
Rien ne sera, Seigneur! Mais toi, source des mondes,
Qui fais briller les feux, qui fais couler les ondes,
Qui sur l'axe des temps fais circuler les jours,
Tu seras! tu seras ce que tu fus toujours!
Tous ces astres éteints, ces fleuves qui tarissent,
Ces sommets écroulés, ces mondes qui périssent,
Dans l'abîme des temps ces siècles engloutis,
Ces temps et cet espace eux-mêmes anéantis,
Ce pouvoir qui se rit de ses propres ouvrages,
A Celui qui survit ce sont autant d'hommages;
Et chaque être mortel, par le temps emporté,
Est un hymne de plus à ton éternité!

Italie! Italie! ah! pleure tes collines,
Où l'histoire du monde est écrite en ruines!
Où l'empire, en passant de climats en climats,
A gravé plus avant l'empreinte de ses pas;
Où la gloire, qui prit ton nom pour son emblème,
Laisse un voile éclatant sur ta nudité même!
Voilà le plus parlant de tes sacrés débris!
Pleure! un cri de pitié va répondre à tes cris!
Terre que consacra l'empire et l'infortune,
Source des nations, reine, mère commune,
Tu n'es pas seulement chère aux nobles enfants
Que ta verte vieillesse a portés dans ses flancs;

De tes ennemis même enviée et chérie,
De tout ce qui naît grand ton ombre est la patrie!
Et l'esprit inquiet, qui dans l'antiquité
Remonte vers la gloire et vers la liberté,
Et l'esprit résigné qu'un jour plus pur inonde,
Qui, dédaignant ces dieux qu'adore en vain le monde,
Plus loin, plus haut encor, cherche un unique autel
Pour le Dieu véritable, unique, universel,
Le cœur plein tous les deux d'une tendresse amère,
T'adorent dans ta poudre, et te disent : « Ma mère! »
Le vent, en ravissant tes os à ton cercueil,
Semble outrager la gloire et profaner le deuil!
De chaque monument qu'ouvre le soc de Rome,
On croit voir s'exhaler les mânes d'un grand homme;
Et dans ce temple immense, où le Dieu du chrétien
Règne sur les débris de Jupiter païen,
Tout mortel en entrant prie, et sent mieux encore
Que ton temple appartient à tout ce qui l'adore!...

Sur tes monts glorieux chaque arbre qui périt,
Chaque rocher miné, chaque urne qui tarit,
Chaque fleur que le soc brise sur une tombe,
De tes sacrés débris chaque pierre qui tombe,
Au cœur des nations retentissent longtemps,
Comme un coup plus hardi de la hache du temps;
Et tout ce qui flétrit ta majesté suprême
Semble en te dégradant nous dégrader nous-même!
Le malheur pour toi seule a doublé le respect;
Tout cœur s'ouvre à ton nom, tout œil à ton aspect!
Ton soleil, trop brillant pour une humble paupière,
Semble épancher sur toi la gloire et la lumière;
Et la voile qui vient de sillonner tes mers,
Quand tes grands horizons se montrent dans les airs,

Sensible et frémissante à ces grandes images,
S'abaisse d'elle-même en touchant tes rivages.
Ah! garde-nous longtemps, veuve des nations,
Garde au pieux respect des générations
Ces titres mutilés de la grandeur de l'homme,
Qu'on retrouve à tes pieds dans la cendre de Rome!
Respecte tout de toi, jusques à tes lambeaux!
Ne porte point envie à des destins plus beaux!
Mais, semblable à César à son heure suprême,
Qui du manteau sanglant s'enveloppe lui-même,
Quel que soit le destin que couve l'avenir,
Terre, enveloppe-toi de ton grand souvenir!
Que t'importe où s'en ont l'empire et la victoire?
Il n'est point d'avenir égal à ta mémoire!

COMMENTAIRE

DE LA TROISIÈME HARMONIE

Pendant mon séjour à Florence, un événement naturel, l'éboulement d'un rocher à Tivoli, bouleversa la fameuse chute d'eau sous le temple de la Sibylle et sous le palais de Mécène à *Tibur*, près de Rome. Ce fut un deuil pour toute l'Italie et pour tous les artistes, poëtes ou peintres, nationaux ou étrangers, qui venaient, de temps immémorial, étudier les formes, les écumes, les poussières humides et les murmures des eaux du *præceps Anio* d'Horace, auprès de ces belles cascades. J'avais passé moi-même bien des heures de mon enfance et de ma jeunesse au bord de ces gouffres, à respirer la fraîcheur et à aspirer les éblouissements. Il me sembla que cette catastrophe enlevait un de ses joyaux à la couronne de l'Italie; qu'il allait se faire un silence de plus dans la campagne silencieuse de Rome. J'écrivis ces vers avec le cœur d'un Italien; et comme j'avais contristé, un an ou deux avant, cette terre, je profitai avec empressement de cette circonstance pour me réconcilier avec elle :

    Italie! Italie! ah! pleure tes collines,
    Où l'histoire du monde est écrite en ruines!

Je les adressai à un des hommes les plus lettrés, les plus patriotes, les plus excellents de l'Italie, le marquis *Tancredo de Barollo*, de Turin. Le marquis de Barol était mon ami; il avait épousé une Française d'une famille, d'une beauté, d'un esprit et d'une vertu supérieurs. Madame de Barol a consacré, depuis la mort de son mari, son génie pieux à Dieu, et son immense fortune à la charité. *Silvio Pellico*, le grand poëte de la captivité et de la résignation, vit maintenant auprès de cette sainte femme, et il l'assiste dans ses œuvres de soulagement des prisonniers.

IV

L'INFINI DANS LES CIEUX

IV

L'INFINI DANS LES CIEUX

———

C'est une nuit d'été; nuit dont les vastes ailes
Font jaillir dans l'azur des milliers d'étincelles;
Qui, ravivant le ciel comme un miroir terni,
Permet à l'œil charmé d'en sonder l'infini;
Nuit où le firmament, dépouillé de nuages,
De ce livre de feu rouvre toutes les pages!
Sur le dernier sommet des monts, d'où le regard
Dans un double horizon se répand au hasard,
Je m'assieds en silence, et laisse ma pensée
Flotter comme une mer où la lune est bercée.

L'harmonieux éther, dans ses vagues d'azur,
Enveloppe les monts d'un fluide plus pur ;
Leurs contours qu'il éteint, leurs cimes qu'il efface,
Semblent nager dans l'air et trembler dans l'espace,
Comme on voit jusqu'au fond d'une mer en repos
L'ombre de son rivage onduler sous les flots.
Sous ce jour sans rayon, plus serein qu'une aurore,
A l'œil contemplatif la terre semble éclore ;
Elle déroule au loin ses horizons divers,
Où se joua la main qui sculpta l'univers.
Là, quand souffle la brise, une colline ondule ;
Là le coteau poursuit le coteau qui recule ;
Et le vallon, voilé de verdoyants rideaux,
Se creuse comme un lit pour l'ombre et pour les eaux ;
Ici s'étend la plaine, où, comme sur la grève,
La vague des épis s'abaisse et se relève ;
Là, pareil au serpent dont les nœuds sont rompus,
Le fleuve, renouant ses flots interrompus,
Trace à son cours d'argent des méandres sans nombre,
Se perd sous la colline et reparaît dans l'ombre :
Comme un nuage noir, les profondes forêts
D'une tache grisâtre ombragent les guérets,
Et plus loin, où la plage en croissant se reploie,
Où le regard confus dans les vapeurs se noie,
Un golfe de la mer, d'îles entrecoupé,
Des blancs reflets du ciel par la lune frappé,
Comme un vaste miroir brisé sur la poussière,
Réfléchit dans l'obscur des fragments de lumière.

Que le séjour de l'homme est divin, quand la nuit
De la vie orageuse étouffe ainsi le bruit !
Ce sommeil qui d'en haut tombe avec la rosée,
Et ralentit le cours de la vie épuisée,

Semble planer aussi sur tous les éléments,
Et de tout ce qui vit calmer les battements.
Un silence pieux s'étend sur la nature :
Le fleuve a son éclat, mais n'a plus son murmure;
Les chemins sont déserts, les chaumières sans voix;
Nulle feuille ne tremble à la voûte des bois;
Et la mer elle-même, expirant sur sa rive,
Roule à peine à la plage une lame plaintive;
 Ondirait, en voyant ce monde sans échos,
Où l'oreille jouit d'un magique repos,
Où tout est majesté, crépuscule, silence,
Et dont le regard seul atteste l'existence,
Que l'on contemple en songe, à travers le passé,
Le fantôme d'un monde où la vie a cessé.
Seulement, dans les troncs des pins aux larges cimes,
Dont les groupes épars croissent sur ces abîmes,
L'haleine de la nuit, qui se brise parfois,
Répand de loin en loin d'harmonieuses voix,
Comme pour attester, dans leur cime sonore,
Que ce monde assoupi palpite et vit encore.

Un monde est assoupi sous la voûte des cieux?
Mais, dans la voûte même où s'élèvent mes yeux,
Que de mondes nouveaux, que de soleils sans nombre,
Trahis par leur splendeur, étincellent dans l'ombre !
Les signes épuisés s'usent à les compter,
Et l'âme infatigable est lasse d'y monter !
Les siècles, accusant leur alphabet stérile,
De ces astres sans fin n'ont nommé qu'un sur mille :
Que dis-je? au bord des cieux, ils n'ont vu qu'ondoyer
Les mourantes lueurs de ce lointain foyer :
Là l'antique Orion des nuits perçant les voiles,
Dont Job a le premier nommé les sept étoiles;

Le navire fendant l'éther silencieux,
Le bouvier dont le char se traîne dans les cieux,
La lyre aux cordes d'or, le cygne aux blanches ailes,
Le coursier qui du ciel tire des étincelles,
La balance inclinant son bassin incertain,
Les blonds cheveux livrés au souffle du matin,
Le bélier, le taureau, l'aigle, le sagittaire,
Tout ce que les pasteurs contemplaient sur la terre,
Tout ce que les héros voulaient éterniser,
Tout ce que les amants ont pu diviniser,
Transporté dans le ciel par de touchants emblèmes,
N'a pu donner des noms à ces brillants systèmes.

Les cieux pour les mortels sont un livre entr'ouvert,
Ligne à ligne à leurs yeux par la nature offert;
Chaque siècle avec peine en déchiffre une page,
Et dit : « Ici finit ce magnifique ouvrage ! »
Mais sans cesse le doigt du céleste écrivain
Tourne un feuillet de plus de ce livre divin,
Et l'œil voit, ébloui par ces brillants mystères,
Étinceler sans fin de plus beaux caractères.
Que dis-je? A chaque veille, un sage audacieux
Dans l'espace sans bords s'ouvre de nouveaux cieux :
Depuis que le cristal qui rapproche les mondes
Perce du vaste éther les distances profondes,
Et porte le regard dans l'infini perdu
Jusqu'où l'œil du calcul recule confondu,
Les cieux se sont ouverts comme une voûte sombre
Qui laisse en se brisant évanouir son ombre;
Ses feux, multipliés plus que l'atome errant
Qu'éclaire du soleil un rayon transparent,
Séparés ou groupés, par couches, par étages,
En vagues, en écume ont inondé ses plages,

Si nombreux, si pressés, que notre œil ébloui,
Qui poursuit dans l'espace un astre évanoui,
Voit cent fois, dans le champ qu'embrasse sa paupière,
Des mondes circuler en torrents de poussière!
Plus loin, sont ces lueurs que prirent nos aïeux
Pour les gouttes du lait qui nourrissait les dieux;
Ils ne se trompaient pas : ces perles de lumière,
Qui de la nuit lointaine ont blanchi la carrière,
Sont des astres futurs, des germes enflammés
Que la main toujours pleine a pour les temps semés,
Et que l'esprit de Dieu, sous ses ailes fécondes,
De son ombre de feu couve au berceau des mondes.
C'est de là que, prenant leur vol au jour écrit,
Comme un aiglon nouveau qui s'échappe du nid,
Ils commencent sans guide et décrivent sans trace
L'ellipse radieuse au milieu de l'espace,
Et vont, brisant du choc un astre à son déclin,
Renouveler des cieux toujours à leur matin.

Et l'homme cependant, cet insecte invisible,
Rampant dans les sillons d'un globe imperceptible,
Mesure de ces feux les grandeurs et les poids,
Leur assigne leur place, et leur route, et leurs lois,
Comme si, dans ses mains que le compas accable,
Il roulait ces soleils comme des grains de sable!
Chaque atome de feu que dans l'immense éther,
Dans l'abîme des nuits, l'œil distrait voit flotter;
Chaque étincelle errante au bord de l'Empyrée,
Dont scintille en mourant la lueur azurée;
Chaque tache de lait qui blanchit l'horizon,
Chaque teinte du ciel qui n'a pas même un nom,
Sont autant de soleils, rois d'autant de systèmes,
Qui, de seconds soleils se couronnant eux-mêmes,

Guident, en gravitant dans ces immensités,
Cent planètes brûlant de leurs feux empruntés,
Et tiennent dans l'éther chacune autant de place
Que le soleil de l'homme en tournant en embrasse,
Lui, sa lune, sa terre, et l'astre du matin,
Et Saturne obscurci de son anneau lointain !
Oh ! que les cieux sont grands ! et que l'esprit de l'homme
Plie et tombe de haut, mon Dieu, quand il te nomme !
Quand, descendant du dôme où s'égaraient ses yeux,
Atome, il se mesure à l'infini des cieux,
Et que, de ta grandeur soupçonnant le prodige,
Son regard s'éblouit, et qu'il se dit : « Que suis-je ?
Oh ! que suis-je, Seigneur, devant les cieux et toi ?
De ton immensité le poids pèse sur moi,
Il m'égale au néant, il m'efface, il m'accable,
Et je m'estime moins qu'un de ces grains de sable ;
Car ce sable roulé par les flots inconstants,
S'il a moins d'étendue, hélas ! a plus de temps :
Il remplira toujours son vide dans l'espace,
Lorsque je n'aurai plus ni nom, ni temps, ni place.
Son sort est devant toi moins triste que le mien :
L'insensible néant ne sent pas qu'il n'est rien,
Il ne se ronge pas pour agrandir son être,
Il ne veut ni monter, ni juger, ni connaître ;
D'un immense désir il n'est point agité ;
Mort, il ne rêve pas une immortalité ;
Il n'a pas cette horreur de mon âme oppressée,
Car il ne porte pas le poids de ta pensée !
Hélas ! pourquoi si haut mes yeux ont-ils monté ?
J'étais heureux en bas de mon obscurité,
Mon coin dans l'étendue et mon éclair de vie
Me paraissaient un sort presque digne d'envie ;
Je regardais d'en haut cette herbe : en comparant,
Je méprisais l'insecte et je me trouvais grand.

Et maintenant, noyé dans l'abîme de l'être,
Je doute qu'un regard du Dieu qui nous fit naître
Puisse me démêler d'avec lui, vil, rampant,
Si bas, si loin de lui, si voisin du néant !
Et je me laisse aller à ma douleur profonde,
Comme une pierre au fond des abîmes de l'onde ;
Et mon propre regard, comme honteux de soi,
Avec un vil dédain se détourne de moi,
Et je dis en moi-même à mon âme qui doute :
« Va, ton sort ne vaut pas le coup d'œil qu'il te coûte ! »
Et mes yeux desséchés retombent ici-bas,
Et je vois le gazon qui fleurit sous mes pas,
Et j'entends bourdonner sous l'herbe que je foule
Ces flots d'êtres vivants que chaque sillon roule :
Atomes animés par le souffle divin,
Chaque rayon du jour en élève sans fin ;
La minute suffit pour compléter leur être,
Leurs tourbillons flottants retombent pour renaître ;
Le sable en est vivant, l'éther en est semé,
Et l'air que je respire est lui-même animé.
Et d'où vient cette vie, et d'où peut-elle éclore,
Si ce n'est du regard où s'allume l'aurore ?
Qui ferait germer l'herbe et fleurir le gazon,
Si ce regard divin n'y portait son rayon ?
Cet œil s'abaisse donc sur toute la nature ;
Il n'a donc ni mépris, ni faveur, ni mesure ;
Et devant l'Infini, pour qui tout est pareil,
Il est donc aussi grand d'être homme que soleil !
Et je sens ce rayon m'échauffer de sa flamme,
Et mon cœur se console, et je dis à mon âme :
« Homme ou monde, à ses pieds, tout est indifférent.
» Mais réjouissons-nous, car notre maître est grand ! »
Flottez, soleils des nuits, illuminez les sphères ;
Bourdonnez sous votre herbe, insectes éphémères !

Rendons gloire là-haut, et dans nos profondeurs,
Vous par votre néant, et vous par vos grandeurs,
Et toi par ta pensée, homme, grandeur suprême,
Miroir qu'il a créé pour s'admirer lui-même,
Écho que dans son œuvre il a si loin jeté,
Afin que son saint nom fût partout répété !
Que cette humilité qui devant lui m'abaisse
Soit un sublime hommage, et non une tristesse ;
Et que sa volonté, trop haute pour nos yeux,
Soit faite sur la terre ainsi que dans les cieux !

COMMENTAIRE

DE LA QUATRIÈME HARMONIE

J'ai roulé des milliers de fois cette pensée dans mes yeux et dans mon esprit, en regardant du haut d'un promontoire ou du pont d'un vaisseau le soleil se coucher sur la mer, et plus encore en voyant l'*armée des étoiles* commencer, sous un beau firmament, sa revue et ses évolutions devant Dieu. Quand on pense que le télescope d'Herschel a compté déjà plus de cinq millions d'étoiles; que chacune de ces étoiles est un monde plus grand et plus important que ce globe de la terre; que ces cinq millions de mondes ne sont que les bords de cette création; que si nous parvenions sur le plus éloigné, nous apercevrions de là d'autres abîmes d'espace infini comblés d'autres mondes incalculables, et que ce voyage durerait des myriades de siècles, sans que nous pussions atteindre jamais les limites entre le néant et Dieu, on ne compte plus, on ne chante plus; on reste frappé de vertige et de silence, on adore, et l'on se tait.

V

LA PRIÈRE DE FEMME

V

LA PRIÈRE DE FEMME

―

Quand on se rencontre et qu'on s'aime,
Que peut-on échanger de mieux
Que la prière, don suprême,
Or pur qu'on reçoit même aux cieux?

Vous me l'offrez, je le réclame :
Pensez à moi dans le saint lieu ;
Que cette obole de votre âme
M'enrichisse au trésor de Dieu.

L'Orient sous son ciel de fête,
Prenant les astres pour autel,
Sur les minarets du Prophète
Fait prier la voix d'un mortel.

Le chrétien dans ses basiliques,
Réveillant l'écho souterrain,
Fait gémir ses graves cantiques
Par la cloche aux fibres d'airain.

Moi, j'emprunte une voix de femme
Pour porter à Dieu mes accents ;
Mes soupirs, passant par ton âme,
Ont plus de pleurs et plus d'encens !

Paris, 4 février 1841.

VI

LA SOURCE DANS LES BOIS D***

VI

LA SOURCE DANS LES BOIS D***

Source limpide et murmurante
Qui, de la fente du rocher,
Jaillis en nappe transparente
Sur l'herbe que tu vas coucher ;

Le marbre arrondi de Carrare,
Où tu bouillonnais autrefois,
Laisse fuir ton flot qui s'égare
Sur l'humide tapis des bois.

Ton dauphin verdi par le lierre
Ne lance plus de ses naseaux,
En jets ondoyants de lumière,
L'orgueilleuse écume des eaux.

Tu n'as plus pour temple et pour ombre
Que ces hêtres majestueux
Qui penchent leur tronc vaste et sombre
Sur tes flots dépouillés comme eux.

La feuille que jaunit l'automne
S'en détache et ride ton sein,
Et la mousse verte couronne
Les bords usés de ton bassin.

Mais tu n'es pas lasse d'éclore ;
Semblable à ces cœurs généreux
Qui, méconnus, s'ouvrent encore
Pour se répandre aux malheureux.

Penché sur ta coupe brisée,
Je vois tes flots ensevelis
Filtrer comme une humble rosée
Sous les cailloux que tu polis.

J'entends ta goutte harmonieuse
Tomber, tomber, et retentir
Comme une voix mélodieuse
Qu'entrecoupe un tendre soupir.

Les images de ma jeunesse
S'élèvent avec cette voix ;
Elles m'inondent de tristesse,
Et je me souviens d'autrefois.

Dans combien de soucis et d'âges,
O toi que j'entends murmurer,
N'ai-je pas cherché tes rivages
Ou pour jouir ou pour pleurer ?

A combien de scènes passées
Ton bruit ne s'est-il pas mêlé ?
Que de fois mes tristes pensées
Avec tes ondes ont coulé !

Oui, c'est moi que tu vis naguères,
Mes blonds cheveux livrés au vent,
Irriter tes vagues légères,
Faites pour la main d'un enfant.

C'est moi qui, couché sous les voûtes
Que ces arbres courbent sur toi,
Voyais, plus nombreux que tes gouttes,
Mes songes flotter devant moi.

L'horizon trompeur de cet âge
Brillait, comme on voit, le matin,
L'aurore dorer le nuage
Qui doit l'obscurcir en chemin.

Plus tard, battu par la tempête,
Déplorant l'absence ou la mort,
Que de fois j'appuyai ma tête
Sur le rocher d'où ton flot sort!

Dans mes mains cachant mon visage,
Je te regardais sans te voir,
Et, comme des gouttes d'orage,
Mes larmes troublaient ton miroir.

Mon cœur, pour exhaler sa peine,
Ne s'en fiait qu'à tes échos;
Car tes sanglots, chère fontaine,
Semblaient répondre à mes sanglots.

Et maintenant je viens encore,
Mené par l'instinct d'autrefois,
Écouter ta chute sonore
Bruire à l'ombre des grands bois.

Mais les fugitives pensées
Ne suivent plus tes flots errants.
Comme ces feuilles dispersées
Que ton onde emporte aux torrents,

D'un monde qui les importune
Elles reviennent à ta voix,
Aux rayons muets de la lune,
Se recueillir au fond des bois.

Oubliant le fleuve où t'entraîne
Ta course que rien ne suspend,
Je remonte, de veine en veine,
Jusqu'à la main qui te répand.

Je te vois, fille des nuages,
Flottant en vagues de vapeurs,
Ruisseler avec les orages,
Ou distiller au sein des fleurs.

Le roc altéré te dévore
Dans l'abîme où grondent tes eaux,
Où le gazon, par chaque pore,
Boit goutte à goutte tes cristaux.

Tu filtres, perle virginale,
Dans des creusets mystérieux,
Jusqu'à ce que ton onde égale
L'azur étincelant des cieux.

Tu parais! le désert s'anime;
Une haleine sort de tes eaux;
Le vieux chêne élargit sa cime,
Pour t'ombrager de ses rameaux.

Le jour flotte de feuille en feuille,
L'oiseau chante sur ton chemin;
Et l'homme à genoux te recueille
Dans l'or, ou le creux de sa main.

Et la feuille aux feuilles s'entasse,
Et, fidèle au doigt qui t'a dit:
« Coule ici pour l'oiseau qui passe ! »
Ton flot murmurant l'avertit.

Et moi, tu m'attends pour me dire :
« Vois ici la main de ton Dieu !
Ce prodige que l'ange admire
De sa sagesse n'est qu'un jeu. »

Ton recueillement, ton murmure,
Semblent lui préparer mon cœur :
L'amour sacré de la nature
Est le premier hymne à l'auteur.

A chaque plainte de ton onde,
Je sens retentir avec toi
Je ne sais quelle voix profonde
Qui l'annonce et le chante en moi.

Mon cœur grossi par mes pensées,
Comme tes flots dans ton bassin,
Sent, sur mes lèvres oppressées,
L'amour déborder de mon sein.

La prière brûlant d'éclore
S'échappe en rapides accents,
Et je lui dis : « Toi que j'adore,
Reçois ces larmes pour encens ! »

Ainsi me revoit ton rivage
Aujourd'hui, différent d'hier :
Le cygne change de plumage,
La feuille tombe avec l'hiver.

Bientôt tu me verras peut-être,
Penchant sur toi mes cheveux blancs,
Cueillir un rameau de ton hêtre,
Pour appuyer mes pas tremblants.

Assis sur un banc de ta mousse,
Sentant mes jours près de tarir,
Instruit par ta pente si douce,
Tes flots m'apprendront à mourir !

En les voyant fuir goutte à goutte
Et disparaître flot à flot,
« Voilà, me dirai-je, la route
Où mes jours les suivront bientôt. »

Combien m'en reste-t-il encore ?
Qu'importe ? Je vais où tu cours ;
Le soir pour nous touche à l'aurore.
Coulez, ô flots, coulez toujours !

COMMENTAIRE

DE LA SIXIÈME HARMONIE

Ma famille possédait dans les montagnes de la Bourgogne une terre d'une vaste étendue, au milieu des bois. Cette terre s'appelle Monçulot ou Ursy. Le château, d'architecture italienne, du grand goût de *Venise*, de *Bologne* ou de la *Brenta*, semble construit sur un dessin de *Pyranèse*. Les fenêtres sont cintrées et décorées de balcons; le toit, orné de balustrades de pierre; les escaliers, dignes d'un palais; les appartements, immenses. Quinze croisées hautes et larges les éclairent. On dirait d'une grande abbaye rebâtie dans le dix-huitième siècle sur la place et sur les ruines de quelque ermitage au fond des forêts. Les jardins échancrés dans les bois n'ont pour enceinte que les rochers et les chênes sur lesquels ils ont été conquis. Quoique sur un site très-élevé, sept grandes sources d'eau de roche les arrosent, et forment des bassins qui portent bateau, ou des rigoles murmurantes qui vont se perdre dans une gorge étroite, rapide, profonde, d'où elles tombent dans une vallée d'*Arcey*. Cette vallée, qui prend son nom d'une ancienne citadelle romaine élevée, dit-on, par César, est entièrement ensevelie dans les bois.

Cette terre était échue en partage à l'abbé de Lamartine, frère de mon père. Cet oncle était un second père pour moi. C'était le caractère le plus facile, le cœur le plus tendre, l'esprit le plus libre, l'humeur la plus tolérante que j'aie jamais rencontrée dans un homme d'un âge déjà avancé. Il s'abaissait jusqu'à mes douze ans ou à mes vingt ans, pour prendre part à mes joies d'enfant ou à mes confidences de jeune homme. Sa demeure était mon refuge dans les déboires, dans les tristesses ou dans les exils de ma jeunesse.

Après les emprisonnements et les exportations de la révolution, dont il avait eu sa large part sur les pontons de Rochefort, l'abbé de Lamartine s'était retiré dans cette solitude. Par honneur il avait souffert la persécution pour son état; mais il n'avait aucune vocation pour le sacerdoce, qu'on lui avait imposé. Il en avait dépouillé les fonctions et le costume. Il s'était fait cultivateur et ermite au milieu de ses bois, de ses bûcherons, de ses laboureurs et de ses grands troupeaux de moutons. Il sentait que le monde, dans lequel il avait été fort mêlé et fort brillant à Paris dans sa jeunesse, lui demanderait compte, s'il y rentrait, de sa désertion de l'autel. Il voulait éviter de répondre à des questions qui l'embarrassaient. Il avait fait son devoir de gentilhomme en subissant le martyre de la déportation et les menaces d'échafaud sans apostasie. Il ne voulait pas subir du monde les atteintes qu'eût appelées la contradiction pénible entre son caractère sacré et sa vie affranchie des exigences du sacerdoce. Il s'était condamné à un emprisonnement volontaire et solitaire dans ce château. Une belle bibliothèque était sa seule distraction. Tous les ans je venais, à mes retours de Paris ou de voyages, me retirer pour quelques mois chez lui. C'étaient ses beaux jours et mes jours de paix. Un cheval m'attendait à l'écurie, des chiens de chasse au chenil, un fusil au ratelier, des livres au salon, de douces intimités à table, des conseils tendres et indulgents, des consolations paternelles, des conversations amusantes le soir, après souper, au coin du grand feu, qui ne s'éteignait pas un seul jour de l'année dans ce climat un peu âpre. C'était mon recueillement triste mais délicieux dans les lassitudes de la jeunesse.

Une des sources du jardin, la plus éloignée du château, s'appelait la source du *Foyard* (foyard veut dire hêtre). Ce nom lui venait d'un hêtre colossal planté sans doute par le hasard sur la pente rapide d'une colline de roches humides. Cet arbre, qui existe encore, devait compter déjà sa vie par siècles. Il répandait la nuit sur un demi-arpent. A ses pieds, une grotte naturelle laissait voir une eau dormante au fond d'un bassin. Cette eau, filtrant à travers la rocaille, allait se dégorger à quelques pas de là par la bouche d'un dauphin de pierre noire, qui la vomissait à gros bouillon. Elle tombait de bassin en bassin jusque dans un petit étang qui portait bateau. Deux bancs de pierre verdis de mousse étaient placés à quelque distance, en vue du dauphin. Des arbres forestiers de toute espèce s'élevaient, autrefois alignés, aujourd'hui libres de leurs rameaux, au-dessus des cascades. C'était ma retraite la plus habituelle du milieu des jours en été. J'y portais mes livres, je lisais au murmure de la source éternelle, et au sifflement des merles accoutumés à moi qui venaient boire au bord du bassin. Quelquefois, fatigué de lire, je descendais vers l'étang, je détachais le bateau de sa chaîne, je me couchais au fond sur un coussin de joncs, et je le laissais dériver au gré du vent, la tête renversée en arrière, ne voyant plus que le ciel et les pointes des peupliers qui entrecoupaient le firmament.

En 1826, mon oncle mourut sans avoir quitté son désert. Il me le légua par son testament. Je revins d'Italie pour en prendre possession. J'étais seul; il y avait plusieurs années que je n'étais rentré dans cette demeure, douce et chère à mon enfance. Elle était attristée par l'absence, mais aussi vivifiée encore par l'image et par le souvenir de cet homme de paix. Je me hâtai de parcourir tous les sentiers et toutes les eaux de ces jardins, où j'espérais me fixer à mon tour, après les années de labeur et d'agitation. En rentrant le soir de mes courses, je passai sous le grand hêtre; j'entendis la source qui semblait à la fois pleurer et se réjouir dans ses gazouillements. J'y descendis, j'y trempai mes lèvres; je m'assis sur le banc, j'y vis revenir les générations nouvelles des merles qui me connaissaient jadis. Ces vers me montèrent tout à coup du cœur, comme cette eau fraîche montait du rocher. Je rentrai au château pour les écrire.

Maintenant le hêtre et la source, que j'ai vendus en 1830 pour racheter le toit de ma mère, plus cher encore, à Milly, donnent la même ombre, les mêmes murmures, les mêmes voluptés à une autre famille. Qu'elle y retrouve à jamais les impressions et les souvenirs que j'en ai reçus!

Et maintenant une autre révolution dans mon existence me force à transplanter plus douloureusement ma vie et mon foyer. Que les bénédictions dont j'ai joui sous ces toits, que j'abandonne à d'autres, restent sur ces murs, et se perpétuent pour ceux qui les habiteront à leur tour!

VII

IMPRESSIONS DU MATIN ET DU SOIR

VII

IMPRESSIONS DU MATIN ET DU SOIR

HYMNE

L'orient jaillit comme un fleuve ;
La lumière coule à long flot,
La terre lui sourit et le ciel s'en abreuve,
Et de ces cieux vieillis l'aube sort aussi neuve
Que l'aurore du jour qui sortit du Très-Haut.

Soleil, voile de feu dont ton maître se couvre,
Quand tu reviens frapper les voûtes de la nuit,
Le firmament résonne et l'espace s'entr'ouvre,
Et Jéhovah se montre à l'ombre qui te fuit.

La terre, épanouie au rayon qui la dore,
Nage plus mollement dans l'élastique éther,
Comme un léger nuage enlevé par l'aurore
Plane avec majesté sur les vagues de l'air.

Les dômes des forêts, que les brises agitent,
Bercent le frais, et l'ombre, et les chœurs des oiseaux ;
Et le souffle plus pur des ondes qui palpitent
Parfume en s'exhalant le lit voilé des eaux.

Et des pleurs de la nuit le sillon boit la pluie,
Et les lèvres des fleurs distillent leur encens,
Et d'un sein plus léger l'homme aspire la vie,
Et l'esprit plus divin se dégage des sens.

Et tandis que le vice, amoureux des ténèbres,
Ferme les yeux au jour et regrette la nuit,
Et que l'impur serpent presse ses nœuds funèbres
Pour échapper plus vite au rayon qui le suit,

Celui qui sait d'où vient l'aurore qui se lève
Ouvre ses yeux noyés d'allégresse et d'amour ;
Il reprend son fardeau que la vertu soulève,
S'élance, et dit : « Marchons à la clarté du jour ! »

Mais déjà les rayons remontent des vallées,
Et le chant des pasteurs plus plaintif et plus lent,
Comme la triste voix des heures écoulées,
Comme le vent qui meurt sur les cimes voilées,
  Semble pleurer en s'exhalant.

L'œil, aux flancs des coteaux poursuivant la lumière,
Sent le jour défaillir sous sa morne paupière;
Les brises du matin se posent pour dormir,
Le rivage se tait, la voile tombe vide,
La mer roule à ses bords la nuit dans chaque ride,
Et tout ce qui chantait semble à présent gémir.
Et les songes menteurs, et les vaines pensées,
Que du front des mortels la lumière a chassées,
Et que la nuit couvait sous ses ailes glacées,
Descendent avec elle et voilent l'horizon;
L'illusion se glisse en notre âme amollie,
Et l'air, plein de silence et de mélancolie,
Des pavots du sommeil enivre la raison.
Et l'oiseau de la nuit sort des antres funèbres,
Ouvre avec volupté ses yeux lourds aux ténèbres,
Gémit, et croit chanter, dans l'ombre où son œil luit;
Et l'homme dont les pas et le cœur aiment l'ombre
Dit, en portant les yeux au firmament plus sombre :
« Sortons, Dieu s'est caché; sortons, voici la nuit! »

Et la foule ressemble, en son bruyant délire,
    A ces aveugles passagers
Qui prolongent leur veille aux accords de la lyre,
Et dansent sur le pont pendant que le navire
De l'ombre et de la vague affronte les dangers.

Mais nous, enfants du jour, qui croyons aux étoiles,
Nous qui savons l'écueil sous l'écume caché,
Aux hasards de ces nuits ne livrons pas nos voiles :
Sur le phare immortel veillons, l'œil attaché.
Rassemblons-nous, prions pendant que le jour tombe!
Craignons, craignons la nuit, image de la tombe;

Dieu seul tient la lumière et l'ombre dans sa main.
Qui sait si, dans le vide où son vieux disque nage,
Le soleil de nos bords reprendra le chemin?
Prions! Le jour au jour ne donne point de gage,
Et le dernier rayon, en sortant du nuage,
Ne nous a pas juré de remonter demain.

En Dieu seul, ô mortels, fermons donc nos paupières!
Et, du jour à la nuit remettant l'encensoir,
   Endormons-nous dans nos prières,
Comme le jour s'endort dans les parfums du soir.

Chaque heure a son tribut, son encens, son hommage,
Qu'elle apporte en mourant aux pieds de Jéhovah;
Ce n'est qu'un même sens dans un divers langage:
Le matin et le soir lui disent : Hosanna!

La nature a deux chants, de bonheur, de tristesse,
Qu'elle rend tour à tour, ainsi que notre cœur;
De l'une à l'autre note elle passe sans cesse :
Homme, l'une est ta joie, et l'autre ta douleur!

L'une sort du matin et chante avec l'aurore;
L'autre gémit le soir un triste et long adieu;
Au premier, au second, le ciel répond : Adore!
Et de l'hymne éternel le mot unique est Dieu!

COMMENTAIRE

DE LA SEPTIÈME HARMONIE

Écrite à Florence, sur le bord de l'Arno, un soir, en voyant coucher le soleil.

VIII

HYMNE A LA DOULEUR

VIII

HYMNE A LA DOULEUR

Frappe encore, ô Douleur, si tu trouves la place!
Frappe! ce cœur saignant t'abhorre et te rend grâce,
Puissance qui ne sais plaindre ni pardonner!
Quoique mes yeux n'aient plus de pleurs à te donner,
Il est peut-être en moi quelque fibre sonore
Qui peut sous ton regard se torturer encore,
Comme un serpent coupé, sur le chemin gisant,
Dont le tronçon se tord sous le pied du passant,
Quand l'homme, ranimant une rage assouvie,
Cherche encor la douleur où ne bat plus la vie!

Il est peut-être encor dans mon cœur déchiré
Quelque cri plus profond et plus inespéré
Que tu n'as pas encor tiré d'un âme humaine,
Musique ravissante aux transports de ta haine!
Cherche! je m'abandonne à ton regard jaloux,
Car mon cœur n'a plus rien à sauver de tes coups.

Souvent, pour prolonger ma vie et ma souffrance,
Tu visitas mon sein d'un rayon d'espérance,
Comme on aisse reprendre haleine aux voyageurs,
Pour les mener plus loin au sentier des douleurs;
Souvent, dans cette nuit qu'un éclair entrecoupe,
De la félicité tu me tendis la coupe,
Et quand elle écumait sous mes désirs ardents,
Ta main me la brisait pleine contre les dents,
Et tu me déchirais, dans tes cruels caprices,
La lèvre aux bords sanglants du vase des délices!
Et maintenant, triomphe! Il n'est plus dans mon cœur
Une fibre qui n'ait résonné sa douleur;
Pas un cheveu blanchi de ma tête penchée
Qui n'ait été broyé comme une herbe fauchée,
Pas un amour en moi qui n'ait été frappé,
Un espoir, un désir, qui n'ait péri trompé!
Et je cherche une place en mon cœur qui te craigne;
Mais je ne trouve plus en lui rien qui ne saigne!

Et cependant j'hésite, et mon cœur suspendu
Flotte encore incertain sur le nom qui t'est dû!
Ma bouche te maudit; mais n'osant te maudire,
Mon âme en gémissant te respecte et t'admire!
Tu fais l'homme, ô Douleur! oui, l'homme tout entier,
Comme le creuset l'or, et la flamme l'acier;

Comme le grès, noirci des débris qu'il enlève,
En déchirant le fer fait un tranchant au glaive.
Qui ne te connut point ne sait rien d'ici-bas ;
Il foule mollement la terre, il n'y vit pas ;
Comme sur un nuage il flotte sur la vie ;
Rien n'y marque pour lui la route en vain suivie ;
La sueur de son front n'y mouille pas sa main,
Son pied n'y heurte pas les cailloux du chemin ;
Il n'y sait pas, à l'heure où faiblissent ses armes,
Retremper ses vertus aux flots brûlants des larmes,
Il n'y sait point combattre avec son propre cœur
Ce combat douloureux dont gémit le vainqueur,
Élever vers le ciel un cri qui le supplie,
S'affermir par l'effort sur son genou qui plie,
Et dans ses désespoirs, dont Dieu seul est témoin,
S'appuyer sur l'obstacle et s'élancer plus loin !

Pour moi, je ne sais pas à quoi tu me prépares,
Mais tes mains de leçons ne me sont point avares ;
Tu me traites sans doute en favori des cieux,
Car tu n'épargnes pas les larmes à mes yeux.
Eh bien ! je les reçois comme tu les envoies :
Tes maux seront mes biens, et tes soupirs mes joies.
Je sens qu'il est en toi, sans avoir combattu,
Une vertu divine au lieu de ma vertu ;
Que tu n'es pas la mort de l'âme, mais sa vie ;
Que ton bras, en frappant, guérit et vivifie,
Toi donc que ma souffrance a souvent accusé,
Toi, devant qui ce cœur s'est tant de fois brisé,

Reçois, Dieu trois fois saint, cet encens dont tout fume !
Oui, c'est le seul bûcher que la terre t'allume,
C'est le charbon divin dont tu brûles nos sens.
Quand l'autel est souillé, la douleur est l'encens !

COMMENTAIRE

DE LA HUITIÈME HARMONIE

Les hommes doués d'une sensibilité excessive jouissent plus et souffrent plus que les natures moyennes et modérées. J'ai participé à ces excès d'impressions dans la mesure de mon organisation. Ceux qui sentent plus expriment plus aussi : ils sont éloquents ou poëtes. Leurs organes paraissent faits d'un métal plus fragile, mais plus sonore que le reste de l'argile humaine. Les coups que la douleur y frappe y résonnent et y prolongent leur vibration dans l'âme des autres. La vie du vulgaire est un vague et sourd murmure du cœur; la vie des hommes sensibles est un cri; la vie du poëte est un chant.

IX

JÉHOVAH

ou

L'IDÉE DE DIEU

IX

JÉHOVAH

ou

L'IDÉE DE DIEU

Sinaï! Sinaï! quelle nuit pour ta cime!
Quels éclairs, sur tes flancs, éblouissent les yeux!
    Les noires vapeurs de l'abîme
Roulent en plis sanglants leurs vagues dans tes cieux.

        La nue enflammée
        Où ton front se perd,
        Vomit la fumée
        Comme un chaume vert;

Le ciel, d'où s'échappe
Éclair sur éclair,
Et pareil au fer
Que le marteau frappe,
Lançant coups sur coups
La nuit, la lumière,
Se voile ou s'éclaire,
S'ouvre ou se resserre,
Comme la paupière
D'un homme en courroux !

Un homme, un homme seul gravit tes flancs qui grondent.
En vain tes mille échos tonnent et se répondent :
Ses regards assurés ne se détournent pas !
Tout un peuple éperdu le regarde d'en bas.
Jusqu'aux lieux où ta cime et le ciel se confondent,
Il monte, et la tempête enveloppe ses pas.

Le nuage crève ;
Son brûlant carreau
Jaillit comme un glaive
Qui sort du fourreau.
Les foudres, portées
Sur ces plis mouvants,
Au hasard jetées
Par les quatre vents,
Entre elles heurtées,
Partent en tous sens,
Comme une volée
D'aiglons aguerris
Qu'un bruit de mêlée
A soudain surpris,

Qui, battant de l'aile,
Volent pêle-mêle
Autour de leurs nids,
Et loin de leur mère,
La mort dans leur serre,
S'élancent de l'aire
En poussant des cris.
Le cèdre s'embrase,
Crie, éclate, écrase
Sa brûlante base
Sous ses bras fumants;
La flamme en colonne
Monte, tourbillonne,
Retombe et bouillonne
En feux écumants;
La lave serpente,
Et de pente en pente
Étend son foyer;
La montagne ardente
Paraît ondoyer;
Le firmament double
Les feux dont il luit;
Tout regard se trouble,
Tout meurt ou tout fuit;
Et l'air qui s'enflamme,
Repliant la flamme
Autour du haut lieu,
Va, de place en place
Où le vent le chasse,
Semer dans l'espace
Des lambeaux de feu.

Sous ce rideau brûlant qui le voile et l'éclaire,
Moïse a seul, vivant, osé s'ensevelir.
Quel regard sondera ce terrible mystère?
Entre l'homme et le feu que va-t-il s'accomplir?
Dissipez, vains mortels, l'effroi qui vous atterre!
C'est Jéhovah qui sort! Il descend au milieu
   Des tempêtes et du tonnerre!
C'est Dieu qui se choisit son peuple sur la terre,
C'est un peuple à genoux qui reconnaît son Dieu!

  L'Indien, élevant son âme
  Aux voûtes de son ciel d'azur,
  Adore l'éternelle flamme
  Prise à son foyer le plus pur;
  Au premier rayon de l'aurore,
  Il s'incline, il chante, il adore
  L'astre d'où ruisselle le jour;
  Et, le soir, sa triste paupière
  Sur le tombeau de la lumière
  Pleure avec des larmes d'amour.

  Aux plages que le Nil inonde,
  Des déserts le crédule enfant,
  Brûlé par le flambeau du monde,
  Adore un plus doux firmament.
  Amant de ses nuits solitaires,
  Pour son culte ami des mystères,
  Il attend dans l'ombre les cieux,
  Et du sein des sables arides
  Il élève des pyramides
  Pour compter de plus près ses dieux.

La Grèce adore les beaux songes
Par son doux génie inventés,
Et ses mystérieux mensonges,
Ombres pleines de vérités.
Il naît sous sa féconde haleine
Autant de dieux que l'âme humaine
A de terreurs et de désirs;
Son génie, amoureux d'idoles,
Donne l'être à tous les symboles,
Crée un dieu pour tous les soupirs!

Sâhra, sur tes vagues poudreuses,
Où vont, des quatre points des airs.
Tes caravanes plus nombreuses
Que les sables de tes déserts?
C'est l'aveugle enfant du prophète,
Qui va sept fois frapper sa tête
Contre le seuil de son saint lieu.
Le désert en vain se soulève
Sous la tempête ou sous le glaive :
« Mourons, dit-il ; Dieu seul est Dieu ! »

Sous les saules verts de l'Euphrate,
Que pleure ce peuple exilé?
Ce n'est point la Judée ingrate,
Les puits taris de Siloé :
C'est le culte de ses ancêtres,
Son arche, son temple, ses prêtres,
Son Dieu qui l'oublie aujourd'hui !
Son nom est dans tous ses cantiques,
Et ses harpes mélancoliques
Ne se souviennent que de lui.

Elles s'en souviennent encore,
Maintenant que des nations
Ce peuple exilé de l'Aurore
Supporte les dérisions !
En vain, lassé de le proscrire,
L'étranger d'un amer sourire
Poursuit ses crédules enfants :
Comme l'eau buvant cette offense,
Ce peuple traîne une espérance
Plus forte que ses deux mille ans !

Le sauvage enfant des savanes,
Informe ébauche des humains,
Avant d'élever ses cabanes,
Se façonne un dieu de ses mains.
Si, chassé des rives du fleuve
Où l'ours, où le tigre s'abreuve,
Il émigre sous d'autres cieux,
Chargé de ses dieux tutélaires,
« Marchons, dit-il, os de nos pères !
La patrie est où sont les dieux ! »

Et de quoi parlez-vous, marbres, bronzes, portiques,
Colonnes de Palmyre ou de Persépolis,
Panthéons sous la cendre ou l'onde ensevelis,
Si vides maintenant, autrefois si remplis ?
Et vous, dont nous cherchons les lettres symboliques,
D'un passé sans mémoire incertaines reliques,
Mystères d'un vieux monde en mystères écrits ?
Et vous, temples debout, superbes basiliques,
Dont un souffle divin anime les parvis ?

Vous me parlez des dieux ! des dieux, des dieux encore
Chaque autel en porte un, qu'un saint délire adore,
Holocauste éternel que tout lieu semble offrir.
L'homme et les éléments, pleins de ce seul mystère,
N'ont eu qu'une pensée, une œuvre sur la terre :
  Confesser cet être et mourir !

———

Mais si l'homme, occupé de cette œuvre suprême,
Épuise toute langue à nommer le seul Grand,
Ah ! combien la nature, en son silence même,
Le nomme mieux encore au cœur qui le comprend !
Voulez-vous, ô mortels, que ce Dieu se proclame ?
Foulez aux pieds la cendre où dort le Panthéon,
Et le livre où l'orgueil épèle en vain son nom !
De l'astre du matin le plus pâle rayon
Sur ce divin mystère éclaire plus votre âme,
Que la lampe au jour faux qui veille avec Platon.

Montez sur ces hauteurs d'où les fleuves descendent,
Et dont les mers d'azur baignent les pieds dorés,
A l'heure où les rayons sur leurs pentes s'étendent,
Comme un filet trempé ruisselant sur les prés.
Quand tout autour de nous sera splendeur et joie,
Quand les tièdes réseaux des heures de midi,
En vous enveloppant comme un manteau de soie,
Feront épanouir votre sang attiédi ;

Quand la terre, exhalant son âme balsamique,
De son parfum vital enivrera vos sens,

Et que l'insecte même, entonnant son cantique,
Bourdonnera d'amour sur les bourgeons naissants;

Quand vos regards, noyés dans la vague atmosphère,
Ainsi que le dauphin dans son azur natal,
Flotteront incertains entre l'onde et la terre,
Et des cieux de saphir et des mers de cristal,

Écoutez dans vos sens, écoutez dans votre âme,
Et dans le pur rayon qui d'en haut vous a lui;
Et dites si le nom que cet hymne proclame
N'est pas aussi vivant, aussi divin que lui?

X

LE CHÊNE

X

LE CHÊNE

SUITE DE JÉHOVAH

Voilà ce chêne solitaire
Dont le rocher s'est couronné :
Parlez à ce tronc séculaire,
Demandez comment il est né.

Un gland tombe de l'arbre et roule sur la terre;
L'aigle à la serre vide, en quittant les vallons,
S'en saisit en jouant et l'emporte à son aire,
Pour aiguiser le bec à ses jeunes aiglons;

Bientôt du nid désert qu'emporte la tempête
Il roule confondu dans les débris mouvants,
Et sur la roche nue un grain de sable arrête
Celui qui doit un jour rompre l'aile des vents.

    L'été vient; l'aquilon soulève
La poudre des sillons, qui pour lui n'est qu'un jeu,
Et sur le germe éteint où couve encor la séve
    En laisse retomber un peu.
    Le printemps, de sa tiède ondée
    L'arrose comme avec la main;
    Cette poussière est fécondée,
    Et la vie y circule enfin.

La vie! A ce seul mot, tout œil, toute pensée,
S'inclinent confondus et n'osent pénétrer;
Au seuil de l'Infini c'est la borne placée,
Où la sage ignorance et l'audace insensée
    Se rencontrent pour adorer!

    Il vit, ce géant des collines;
    Mais, avant de paraître au jour,
    Il se creuse avec ses racines
    Des fondements comme une tour.
    Il sait quelle lutte s'apprête,
    Et qu'il doit contre la tempête
    Chercher sous la terre un appui;
    Il sait que l'ouragan sonore
    L'attend au jour... ou, s'il l'ignore,
    Quelqu'un du moins le sait pour lui!

Ainsi quand le jeune navire
Où s'élancent les matelots,
Avant d'affronter son empire
Veut s'apprivoiser sur les flots,
Laissant filer son vaste câble,
Son ancre va chercher le sable
Jusqu'au fond des vallons mouvants,
Et sur ce fondement mobile
Il balance son mât fragile,
Et dort au vain roulis des vents.

Il vit! Le colosse superbe
Qui couvre un arpent tout entier,
Dépasse à peine le brin d'herbe
Que le moucheron fait plier.
Mais sa feuille boit la rosée;
Sa racine fertilisée
Grossit comme une eau dans son cours;
Et dans son cœur qu'il fortifie
Circule un sang ivre de vie,
Pour qui les siècles sont des jours.

Les sillons, où les blés jaunissent
Sous les pas changeants des saisons,
Se dépouillent et se vêtissent
Comme un troupeau de ses toisons;
Le fleuve naît, gronde et s'écoule;
La tour monte, vieillit, s'écroule;
L'hiver effeuille le granit;
Des générations sans nombre
Vivent et meurent sous son ombre :
Et lui? voyez, il rajeunit !

Son tronc que l'écorce protége,
Fortifié par mille nœuds,
Pour porter sa feuille ou sa neige
S'élargit sur ses pieds noueux ;
Ses bras, que le temps multiplie,
Comme un lutteur qui se replie
Pour mieux s'élancer en avant,
Jetant leurs coudes en arrière,
Se recourbent dans la carrière,
Pour mieux porter le poids du vent.

Et son vaste et pesant feuillage,
Répandant la nuit alentour,
S'étend, comme un large nuage,
Entre la montagne et le jour ;
Comme de nocturnes fantômes,
Les vents résonnent dans ses dômes ;
Les oiseaux y viennent dormir,
Et pour saluer la lumière
S'élèvent comme une poussière,
Si sa feuille vient à frémir.

La nef dont le regard implore
Sur les mers un phare certain
Le voit, tout noyé dans l'aurore,
Pyramider dans le lointain.
Le soir fait pencher sa grande ombre
Des flancs de la colline sombre
Jusqu'au pied des derniers coteaux.
Un seul des cheveux de sa tête
Abrite contre la tempête
Et le pasteur et les troupeaux.

Et pendant qu'au vent des collines
Il berce ses toits habités,
Des empires dans ses racines,
Sous son écorce des cités;
Là, près des ruches des abeilles,
Arachné tisse ses merveilles,
Le serpent siffle, et la fourmi
Guide à des conquêtes de sables
Ses multitudes innombrables,
Qu'écrase un lézard endormi.

Et ces torrents d'âme et de vie,
Et ce mystérieux sommeil,
Et cette séve rajeunie
Qui remonte avec le soleil;
Cette intelligence divine
Qui pressent, calcule, devine
Et s'organise pour sa fin;
Et cette force qui renferme
Dans un gland le germe du germe
D'êtres sans nombres et sans fin;

Et ces mondes de créatures
Qui, naissant et vivant de lui,
Y puisent être et nourritures
Dans les siècles comme aujourd'hui;
Tout cela n'est qu'un gland fragile
Qui tombe sur le roc stérile,
Du bec de l'aigle ou du vautour;
Ce n'est qu'une aride poussière
Que le vent sème en sa carrière,
Et qu'échauffe un rayon du jour!

Et moi, je dis : Seigneur, c'est toi seul, c'est ta force,
    Ta sagesse et ta volonté,
    Ta vie et ta fécondité,
    Ta prévoyance et ta bonté !
Le ver trouve ton nom gravé sous son écorce;
Et mon œil, dans sa masse et son éternité!

COMMENTAIRE

DE LA DIXIÈME HARMONIE

Il y a aux bains de *Casciano*, en Toscane, entre Pise et Florence, un chêne qui était déjà fameux par sa masse et par sa vétusté dans les guerres de 1300, entre les Pisans et les Toscans. Il n'a pas pris un jour ni un cheveu blanc depuis ces cinq siècles. Sa tige s'élève aussi droite, sur des racines aussi saines, à quatre-vingts pieds du sol; et ses bras immenses, qui poussent d'autres bras innombrables comme un polype terrestre, n'ont pas une branche sèche à leurs extrémités. Il a mille ou douze cents ans, et il est tout jeune.

C'est assis sous ce chêne de *Casciano* que j'écrivis cette Harmonie en 1826. J'ai vu depuis le platane de Godefroy de Bouillon dans la prairie de Constantinople; les croisés campèrent à ses pieds, et un régiment de cavalerie tout entier peut encore aujourd'hui s'y ranger à l'ombre en bataille. J'ai vu depuis les *oliviers* de la colline de *Golgotha*, vis-à-vis de Jérusalem, qui passent pour avoir été témoins, déjà vivants, de l'agonie et de la sueur de sang du Christ. Il n'y a pas plus de mesure à la force et à la durée de la végétation, qu'il n'y en a à la puissance de Dieu. Il joue avec le temps et avec l'espace. L'homme seul est obligé de compter par jours. Ces arbres comptent par siècles, les rochers par la durée d'un globe, les étoiles par la durée du firmament. Qu'est-ce donc de Celui qui ne compte par rien, et pour qui toutes ces durées relatives sont un jour qui n'a pas encore commencé?

XI

L'HUMANITÉ

XI

L'HUMANITÉ

SUITE DE JÉHOVAH

A de plus hauts degrés de l'échelle de l'être,
En traits plus éclatants Jéhovah va paraître :
La nuit qui le voilait ici s'évanouit !
Voyez, aux purs rayons de l'amour qui va naître,
    La vierge qui s'épanouit !

    Elle n'éblouit pas encore
    L'œil fasciné qu'elle suspend ;
    On voit qu'elle-même elle ignore
    La volupté qu'elle répand :

Pareille, en sa fleur virginale,
A l'heure pure et matinale
Qui suit l'ombre et que le jour suit,
Doublement belle, à la paupière,
Et des splendeurs de la lumière
Et des mystères de la nuit.

Son front léger s'élève et plane
Sur un cou flexible, élancé,
Comme sur le flot diaphane
Un cygne mollement bercé;
Sous la voûte à peine décrite
De ce temple où son âme habite,
On voit le sourcil s'ébaucher,
Arc onduleux d'or ou d'ébène
Que craint d'effacer une haleine,
Ou le pinceau de retoucher!

Là jaillissent deux étincelles
Que voile et rouvre à chaque instant,
Comme un oiseau qui bat des ailes,
La paupière au cil palpitant.
Sur la narine transparente,
Les veines où le sang serpente
S'entrelacent comme à dessein;
Et, de sa lèvre qui respire,
Se répand avec le sourire
Le souffle embaumé de son sein.

Comme un mélodieux génie
De sons épars fait des concerts,
Une sympathique harmonie
Accorde entre eux ces traits divers:

De cet accord, charme des charmes,
Dans le sourire ou dans les larmes
Naissent la grâce et la beauté;
La beauté, mystère suprême
Qui ne se révèle lui-même
Que par désir et volupté!

Sur ses traits, dont le doux ovale
Borne l'ensemble gracieux,
Les couleurs que la nue étale
Se fondent pour charmer les yeux;
A la pourpre qui teint sa joue,
On dirait que l'aube s'y joue,
Ou qu'elle a fixé pour toujours,
Au moment qui la voit éclore,
Un rayon glissant de l'aurore
Sur un marbre aux divins contours.

Sa chevelure, qui s'épanche
Au gré du vent, prend son essor,
Glisse en ondes jusqu'à sa hanche,
Et là s'effile en franges d'or;
Autour du cou blanc qu'elle embrasse,
Comme un collier elle s'enlace,
Descend, serpente, et vient rouler
Sur un sein où s'enflent à peine
Deux sources, d'où la vie humaine
En ruisseaux d'amour doit couler!

Noble et légère, elle folâtre;
Et l'herbe que foulent ses pas
Sous le poids de son pied d'albâtre
Se courbe et ne se brise pas.

Sa taille, en marchant, se balance
Comme la nacelle, qui danse
Lorsque la voile s'arrondit
Sous son mât que berce l'aurore,
Balance son flanc vide encore
Sur la vague qui rebondit.

Son âme n'est rien que tendresse,
Son corps qu'harmonieux contour;
Tout son être, que l'œil caresse,
N'est qu'un pressentiment d'amour.
Elle plaint tout ce qui soupire;
Elle aime l'air qu'elle respire,
Rêve ou pleure, ou chante à l'écart,
Et, sans savoir ce qu'il implore,
D'une volupté qu'elle ignore
Elle rougit sous un regard!

Mais déjà sa beauté plus mûre
Fleurit à son quinzième été;
A ses yeux toute la nature
N'est qu'innocence et volupté.
Aux feux des étoiles brillantes,
Au doux bruit des eaux ruisselantes,
Sa pensée erre avec amour;
Et toutes les fleurs des prairies,
Entre ses doigts trop tôt flétries,
Sur son char sèchent tour à tour.

L'oiseau, pour tout autre sauvage,
Sous ses fenêtres vient nicher,
Ou, charmé de son esclavage,
Sur ses épaules se percher.

Elle nourrit les tourterelles,
Sur le blanc satin de leurs ailes
Promène ses doigts caressants;
Ou, dans un amoureux caprice,
Elle aime que leur cou frémisse
Sous ses baisers retentissants.

Elle paraît, et tout soupire,
Tout se trouble sous son regard;
Sa beauté répand un délire
Qui donne une ivresse au vieillard;
Et, comme on voit l'humble poussière
Tourbillonner à la lumière
Qui la fascine à son insu,
Partout où ce beau front rayonne,
Un souffle d'amour environne
Celle par qui l'homme est conçu!

Un homme! un fils, un roi de la nature entière!
Insecte né de boue, et qui vit de lumière;
Qui n'occupe qu'un point, qui n'a que deux instants,
Mais qui de l'Infini par la pensée est maître,
Et, reculant sans fin les bornes de son être,
S'étend dans tout l'espace et vit dans tous les temps!

Il naît, et d'un coup d'œil il s'empare du monde!
Chacun de ses besoins soumet un élément;
Pour lui germe l'épi, pour lui s'épanche l'onde,
Et le feu, fils du jour, descend du firmament.

L'instinct de sa faiblesse est sa toute-puissance;
Pour lui l'insecte même est un objet d'effroi :
Mais le sceptre du globe est à l'intelligence;
L'homme s'unit à l'homme, et la terre à son roi!

Il regarde, et le jour se peint dans sa paupière ;
Il pense, et l'univers dans son âme apparaît ;
Il parle, et son accent, comme une autre lumière,
Va dans l'âme d'autrui se peindre trait pour trait.

Il se donne des sens qu'oublia la nature,
Jette un frein sur la vague au front capricieux,
Lance la mort au but que son calcul mesure,
Sonde avec un cristal les abîmes des cieux.

Il écrit, et les vents emportent sa pensée,
Qui va dans tous les lieux vivre et s'entretenir ;
Et son âme invisible, en traits vivants tracée,
Écoute le passé, qui parle à l'avenir !

Il fonde les cités, familles immortelles ;
Et pour les soutenir il élève les lois,
Qui, de ces monuments colonnes éternelles,
Du temple social se divisent le poids.

Après avoir conquis la nature, il soupire ;
Pour un plus noble prix sa vie a combattu ;
Et son cœur, vide encor, dédaignant son empire,
Pour s'égaler aux dieux inventa la vertu !

Il offre en souriant sa vie en sacrifice ;
Il se confie au Dieu que son œil ne voit pas ;
Coupable, a le remords qui venge la justice ;
Vertueux, une voix qui l'applaudit tout bas !

Plus grand que son destin, plus grand que la nature,
Ses besoins satisfaits ne lui suffisent pas ;
Son âme a des destins qu'aucun œil ne mesure,
Et des regards portant plus loin que le trépas.

Il lui faut l'espérance, et l'empire, et la gloire;
L'avenir à son nom, à sa foi des autels;
Des dieux à supplier, des vérités à croire;
Des cieux et des enfers, et des jours immortels!

———

Mais le temps tout à coup manque à sa vie usée,
L'horizon raccourci s'abaisse devant lui;
Il sent tarir ses jours comme une onde épuisée,
  Et son dernier soleil a lui!

Regardez-le mourir!... Assis sur le rivage
Que vient battre la vague où sa nef doit partir,
Le pilote qui sait le but de son voyage
D'un cœur plus rassuré n'attend pas le zéphyr.

On dirait que son œil, qu'éclaire l'espérance,
Voit l'immortalité luire sur l'autre bord :
Au delà du tombeau sa vertu le devance,
Et, certain du réveil, le jour baisse, il s'endort!

Et les astres n'ont plus d'assez pure lumière,
Et l'infini n'a plus d'assez vaste séjour,
Et les siècles divins d'assez longue carrière
Pour l'âme de celui qui n'était que poussière,
  Et qui n'avait qu'un jour!

  Voilà cet instinct qui l'annonce
  Plus haut que l'aurore et la nuit;
  Voilà l'éternelle réponse
  Au doute qui se reproduit!

Du grand livre de la nature
Si la lettre, à vos yeux obscure,
Ne le trahit pas en tout lieu,
Ah! l'homme est le livre suprême!
Dans les fibres de son cœur même
Lisez, mortels : Il est un Dieu!

XII

L'IDÉE DE DIEU

XII

L'IDÉE DE DIEU

SUITE DE JÉHOVAH

Heureux l'œil éclairé de ce jour sans nuage,
Qui partout ici-bas le contemple et le lit !
Heureux le cœur épris de cette grande image,
Toujours vide et trompé si Dieu ne le remplit !

Ah ! pour celui-là seul la nature est sans ombre !
En vain le temps se voile et recule les cieux :
Le ciel n'a point d'abîme et le temps point de nombre
  Qui le cache à ses yeux.

Pour qui ne l'y voit pas tout est nuit et mystères :
Cet alphabet de feu dans le ciel répandu
Est semblable pour eux à ces vains caractères
Dont le sens, s'ils en ont, dans les temps s'est perdu.

Le savant sous ses mains les retourne et les brise,
Et dit : « Ce n'est qu'un jeu d'un art capricieux. »
Et cent fois, en tombant, ces lettres qu'il méprise
D'elles-même ont écrit le nom mystérieux !

Mais cette langue, en vain par les temps égarée,
    Se lit hier comme aujourd'hui ;
Car elle n'a qu'un nom sous sa lettre sacrée :
    Lui seul ! Lui partout ! toujours Lui !

    Qu'il est doux, pour l'âme qui pense,
    Et flotte dans l'immensité
    Entre le doute et l'espérance,
    La lumière et l'obscurité,
    De voir cette idée éternelle
    Luire sans cesse au-dessus d'elle
    Comme une étoile aux feux constants,
    La consoler sous ses nuages,
    Et lui montrer les deux rivages
    Blanchis de l'écume du temps !

    En vain les vagues des années
    Roulent dans leur flux et reflux
    Les croyances abandonnées
    Et les empires révolus ;

En vain l'opinion qui lutte
Dans son triomphe ou dans sa chute
Entraîne un monde à son déclin ;
Elle brille sur sa ruine,
Et l'histoire qu'elle illumine
Ravit son mystère au destin !

Elle est la science du sage,
Elle est la foi de la vertu,
Le soutien du faible, et le gage
Pour qui le juste a combattu !
En elle la vie a son juge
Et l'infortune son refuge,
Et la douleur se réjouit.
Unique clef du grand mystère,
Otez cette idée à la terre,
Et la raison s'évanouit !

Cependant le monde, qu'oublie
L'âme absorbée en son auteur,
Accuse sa foi de folie,
Et lui reproche son bonheur :
Pareil à l'oiseau des ténèbres
Qui, charmé des lueurs funèbres,
Reproche à l'oiseau du matin
De croire au jour qui vient d'éclore,
Et de planer devant l'aurore,
Enivré du rayon divin.

Mais qu'importe à l'âme qu'inonde
Ce jour que rien ne peut voiler ?

Elle laisse rouler le monde
Sans l'entendre et sans s'y mêler.
Telle une perle de rosée
Que fait jaillir l'onde brisée
Sur des rochers retentissants,
Y sèche pure et virginale,
Et seule dans les cieux s'exhale
Avec la lumière et l'encens.

COMMENTAIRE

DE LA ONZIÈME ET DE LA DOUZIÈME HARMONIE

Écrites à la même date et au même lieu : Florence, 1826.

XIII

SUR DES ROSES SOUS LA NEIGE

XIII

SUR DES ROSES SOUS LA NEIGE

———

Monceau, 1847.

Pourquoi, Seigneur, fais-tu fleurir ces pâles roses,
Quand déjà tout frissonne ou meurt dans nos climats?
Hélas! six mois plus tôt que n'étiez-vous écloses?
Pauvres fleurs, fermez-vous! voilà les blancs frimas!

Mais non, refleurissez! Le bonheur et les larmes
Dans nos cœurs (Dieu le veut) se rejoignent ainsi.
Si près de ces glaçons, ces fleurs ont plus de charmes;
Et si près de ces fleurs, l'hiver est plus transi.

XIV

SOUVENIRS D'ENFANCE

OU

LA VIE CACHÉE

XIV

SOUVENIRS D'ENFANCE

ou

LA VIE CACHÉE

A M. P. G. DE B***

Quand la voix du passé résonnait dans son âme,
Les regards d'Ossian étincelaient de flamme,
Le vol de sa pensée agitait ses cheveux,
Sa harpe frémissait dans ses genoux nerveux,
Et ses accents, pareils au murmure des ondes,
Coulaient à flots pressés de ses lèvres fécondes,
Comme un torrent d'hiver qu'on ne peut contenir :
Le vieillard n'était plus que voix et souvenir.

O puissance de l'âme! ô jeunesse éternelle
Qu'une douce mémoire en nos seins renouvelle!
Sur ma lyre, Ossian, je ne vois pas encor
Flotter mes cheveux blancs parmi ses cordes d'or;
Mon cœur est tiède encor des feux de ma jeunesse;
Je n'ai pas tes longs jours, j'ai déjà ta tristesse;
Je parcours comme toi le champ de mes regrets!
Adorant comme toi les monts et les forêts,
J'aime à m'asseoir, aux bords des torrents de l'automne,
Sur le rocher battu par le flot monotone,
A suivre dans les airs la nue et l'aquilon,
A leur prêter des traits, un corps, une âme, un nom,
Et, d'êtres adorés m'en formant les images,
A dire aussi : Mon âme est avec les nuages!
Mais je ne chante plus; les hommes de nos jours
A ta harpe elle-même, hélas! resteraient sourds :
Trop pleins d'un avenir tout brillant de chimères,
Leurs yeux vers le passé ne se détournent guères.
Et si ma harpe encor, pour tromper mes ennuis,
Soupire pour moi seul dans l'ombre de mes nuits,
Ces chants dont ta douleur faisait son bien suprême
De leur écho plaintif m'importunent moi-même,
Et mon cœur redescend de cet oubli trop court,
Comme un poids soulevé qui retombe plus lourd!

Quel attrait cependant à ma lyre rebelle
Du fond de ma langueur aujourd'hui me rappelle?
D'où vient qu'à mon insu, mariés à ma voix,
Les mots harmonieux s'enchaînent sous mes doigts,
Et qu'en mètres brillants ma verve cadencée
Comme un courant limpide emporte ma pensée?
Ah! c'est qu'une voix chère a retenti dans moi;
C'est que le souvenir qui me rappelle à toi,

Écartant loin de lui les ombres des années,
Et déployant soudain ses ailes enchaînées
Au-dessus des douleurs, des dégoûts, fruits du temps,
Franchit d'un vol léger les jours, les mois, les ans,
Et m'emporte avec toi dans ce séjour champêtre,
Dans ces temps écoulés que ton nom fait renaître,
Jeune, heureux, le cœur plein d'ignorance et d'espoir,
Brillant comme un matin qui n'aurait point de soir,
Tel que notre amitié nous vit à son aurore,
Et qu'à sa douce voix je crois nous voir encore :
A son prisme divin le présent effacé
Se colore des feux dont brillait le passé.

O champs de Bienassis, maison, jardin, prairies,
Treilles qui fléchissiez sous vos grappes mûries,
Ormes qui sur le seuil étendiez vos rameaux,
Et d'où sortait le soir le chœur des passereaux,
Vergers où de l'été la teinte monotone
Pâlissait jour à jour aux rayons de l'automne,
Où la feuille en tombant sous les pleurs du matin
Dérobait à nos pieds le sentier incertain ;
Pas égarés au loin dans les frais paysages,
Heures tièdes du jour coulant sous des ombrages,
Sommeils rafraîchissants goûtés au bord des eaux,
Songes qui descendiez, qui remontiez si beaux ;
Pressentiments divins, intimes confidences,
Lectures, rêverie, entretiens, doux silences ;
Table riche des dons que l'automne étalait,
Où les fruits du jardin, où le miel et le lait,
Assaisonnés des soins d'une mère attentive,
De leur luxe champêtre enchantaient le convive ;
Silencieux réduit où des rayons de bois,
Par l'âge vermoulus et pliant sous le poids,

Nous offraient ces trésors de l'humaine sagesse
Où nos yeux altérés puisaient jusqu'à l'ivresse,
Où la lampe avec nous veillant jusqu'au matin
Nous guidait au hasard, comme un phare incertain,
De volume en volume; hélas! croyant encore
Que le livre savait ce que l'auteur ignore,
Et que la vérité, trésor mystérieux,
Pouvait être cherchée ailleurs que dans les cieux!
Scènes de notre enfance après quinze ans rêvées,
Au plus pur de mon cœur impressions gravées,
Lieux, noms, demeure, et vous, aimables habitants,
Je vous revois encore après un si long temps,
Aussi présents à l'œil que le sont des rivages
A l'onde dont les cours reflètent les images,
Aussi frais, aussi doux que si jamais les pleurs
N'en avaient dans mes yeux altéré les couleurs;
Et vos riants tableaux sont à mon âme aimante
Ce qu'au navigateur battu par la tourmente
Sont les songes dorés qui lui montrent de loin
Le rivage chéri de son bonheur témoin,
L'ondoyante moisson que sa main a semée,
Et du toit paternel le seuil ou la fumée.

Tu n'as donc pas quitté ce port de ton bonheur
Ce soleil du matin qui réjouit ton cœur,
Comme un arbre au rocher fixé par sa racine,
Te retrouve toujours sur la même colline;
Nul adieu n'attrista le seuil de ta maison;
Jamais, jamais tes yeux n'ont changé d'horizon;
L'arbre de ton aïeul, l'arbre qui t'a vu naître
N'a jamais reverdi sans ombrager son maître;
Jamais le voyageur, en voyant du chemin
Ta demeure fermée aux rayons du matin,

Trouvant l'herbe grandie ou le sentier plus rude,
N'a demandé, surpris de cette solitude,
Sur quels bords étrangers, dans quels lointains séjours
Le vent de l'inconstance avait poussé tes jours.
Ton verger ne voit pas une main mercenaire
Cueillir ces fruits greffés par ta main tutélaire,
Et ton ruisseau, content de son lit de gazon,
Comme un hôte fidèle à la même maison,
Vient murmurer toujours au seuil de ta demeure,
Et de la même voix t'endort à la même heure.
Ainsi tu vieilliras sans que tes jours pareils
Soient comptés autrement que par leurs doux soleils,
Sans que les souvenirs de ton heureuse histoire
Laissent d'autres sillons gravés dans ta mémoire
Que le cercle inégal des diverses saisons,
Des printemps plus tardifs, de plus riches moissons,
Tes pampres moins chargés, tes ruches plus fécondes,
Ou ta source sevrant ton jardin de ses ondes ;
Sans avoir dissipé des jours trop tôt comptés,
Dans la poudre, ou le bruit, ou l'ombre des cités,
Et sans avoir semé, de distance en distance,
A tous les vents du ciel ta stérile espérance !

Ah! rends grâce à ton sort de ce flot lent et doux
Qui te porte en silence où nous arrivons tous,
Et, comme ton destin si borné dans sa course,
Dans son lit ignoré s'endort près de sa source !
Ne porte point envie à ceux qu'un autre vent
Sur les routes du monde a conduits plus avant,
Même à ces noms frappés d'un peu de renommée !
Du feu qu'elle répand toute âme est consumée ;
Notre vie est semblable au fleuve de cristal
Qui sort, humble et sans nom, de son rocher natal :

Tant qu'au fond du bassin que lui fit la nature,
Il dort, comme au berceau, dans un lit sans murmure,
Toutes les fleurs des champs parfument son sentier,
Et l'azur d'un beau ciel y descend tout entier ;
Mais, à peine échappés des bras de ses collines,
Ses flots s'épanchent-ils sur les plaines voisines,
Que, du limon des eaux dont il enfle son lit,
Son onde, en grossissant, se corrompt et pâlit ;
L'ombre qui les couvrait s'écarte de ses rives,
Le rocher nu contient ses vagues fugitives,
Il dédaigne de suivre, en se creusant son cours,
Des vallons paternels les gracieux détours ;
Mais, fier de s'engouffrer sous des arches profondes,
Il y reçoit un nom bruyant comme ses ondes ;
Il emporte, en fuyant à bonds précipités,
Les barques, les rumeurs, les fanges des cités ;
Chaque ruisseau qui l'enfle est un flot qui l'altère,
Jusqu'au terme où, grossi de tant d'onde adultère,
Il va, grand mais troublé, déposant un vain nom,
Rouler au sein des mers sa gloire et son limon.
Heureuse au fond des bois la source pauvre et pure !
Heureux le sort caché dans une vie obscure !

Nous parlions autrement à l'âge où l'avenir
Que nos seins palpitants ne pouvaient contenir,
Se débordait pour nous de la coupe de vie,
Comme un jus écumant d'une urne trop remplie.
A cet âge enivré, la gloire est à nos yeux
Ce qu'à l'œil des enfants qui regardent les cieux
Est l'astre de la nuit, dont l'orbe, près d'éclore,
Au sommet qu'il franchit semble toucher encore.
L'un d'eux, quittant ses jeux pour la douce splendeur,
Croit que pour s'emparer du disque tentateur,

Et pour se revêtir de la lueur divine,
Il n'a qu'à faire un pas sur la sombre colline :
Il s'avance, l'œil fixe et les bras entr'ouverts;
Et le globe de feu suspendu dans les airs,
Comme pour prolonger sa crédule espérance,
A hauteur de la main un moment se balance.
Il monte; mais déjà dans l'azur étoilé,
Quand il touche au sommet, l'astre s'est envolé,
Et, fuyant dans le ciel de nuage en nuage,
Est aussi loin déjà des monts que de la plage.
Confus de son erreur, il revient sur ses pas!
Et les fils du hameau qui sont restés en bas,
Occupés à choisir des fleurs au sein des plaines,
Ou des cailloux polis dans le lit des fontaines,
Sans songer à cet astre objet de ses regrets,
Au fond de la vallée en étaient aussi près!...

Mais quand ce feu céleste éblouirait ton âme,
Quand tu le poursuivrais sur un désir de flamme,
Dans ces vieux jours du monde avares de vertu,
Cette gloire rêvée, où la trouverais-tu?
Crois-tu que ce reflet de la splendeur suprême,
Cette immortalité qui sort de la mort même,
Soit ce mot profané qui passe tour à tour
Du grand homme d'hier au grand homme du jour,
Monnaie au coin banal qu'un jour frappe, un jour use,
Que la vanité paye à l'orgueil qu'elle abuse?
Crois-tu que chaque siècle en ait reçu d'en haut
Toujours la même soif avec le même lot;
Et qu'enfin l'avenir, acceptant l'héritage,
Ratifie à jamais ce risible partage
Que les sots, éblouis des splendeurs de leur temps,
En font de siècle en siècle entre tous leurs enfants?

Non! Tu ris avec moi de l'erreur où nous sommes;
Tu sais de quel linceul le temps couvre les hommes;
Tu sais que tôt ou tard, dans l'ombre de l'oubli,
Siècles, peuples, héros, tout dort enseveli;
Que sur l'épaisse nuit qui descend d'âge en âge
A peine un nom par siècle obscurément surnage;
Que le reste, éclairé d'un moins haut souvenir,
Disparaît par étage à l'œil de l'avenir,
Comme, en quittant la rive, un navire à la voile,
A l'heure où de la nuit sort la première étoile,
Voit à ses yeux déçus disparaître d'abord
L'écume du rivage et le sable du port,
Puis les tours de la ville où l'airain se balance,
Puis les phares éteints qu'abaisse la distance,
Puis les premiers coteaux sur la plaine ondoyants,
Puis les monts escarpés sous l'horizon fuyants.
Bientôt il ne voit plus au loin qu'une ou deux cimes,
Dont l'éternel hiver blanchit les pics sublimes,
Refléter au-dessus de cette obscurité
Du jour qui va les fuir la dernière clarté,
Jusqu'à ce qu'abaissés de leur niveau céleste,
Ces sommets décroissants plongent comme le reste,
Et qu'étendue enfin sur la terre et les mers,
L'universelle nuit pèse sur l'univers.
De la gloire et du temps voilà l'image sombre.
Éloigne-toi d'un siècle, et tout rentre dans l'ombre;
Laisse pour fuir l'oubli tant d'insensés courir!
Que sert un jour de plus à ce qui doit mourir?

Tu voudrais cependant que sur un cénotaphe
La gloire t'inscrivît ta ligne d'épitaphe,
Et promît à ton nom, de temps en temps cité,
Ses heures de mémoire et d'immortalité.

Jusqu'à ce qu'un passant, brisant ton humble pierre,
Dispersât sous ses pieds ta gloire et ta poussière,
Et qu'un jour, en sifflant, le berger du vallon
Ne sût plus rassembler les lettres de ton nom.
Ah! qu'à ces vains regrets ton âme soit fermée!
Le funèbre baiser dont une bouche aimée
Scelle au dernier adieu les lèvres du mourant,
Notre nom qu'un ami rappelle en soupirant,
Les larmes sans témoin dont un œil nous arrose,
Voilà notre épitaphe et notre apothéose
A nous à qui le sort en naissant n'a promis
D'autre immortalité qu'aux cœurs de nos amis!...
Que le sort te la donne à ton heure suprême!
Le souvenir n'est doux que dans un cœur qui t'aime!
Si de ton nom pourtant tu veux l'entretenir,
Grave ces simples mots sur ton urne à venir :

« Là dort d'un doux sommeil, quoique sans mausolée,
Dans le sein de sa mère, un fils de la vallée.
Que t'importe, ô passant, s'il fut célèbre ou non?
En changeant de patrie il a changé de nom.
Tout près de son berceau sa tombe fut placée;
Peu d'espace borna sa vie et sa pensée;
Content de son bonheur, il sut le renfermer
Autour des seuls objets qu'il eût besoin d'aimer,
Une mère, une femme, un ami, la nature;
Et de ses vœux, en tout, son cœur fut la mesure;
Ses pas ni ses désirs n'ont jamais dépassé
Cet horizon étroit par ton œil embrassé,
Et pour lui l'univers s'étendait de la pente
Où sous ces peupliers son beau fleuve serpente,
Jusqu'à ces monts voisins d'où l'ombre qui descend
De l'haleine des bois rafraîchit le passant.

Il ne goûta jamais l'ivresse de la gloire,
Ce faux pressentiment d'une vaine mémoire ;
Jamais dans la tempête il n'éleva la voix,
Ou ne jeta son sort dans l'urne de nos lois ;
Jamais il ne força le lion populaire
A frémir à ses pieds d'amour ou de colère ;
Jamais de la victoire il ne vit les enfants
Incliner sur son front leurs drapeaux triomphants.
Il ne promena point sa vague inquiétude
De rivage en rivage et d'étude en étude ;
Il ne vit point son or, marchandant ses plaisirs,
Tarir entre ses mains plus tard que ses désirs ;
Il n'alla point chercher dans Rome ou dans la Grèce
Les mystères voilés de l'antique sagesse,
Ni du bleu firmament, pour enchanter ses yeux,
Voir des astres nouveaux levés sous d'autres cieux :
Mais il eut, sans goûter une science amère,
La loi de ses aïeux et le Dieu de sa mère ;
Reçut, sans la peser à nos poids inconstants,
Dans un cœur simple et pur la sagesse des temps,
Comme des mains d'un père on prend son héritage,
Avec l'eau qui l'arrose et l'arbre qui l'ombrage.
Il semait de ses mains le champ de ses aïeux,
Il ne se lassait pas du spectacle des cieux ;
Il voyait chaque jour sur la terre arrosée
L'aurore se dissoudre en perles de rosée,
Les bois se revêtir de leurs manteaux flottants,
La séve remonter aux bourgeons du printemps ;
Les fleurs, où le Très-Haut rassembla ses merveilles,
Livrer l'ambre liquide aux rayons des abeilles ;
L'astre du jour mourant dans un couchant vermeil
De ses derniers regards inspirer le sommeil ;
Ou les feux dispersés dans des nuits embaumées,
Calculant sans compas leurs courbes enflammées,

Sous la voûte sans clef flottant de toutes parts,
Élever sa pensée autant que ses regards.
De l'amour dans son cœur fixé par l'innocence,
Même après sa jeunesse on sentait la présence,
Comme on respire encor dans un vase exhalé
L'odeur d'un doux parfum après qu'il a brûlé ;
Comme, en quittant la terre, un soleil qui s'ombrage
Laisse encor sa chaleur et sa pourpre au nuage.
Les doux ressouvenirs, ces échos du bonheur,
Jusqu'à ses derniers jours réchauffèrent son cœur :
Quand de ces jours nombreux la coupe fut remplie,
Il accueillit la mort en bénissant la vie.
Vous dont le nom sublime a volé sous les cieux,
Heureux, sages ou grands, qu'avez-vous eu de mieux?
Dieu ne mesure pas nos sorts à l'étendue ;
La goutte de rosée à l'herbe suspendue
Y réfléchit un ciel aussi vaste, aussi pur
Que l'immense Océan dans ses plaines d'azur ! »

COMMENTAIRE

DE LA QUATORZIÈME HARMONIE

Ces initiales G. de B*** désignent un de mes excellents et remarquables amis d'enfance et de jeunesse, *Guichard de Bienassis*. J'allais tous les ans, pendant les vacances, passer quelques jours doux et joyeux dans le petit château de sa mère, à Bienassis, auprès de *Crémieux*, en Dauphiné.

Je le perdis ensuite de vue pendant vingt ans. Un jour que ma pensée se reportait sur ces chères aurores de la vie, j'appris qu'il vivait obscur et heureux dans ces mêmes tourelles, sur ces mêmes terrasses, sous ces mêmes treilles qui l'avaient vu naître. Je comparais la placidité et la pérennité de cette vie cachée et dormante aux agitations, aux égarements, aux écumes de ma vie courante. J'adressai ce souvenir à son nom. Il le lut, par hasard, dans un recueil ou dans un de mes volumes, et il m'écrivit.

Un autre jour d'automne de 1840, j'étais à Saint-Point, revenant d'Italie, la maison pleine de visiteurs, d'électeurs, de voisins, d'amis. On m'annonça un étranger dont on ne savait pas le nom : j'allai au-devant de lui sur le seuil. Je vis un homme de taille moyenne, au costume presque rustique, un sac de voyage sous le bras gauche, un bâton dans la main droite, les souliers poudreux, les cheveux noirs et flottants à grandes boucles, le teint hâlé de l'homme des champs, les traits fins et gracieux, la tête un peu penchée en avant, comme quelqu'un qui a la vue basse et qui craint toujours de faire un faux pas. Je le regardais, attendant ce qu'il avait à me dire, et je pensais en moi-même : Voilà un homme sensible, un homme d'imagination enfoui dans quelque recoin obscur de l'existence : que vient-il me demander ici? — Il me regardait lui-même avec une vive attention, et je voyais un imperceptible sourire poindre sur ses lèvres, bienveillantes cependant. — « Hé quoi! me dit-il enfin, tu ne me reconnais pas? — Il me semble, lui répondis-je, que mon cœur vous reconnaît confusément; mais mon œil, non. Qui êtes-vous donc? — Je suis, me dit-il, *Prosper Guichard de Bienassis*, ton ami de collége, ton ami d'adolescence, et encore ton ami d'âge fait. » — Nous nous embrassâmes. Je le fis conduire dans la meilleure chambre d'hôtes qu'il y eût au château; et quand la journée d'affaires fut finie, la journée de l'amitié commença. Il passa la nuit à me raconter sa vie, à partir du point où nous nous étions quittés; son séjour sans interruption dans le foyer de ses pères, ses rêveries de célébrité, d'activité, de gloire, évaporées au soleil de son jardin; ses amours précoces avec une jeune et charmante cousine qu'il avait obtenue de ses parents à force de constance, et qui faisait la joie de ses jours; la vieillesse et la mort de sa mère; ses occupations rurales; ses embellissements à la maison et aux champs, aux vergers, à la fontaine de *Bienassis*; les chasses et les promenades de ses étés; les recueillements de ses journées et de ses soirées d'hiver au coin de son foyer, sans enfants, en société des mêmes livres que nous dérobions à la bibliothèque de sa mère dans notre enfance; sa joie la première fois qu'il avait entendu retentir mon nom et mes vers jusque dans sa solitude; la réserve qui l'avait empêché de me donner signe de vie depuis tant d'années, dans la crainte que le vent de la renommée n'eût emporté son nom de mon cœur; enfin, tout.

Je crus rajeunir de vingt ans, et, depuis cette reconnaissance, il revint toutes les années dans la saison où les hirondelles s'envolent : ami plus sûr et plus fidèle que ces oiseaux, symbole de fidélité, car elles nous abandonnent quand le froid commence à faire frissonner les vitres, et quand la neige commence à blanchir le toit. Et lui, il revient quand tout se retire ou quand tout se glace... Que Dieu le bénisse du haut de son éternité, comme je l'ai béni dans ces vers éphémères! C'est un véritable ami.

XV

LE MONT BLANC

XV

LE MONT BLANC

SUR UN PAYSAGE DE M. CALAME

Montagne à la cime voilée,
Pourquoi vas-tu chercher si haut,
Au fond de la voûte étoilée,
Des autans l'éternel assaut?

Des sommets triste privilége!
Tu souffres les âpres climats,
Tu reçois la foudre et la neige,
Pendant que l'été germe en bas.

A tes pieds s'endort sous la feuille,
A l'ombre de tes vastes flancs,
La vallée où le lac recueille
L'onde des glaciers ruisselants.

Tu t'enveloppes de mystère,
Tu te tiens dans un demi-jour,
Comme un appas nu de la terre
Que couvre ton jaloux amour.

Ah! c'est là l'image sublime
De tout ce que Dieu fit grandir :
Le génie à l'auguste cime
S'isole aussi pour resplendir.

Le bruit, le vent, le feu, la glace,
Le frappent éternellement,
Et sur son front gravent la trace
D'un froid et morne isolement.

Mais souvent, caché dans la nue,
Il enferme dans ses déserts,
Comme une vallée inconnue,
Un cœur qui lui vaut l'univers.

Ce sommet où la foudre gronde,
Où le jour se couche si tard,
Ne veut resplendir sur le monde
Que pour briller dans un regard!

En le voyant, nul ne se doute
Qu'il ne s'élance au fond des cieux,
Qu'il ne fend l'azur de sa voûte
Que pour être suivi des yeux;

Et que de nuage en nuage
S'il monte si haut, c'est pour voir,
La nuit, son orageuse image
Luire, ô lac, dans ton beau miroir!

Paris, 26 mars 1849.

XVI

DÉSIR

XVI

DÉSIR

———

Ah! si j'avais des paroles,
Des images, des symboles,
Pour peindre ce que je sens!
Si ma langue embarrassée
Pour révéler ma pensée,
Pouvait créer des accents!

Loi sainte et mystérieuse!
Une âme mélodieuse

Anime tout l'univers ;
Chaque être a son harmonie,
Chaque étoile son génie,
Chaque élément ses concerts.

Ils n'ont qu'une voix, mais pure,
Forte comme la nature,
Sublime comme son Dieu ;
Et, quoique toujours la même,
Seigneur, cette voix suprême
Se fait entendre en tout lieu.

Quand les vents sifflent sur l'onde,
Quand la mer gémit ou gronde,
Quand la foudre retentit,
Tout ignorants que nous sommes,
Qui de nous, enfants des hommes,
Demande ce qu'ils ont dit ?

L'un a dit : Magnificence !
L'autre : Immensité ! puissance !
L'autre : Terreur et courroux !
L'un a fui devant sa face,
L'autre a dit : Son ombre passe :
Cieux et terre, taisez-vous !

Mais l'homme, ta créature,
Lui qui comprend la nature,
Pour parler n'a que des mots,
Des mots sans vie et sans aile,
De sa pensée immortelle
Trop périssables échos !

Son âme est comme l'orage
Qui gronde dans le nuage
Et qui ne peut éclater,
Comme la vague captive
Qui bat et blanchit sa rive,
Et ne peut la surmonter.

Elle s'use et se consume
Comme un aiglon dont la plume
N'aurait pas encor grandi,
Dont l'œil aspire à sa sphère,
Et qui rampe sur la terre
Comme un reptile engourdi.

Ah! ce qu'aux anges j'envie
N'est pas l'éternelle vie,
Ni leur glorieux destin :
C'est la lyre, c'est l'organe
Par qui même un cœur profane
Peut chanter l'hymne sans fin!

Quelque chose en moi soupire,
Aussi doux que le zéphire
Que la nuit laisse exhaler,
Aussi sublime que l'onde,
Ou que la foudre qui gronde.
Et mon cœur ne peut parler!

Océan, qui sur tes rives
Épands tes vagues plaintives;
Rameaux murmurants des bois;
Foudre dont la nue est pleine;

Ruisseaux à la molle haleine,
Ah! si j'avais votre voix!

Si seulement, ô mon âme,
Ce Dieu dont l'amour t'enflamme
Comme le feu, l'aquilon,
Au zèle ardent qui t'embrase
Accordait, dans une extase,
Un mot pour dire son nom ;

Son nom, tel que la nature
Sans paroles le murmure,
Tel que le savent les cieux ;
Ce nom que l'aurore voile,
Et dont l'étoile à l'étoile
Est l'écho mélodieux :

Les ouragans, le tonnerre,
Les mers, les feux et la terre,
Se tairaient pour l'écouter ;
Les airs, ravis de l'entendre,
S'arrêteraient pour l'apprendre,
Les cieux pour le répéter.

Ce nom seul, redit sans cesse,
Soulèverait ma tristesse
Dans ce vallon de douleurs ;
Et je dirais, sans me plaindre :
« Mon dernier jour peut s'éteindre :
J'ai dit sa gloire, et je meurs ! »

COMMENTAIRE

E LA SEIZIÈME HARMONIE

Cette Harmonie fut écrite à Florence, en 1828. C'est l'époque de ma vie où ma pensée, sans désirs, sans soins et sans soucis sur la terre, se tourna le plus habituellement vers le ciel, et où tous mes chants étaient des hymnes. Il y a des âmes chez lesquelles la piété est un fruit des larmes; il y en a d'autres chez lesquelles l'adoration est un parfum d'été qui s'exhale dans les rayons de joie. Je suis de ces derniers. La douleur me crispe, et me rend silencieux et stérile; le bonheur me féconde, et m'invite à me répandre en reconnaissance et en cantiques. J'étais heureux.

XVII

LE RETOUR

XVII

LE RETOUR

AU COMTE XAVIER DE MAISTRE

AUTEUR DU LÉPREUX

Salut au nom des cieux, des monts et des rivages
    Où s'écoulèrent tes beaux jours,
Voyageur fatigué qui reviens sur nos plages
Demander à tes champs leurs antiques ombrages,
    A ton cœur ses premiers amours !

Que de jours ont passé sur ces chères empreintes !
Que d'adieux éternels ! que de rêves déçus !
Que de liens brisés ! que d'amitiés éteintes !
Que d'échos assoupis qui ne répondent plus !

Moins de flots ont roulé sur les sables de Laisse[1],
Moins de rides d'azur ont sillonné son sein,
Et, des arbres vieillis qui couvraient ta jeunesse,
Moins de feuilles d'automne ont jonché le chemin !
Ah ! de nos jours mortels trop rapide est la course !
On regrette la vie avant d'avoir vécu ;
Et le flot, qui jamais ne remonte à sa source,
Ne revoit pas deux fois le doux bord qu'il a vu !

Ah ! si du moins dans nos années
Les jours perdus ne comptaient pas !
Si les jalouses destinées
Les oubliaient sous leur compas !
Mais, hélas ! la mousse ou la lie
Du calice étroit de la vie
Comble également les contours !
Quand il est tari, l'homme expire ;
Les pleurs comptent pour le sourire,
Les nuits d'exil pour de beaux jours.

Je sais qu'après un long orage,
Brisé d'efforts et de douleur,
Tu fus recueilli sur la plage
Par un peuple ami du malheur ;
Qu'une juste reconnaissance,
Comme une seconde naissance,
T'apprit à bénir d'autres cieux ;
Qu'au sein d'une épouse chérie,
L'amour te fit une patrie
Loin des tombeaux de tes aïeux.

---

[1] Nom d'un torrent de Savoie.

Cependant il est doux de respirer encore
Cet air du ciel natal où l'on croit rajeunir,
Cet air qu'on respira dès sa première aurore,
Cet air tout embaumé d'antique souvenir !
Il est doux de le voir balancer le feuillage
Du chêne couronné qui prêta son ombrage
   A nos rêves au fond des bois ;
Ou, comme un vieil ami dont on connaît la voix,
De l'entendre siffler sur l'herbe des collines,
Et prolonger le soir, à travers les ruines,
   Les sourds murmures d'autrefois !
Il est doux de s'asseoir au foyer de ses pères,
A ce foyer jadis de vertus couronné,
Et de dire, en montrant le siége abandonné :
« Ici chantait ma sœur, là méditaient mes frères ;
Là ma mère allaitait son charmant nouveau-né ;
Là le vieux serviteur nous contait l'aventure
Des deux jumeaux perdus dans la forêt obscure ;
Là le fils de la veuve emportait notre pain,
Là, sur le seuil couvert de deux figuiers antiques,
A l'heure où les brebis rentraient aux toits rustiques,
Le chien du mendiant venait lécher ma main ! »

Notre âme, en remontant à ses premières heures,
Ranime tour à tour ces fantômes chéris,
Et s'attache aux débris de ces chères demeures,
   S'il en reste au moins un débris !

Ainsi quand nous cherchons en vain dans nos pensées
D'un air qui nous charmait les traces effacées,
   Si quelque souffle harmonieux,
Effleurant au hasard la harpe détendue,

En tire seulement une note perdue,
          Des larmes roulent dans nos yeux ;
D'un seul son retrouvé l'air entier se réveille,
Il rajeunit notre âme, et remplit notre oreille
          D'un souvenir mélodieux.

O sensible exilé ! tu les as retrouvées
Ces images de loin, toujours, toujours rêvées,
Et ces débris vivants de tes jours de bonheur !
Tes yeux ont contemplé tes montagnes si chères,
Et ton berceau champêtre, et le toit de tes pères ;
Et des flots de tristesse ont monté dans ton cœur !
Nous passons, nous passons ! Ce refrain monotone,
Hélas ! est toujours neuf et toujours répété ;
Tant l'homme, que toujours son inconstance étonne,
          Se sent fait pour l'éternité !

Nous passons ! et déjà, dans la race nouvelle,
Ton œil sous les vieux noms voit des hommes nouveaux ;
Ton cœur qui l'interroge est étranger pour elle,
Et tu connaîtrais mieux le peuple des tombeaux.

De ses longs souvenirs retrouvant quelque trace,
A peine un vieil ami qui s'éveille à ton nom
Demande si c'est là ce conteur plein de grâce
Qui, sous son prisme heureux multipliant l'espace,
Entre les quatre murs de ton étroit donjon,
Voyageait si gaîment autour de sa prison.
Non, non ! c'est le lépreux étranger sur la terre,
Qui, le soir, du sommet de sa tour solitaire,

Contemple en soupirant les fêtes du hameau,
Et, dans ce peuple heureux ne comptant plus de frères,
Plus d'amante ou de sœur dans toutes ces bergères,
Met la main sur ses yeux, et demande un tombeau !

Cependant, du génie aimable privilége,
Ton front se couvre en vain de sa première neige ;
L'infortune et l'exil, et la mort et le temps,
Ont en vain décimé tes amis de vingt ans :
Séduits par tes écrits, enchaînés par ta grâce,
Des amis inconnus viennent briguer leur place ;
Ils renaîtront pour toi jusqu'à tes derniers jours.
Que dis-je? Quand la mort, sous un vert mausolée,
Rendant un peu de terre à ton ombre exilée,
Couvrira de gazon le fils de la vallée,
Des amis? ta mémoire en gardera toujours !
Ils y viendront pleurer et cette grâce attique,
Et cet accent naïf, tendre, mélancolique,
Qui sans les demander fait ruisseler nos pleurs ;
De leurs jeunes vertus tu nourriras la flamme ;
Et, se sentant meilleurs, ils diront : « C'est son âme
Qui de ses doux écrits a passé dans nos cœurs! »

Mais quelle est, diras-tu, cette voix inconnue
Qui sous mon propre toit m'accueille et me salue?
Aux rives de mon lac cet ami m'est-il né?
A-t-il respiré l'air de ma tiède vallée,
Ou foulé sous ses pas l'herbe que j'ai foulée
Au pied du Nivolay [1], d'étoiles couronné?

---

[1] Montagne de Savoie.

De quel droit ose-t-il, étranger sur ces rives?...
... Étranger! J'en appelle à tes vagues plaintives,
Beau lac dont j'ai souvent recueilli les accords;
Torrents aux flots glacés, j'en appelle à vos bords;
A vous, vallons de paix; à vous, simples demeures
Où l'hospitalité me fit bénir les heures,
Où ton nom, si souvent par les tiens répété,
Me donna sur ton cœur un droit de parenté!

J'habitai plus que toi ces fortunés rivages;
J'adorai, j'aime encor ces monts coiffés d'orages,
Où la simplicité des âmes et des mœurs
Garde aux vieilles vertus l'asile de vos cœurs;
Où la jeune amitié m'accueillit dès l'aurore,
Où l'amitié plus mûre est aussi tendre encore,
Où l'amour disparu dans l'ombre du trépas
Laissa partout pour moi l'empreinte de ses pas,
Et colore à mes yeux vos flots et vos collines
Ou d'un deuil éternel ou de splendeurs divines;
Où j'ai trouvé plus tard cet unique trésor
Plus rare que l'encens, plus précieux que l'or,
Charme, ornement, repos, colonne de la vie,
Enfin où d'une sœur dort la cendre chérie;
Où mes neveux un jour, de ta gloire héritiers,
Trouveront nos deux noms unis dans leurs quartiers.
Voilà, voilà mes droits, plus chers que les tiens même.
On est toujours, crois-moi, du pays que l'on aime:
Mais si ton cœur jugeait ces titres mal acquis,
J'aimerais malgré toi la terre où tu naquis!...

COMMENTAIRE

DE LA DIX-SEPTIÈME HARMONIE

Le comte Xavier de Maistre est le frère cadet du fameux comte de Maistre, le philosophe des *Soirées de Saint-Pétersbourg*. J'en ai parlé dans les *Confidences*, je n'ai rien à en dire ici : c'est une renommée à débattre entre les philosophes des deux écoles. Comme écrivain, il est incontesté ; car il *est* ce qui fait qu'on *est*, c'est-à-dire original.

Le comte Xavier, à qui s'adresse cette Harmonie, est l'auteur de deux livres charmants, quoique de tons très-divers : *le Voyage autour de ma chambre*, et *le Lépreux de la cité d'Aoste*. Le *Voyage* est un badinage ; le *Lépreux* est une larme, mais une larme qui coule toujours. Cet écrivain est le *Sterne* et le *J.-J. Rousseau* de la Savoie ; moins affecté que le premier, moins déclamateur que le second. C'est un génie familier, un causeur du coin du feu, un grillon du foyer champêtre. Je ne l'avais jamais vu. Les orages de la première révolution piémontaise l'avaient jeté en Russie ; il s'y était marié. Il revenait en Savoie après vingt-cinq ans d'absence. Allié de sa famille, ami de son neveu, j'appris son retour ; je lui adressai de Florence ce salut amical d'un inconnu.

Je l'ai vu depuis, en 1842, en France, chez madame de Marcellus, son amie et sa fille de cœur, digne d'une telle adoption. C'est un vieillard faible et gracieux, de quatre-vingts ans, sans aucun signe de découragement de la vie ou de décrépitude de corps. Finesse, sensibilité douce, sourire semi-sérieux et indulgent sur les choses humaines, tolérance qui vient de l'intelligence sur toutes les opinions honnêtes : voilà l'homme. Ajoutez-y un son de voix sonore et lointain comme un souvenir, et ces conversations à demi-voix où toutes les années écoulées repassent en anecdotes devant la mémoire, une modestie qui s'ignore elle-même, et un talent remarquable pour la peinture de paysage. C'est ce qu'on appelle, dans la langue française, un amateur en littérature et en tableaux; mais un amateur immortel, grand artiste sans art, grand écrivain sans école; la nature en tout, c'est-à-dire le souverain maître. Dans la littérature du cœur, le *Lépreux de la cité d'Aoste* tient sa place à côté de *Paul et Virginie;* il n'y a rien de supérieur dans la langue, car l'écrivain qui arrive aux larmes arrive à tout. Le pathétique est le sommet du génie; le didactique n'est qu'une leçon; l'épique n'est qu'un récit; la polémique n'est que du raisonnement; le lyrique n'est que l'enthousiasme; mais le pathétique, c'est le cœur.

XVIII

L'INSECTE AILÉ

XVIII

L'INSECTE AILÉ

Laisse-moi voler sur tes pas,
Retire ta main enfantine!
Charmant enfant, je ne suis pas
Ce que ta faiblesse imagine.

Je ressemble à ce papillon
Qui, sûr de ses métamorphoses,
Aime à jouer dans le vallon
Autour des enfants ou des roses.

Tu veux me saisir, mais en vain :
Tu saisirais plutôt la flamme.
En jouant j'échappe à ta main :
Je viens du ciel, je suis une âme.

Je suis une âme, à qui des dieux
Le prochain décret se dévoile.
Pour vêtir un corps en ces lieux,
Hier j'ai quitté mon étoile.

XIX

POUR LE PREMIER JOUR DE L'ANNÉE

XIX

POUR LE PREMIER JOUR DE L'ANNÉE

———

Des moments les heures sont nées,
Et les heures forment les jours,
Et les jours forment les années
Dont le siècle grossit son cours.

Mais toi seul, ô mon Dieu, par siècles tu mesures
Ce temps qui sous tes mains coule éternellement !
L'homme compte par jours ; tes courtes créatures
Pour naître et pour mourir ont assez d'un moment.

Combien de fois déjà les ai-je vus renaître
Ces ans si prompts à fuir, si prompts à revenir !
Combien en compterai-je encore ? un seul peut-être !
Plus le passé fut plein, plus vide est l'avenir.

Cependant les mortels, avec indifférence,
Laissent glisser les jours, les heures, les moments ;
    L'ombre seule marque en silence
Sur le cadran rempli les pas muets du temps.
On l'oublie ; et voilà que les heures fidèles
    Sur l'airain ont sonné minuit,
Et qu'une année entière a replié ses ailes
    Dans l'ombre d'une seule nuit !

    De toutes les heures qu'affronte
    L'orgueilleux oubli du trépas,
    Et qui sur l'airain qui les compte
    En fuyant impriment leurs pas,
    Aucune à l'oreille insensible
    Ne sonne d'un glas plus terrible
    Que ce dernier coup de minuit ;
    C'est comme une borne fatale
    Marquant d'un suprême intervalle
    Le temps qui commence et qui fuit.

    Les autres s'éloignent et glissent
    Comme des pieds sur les gazons,
    Sans que leurs bruits nous avertissent
    Des pas nombreux que nous faisons ;
    Mais cette minute accomplie
    Jusqu'au cœur léger qui l'oublie

Porte le murmure et l'effroi ;
Elle frémit à notre oreille,
Et loin de l'homme qu'elle éveille
S'envole et lui dit : « Compte-moi !

» Compte-moi ! car Dieu m'a comptée
Pour sa gloire et pour ton bonheur.
Compte-moi ! je te fus prêtée,
Et tu me devras au Seigneur.
Compte-moi ! car l'heure sonnée
Emporte avec elle une année,
En amène une autre demain.
Compte-moi ! car le temps me presse.
Compte-moi ! car je fuis sans cesse,
Et ne reviens jamais en vain. »

Seigneur, père des temps, maître des destinées,
Qui comptes comme un jour nos mille et mille années,
Et qui vois du sommet de ton éternité
Les jours qui ne sont plus, ceux qui n'ont pas été ;
Toi qui sais d'un regard, avant qu'il ait eu l'être,
Quel fruit porte en son sein le siècle qui va naître ;
Que m'apporte, ô mon Dieu, dans ses douteuses mains,
Ce temps qui fait l'espoir ou l'effroi des humains ?
A mes jours mélangés cette année ajoutée
Par l'amour et la grâce a-t-elle été comptée ?
Faut-il la saluer comme un présent de toi,
Ou lui dire en tremblant : « Passe, et fuis loin de moi ! »
Les autres tour à tour ont passé, les mains pleines
De désirs, de regrets, de larmes et de peines,
D'apparences sans corps trompant l'âme et les yeux,
De délices d'un jour et d'éternels adieux,

De fruits empoisonnés dont l'écorce perfide
Ne laissait dans mon cœur qu'une poussière aride :
Mon cœur leur demandait ce qu'elles n'avaient pas,
Et ma bouche à la fin disait toujours : « Hélas! »

Et qu'attendre de plus des siècles et du monde ?
Je fondais sur le sable et je semais sur l'onde.
Il est temps, ô mon Dieu, que mon cœur détrompé,
Et de ta seule image à jamais occupé,
Te consacre à toi seul ces rapides années
Par mille autres désirs si longtemps profanées ;
Je veux tenter enfin si des jours pleins de toi,
Dont la lyre et l'autel seraient le seul emploi,
Dont l'étude et l'amour de tes saintes merveilles
Jusqu'au milieu des nuits prolongeraient les veilles,
Et dont l'humble prière, en marquant les instants,
Chargerait d'un soupir chacun des pas du temps,
S'enfuiront loin de moi d'un vol aussi rapide,
Et laisseront mon âme aussi vaine, aussi vide
Que ce temps qui ne laisse, en achevant son cours,
Rien qu'un chiffre de plus au nombre de mes jours !

    Bénis donc cette grande aurore
    Qui m'éclaire un nouveau chemin ;
    Bénis, en la faisant éclore,
    L'heure que tu tiens dans ta main !
    Si nos ans ont aussi leur germe
    Dans cette heure qui le renferme,
    Bénis la suite de mes ans,
    Comme sur tes tables propices
    Tu consacrais dans leurs prémices
    La terre et les fruits de nos champs !

Que chaque instant, chaque minute
Te prie et te loue avec moi !
Que le sablier dans sa chute
Entraîne ma pensée à toi !
Qu'un soupir, à chaque seconde,
De mon cœur s'élève et réponde ;
Que chaque aurore en remontant,
Chaque nuit en pliant son aile,
Te dise : « Toute heure est fidèle ;
Compte ta gloire en les comptant ! »

Mais si des jours que tu fais naître
Chaque instant me reporte à toi,
Toi, dont la pensée est mon être,
Souviens-toi sans cesse de moi !
Donne-moi ce que le pilote
Sur l'abîme où sa barque flotte
Te demande pour aujourd'hui :
Un flot calme, un vent dans sa voile,
Toujours sur sa tête une étoile,
Une espérance devant lui !

Presse à ton gré, ralentis l'ombre
Qui mesure nos courts instants !
Ajoute ou retranche le nombre
Que ton doigt impose à nos ans !
Ne l'augmente pas d'une aurore !
Le grain sait quand il doit éclore,
L'épi sait quand il faut mûrir :
Un jour le flétrirait peut-être.
Seul tu savais l'heure de naître
Seul tu sais l'heure de mourir :

Qu'enfin sur l'éternelle plage
Où l'on comprend le mot Toujours!
Je touche, porté sans orage
Par le flux expirant des jours,
Comme un homme que le flot pousse
Vient d'un pied toucher sans secousse
La marche solide du port,
Et de l'autre, loin de la rive,
Repousse à l'onde qui dérive
L'esquif qui l'a conduit au bord!

XX

ÉTERNITÉ DE LA NATURE

BRIÈVETÉ DE L'HOMME

XX

ÉTERNITÉ DE LA NATURE

BRIÈVETÉ DE L'HOMME

CANTIQUE

Roulez dans vos sentiers de flamme,
Astres, rois de l'immensité!
Insultez, écrasez mon âme
Par votre presque éternité!
Et vous, comètes vagabondes,
Du divin océan des mondes
Débordement prodigieux,
Sortez des limites tracées,
Et révélez d'autres pensées
De Celui qui pensa les cieux!

Triomphe, immortelle Nature,
A qui la main pleine de jours
Prête des forces sans mesure,
Des temps qui renaissent toujours!
La mort retrempe ta puissance :
Donne, ravis, rends l'existence
A tout ce qui la puise en toi !
Insecte éclos de ton sourire,
Je nais, je regarde et j'expire :
Marche, et ne pense plus à moi !

Vieil Océan, dans tes rivages
Flotte comme un ciel écumant,
Plus orageux que les nuages,
Plus lumineux qu'un firmament!
Pendant que les empires naissent,
Grandissent, tombent, disparaissent
Avec leurs générations,
Dresse tes bouillonnantes crêtes,
Bats ta rive, et dis aux tempêtes :
« Où sont les nids des nations ? »

Toi qui n'es pas lasse d'éclore
Depuis la naissance des jours,
Lève-toi, rayonnante aurore ;
Couche-toi, lève-toi toujours!
Réfléchissez ses feux sublimes,
Neige éclatante de ces cimes,
Où le jour descend comme un roi !
Brillez, brillez pour me confondre !
Vous qu'un rayon du jour peut fondre,
Vous subsisterez plus que moi.

Toi qui t'abaisses et t'élèves
Comme la poudre des chemins,
Comme les vagues sur les grèves,
Race innombrable des humains,
Survis au temps qui me consume,
Engloutis-moi dans ton écume :
Je sens moi-même mon néant.
Dans ton sein qu'est-ce qu'une vie?
Ce qu'est une goutte de pluie
Dans les bassins de l'Océan.

Vous mourez pour renaître encore,
Vous fourmillez dans vos sillons ;
Un souffle du soir à l'aurore
Renouvelle vos tourbillons ;
Une existence évanouie
Ne fait pas baisser d'une vie
Le flot de l'être toujours plein.
Il ne vous manque, quand j'expire,
Pas plus qu'à l'homme qui respire
Ne manque un souffle de son sein.

Vous allez balayer ma cendre :
L'homme ou l'insecte en renaîtra !
Mon nom, brûlant de se répandre,
Dans le nom commun se perdra.
Il fut! voilà tout. Bientôt même
L'oubli couvre ce mot suprême :
Un siècle ou deux l'auront vaincu !
Mais vous ne pouvez, ô Nature,
Effacer une créature.
Je meurs! qu'importe? j'ai vécu!

Dieu m'a vu ! le regard de vie
S'est abaissé sur mon néant,
Votre existence rajeunie
A des siècles : j'eus mon instant !
Mais dans la minute qui passe
L'infini de temps et d'espace
Dans mon regard s'est répété,
Et j'ai vu dans ce point de l'être
La même image m'apparaître
Que vous dans votre immensité !

Distances incommensurables,
Abîmes des monts et des cieux,
Vos mystères inépuisables
Se sont révélés à mes yeux :
J'ai roulé dans mes vœux sublimes
Plus de vagues que tes abîmes
N'en roulent, ô mer en courroux !
Et vous, soleils aux yeux de flamme,
Le regard brûlant de mon âme
S'est élevé plus haut que vous !

De l'Être universel, unique,
La splendeur dans mon ombre a lui,
Et j'ai bourdonné mon cantique
De joie et d'amour devant lui ;
Et sa rayonnante pensée
Dans la mienne s'est retracée,
Et sa parole m'a connu ;
Et j'ai monté devant sa face,
Et la Nature m'a dit : « Passe ;
Ton sort est sublime : il t'a vu ! »

Vivez donc vos jours sans mesure,
Terre et ciel, céleste flambeau,
Montagnes, mers! et toi, Nature,
Souris longtemps sur mon tombeau!
Effacé du livre de vie,
Que le néant même m'oublie!
J'admire et ne suis point jaloux.
Ma pensée a vécu d'avance,
Et meurt avec une espérance
Plus impérissable que vous!

COMMENTAIRE

DE LA VINGTIÈME HARMONIE

C'est un chant ou plutôt un cri de pieux enthousiasme échappé de mon âme à Florence en 1828. C'est une des poésies de ma jeunesse qui me rappellent le plus à moi-même le modèle idéal du lyrisme, dont j'aurais voulu approcher.

TABLE

DES MATIÈRES CONTENUES DANS CE VOLUME

LA MORT DE SOCRATE

	Pages.
AVERTISSEMENT.	3
LA MORT DE SOCRATE.	9
Note première.	43
Note deuxième.	45
Note troisième.	47
Note quatrième.	48
Note cinquième.	50
Note sixième.	53
Note septième.	57
Note huitième.	60
Note neuvième.	65
Note dixième.	67
Note onzième.	68
Note douzième.	69

LE DERNIER CHANT
DU PÈLERINAGE D'HAROLD

AVERTISSEMENT.	73
DÉDICACE.	83

TABLE DES MATIÈRES.

	Pages.
LE DERNIER CHANT DU PÈLERINAGE D'HAROLD.	87
Note première.	153
Note deuxième.	154
Note troisième.	157
Note quatrième.	159
Note cinquième.	162
Note sixième.	164
Note septième.	166
Note huitième.	169
Note neuvième.	170
Note dixième.	171
Note onzième.	172
Note douzième.	173
Note treizième.	183
Commentaire du dernier chant de Child-Harold.	187

HARMONIES
POÉTIQUES ET RELIGIEUSES

AVERTISSEMENT.	197
Lettre à M. le comte d'Esgrigny.	201

LIVRE PREMIER

I. INVOCATION.	233
Commentaire de la première Harmonie	239
II. L'HYMNE DE LA NUIT.	243
Commentaire de la deuxième Harmonie.	249
III. HYMNE DU MATIN.	253
Commentaire de la troisième Harmonie.	263
IV. LA LAMPE DU TEMPLE	267
Commentaire de la quatrième Harmonie.	271

TABLE DES MATIÈRES.

Pages.

- V. Bénédiction de Dieu 275
  - Commentaire de la cinquième Harmonie....... 283
- VI. Aux Chrétiens dans les temps d'épreuve...... 287
- VII. Hymne de l'Enfant a son réveil............ 295
  - Commentaire de la septième Harmonie 299
- VIII. Hymne du soir dans les Temples........... 303
  - Commentaire de la huitième Harmonie 311
- IX. Une Larme ou Consolation 315
- X. Poésie ou Pèlerinage dans le golfe de Gênes.... 321
  - Commentaire de la dixième Harmonie........ 335
- XI. Le Moulin de Milly..................... 339
- XII. L'Abbaye de Vallombreuse................ 345
  - Commentaire de la douzième Harmonie....... 349

LIVRE SECOND

- I. Pensée des Morts..................... 355
  - Commentaire de la première Harmonie 365
- II. L'Occident........................... 371
- III. La Perte de l'Anio..................... 377
  - Commentaire de la troisième Harmonie...... 383
- IV. L'Infini dans les Cieux.................. 387
  - Commentaire de la quatrième Harmonie 395
- V. La Prière de femme.................... 399
- VI. La Source dans les bois d***............. 403
  - Commentaire de la sixième Harmonie 411
- VII. Impressions du matin et du soir, hymne..... 417
  - Commentaire de la septième Harmonie 421

TABLE DES MATIÈRES.

Pages.

VIII. Hymne a la Douleur 425
    Commentaire de la huitième Harmonie 429

IX. Jéhovah ou l'Idée de Dieu 433

X. Le Chêne, suite de Jéhovah 443
    Commentaire de la dixième Harmonie 449

XI. L'Humanité 453

XII. L'idée de Dieu 463
    Commentaire de la onzième et de la douzième Harmonie 467

XIII. Sur des Roses sous la neige 469

XIV. Souvenirs d'Enfance 475
    Commentaire de la quatorzième Harmonie 487

XV. Le mont Blanc 493

XVI. Désir 499
    Commentaire de la seizième Harmonie 503

XVII. Le Retour 507
    Commentaire de la dix-septième Harmonie 513

XVIII. L'Insecte ailé 517

XIX. Pour le premier jour de l'année 521

XX. Éternité de la Nature 529
    Commentaire de la vingtième Harmonie 535

FIN DU DEUXIÈME VOLUME.

www.ingramcontent.com/pod-product-compliance
Lightning Source LLC
Chambersburg PA
CBHW071417230426
43669CB00010B/1577